面向现代化的黄浦教育综合改革丛书

促进学生发展的课堂教学变革

本册主编 / 余维永

副 主 编 / 夏向东

上海教育出版社
SHANGHAI EDUCATIONAL
PUBLISHING HOUSE

图书在版编目（CIP）数据

促进学生发展的课堂教学变革 / 余维永主编. — 上海：上海教育出版社，2020.12
（面向现代化的黄浦教育综合改革丛书 / 姚晓红主编）
ISBN 978-7-5720-0480-3

Ⅰ．①促… Ⅱ．①余… Ⅲ．①课堂教学－教学改革－中小学 Ⅳ．①G632.421

中国版本图书馆CIP数据核字(2020)第268663号

序　一

　　上海是现代化国际大都市,黄浦区是上海开埠以来最核心的区域。在这20余平方公里的地域里,有着很多全国乃至世界闻名的标志性建筑和商业、文化产物:南京路、淮海路——中国最繁华的商业街;市百一店——中国最大的百货商场;国际饭店——改革开放前中国最高的大厦;江南造船厂——中国历史最悠久的近代造船企业。此外,还有着上海最早的江南园林——豫园,有万国建筑博览群之称的外滩,以及在改革开放年代建起来的上海博物馆、上海大剧院……这些都集中反映了上海海纳百川的开放胸怀和海派精神。从城市发展的角度看,上海在不太长的时间里就成为国际性大都市,这种发展模式和开放氛围在中国是特有的。而黄浦区就是典型的代表,曰此它也成为上海的商业中心、金融中心和文化中心。可以说,在对国家作出贡献和推进上海社会经济发展方面,黄浦区都体现了特殊的地位与价值,发挥了独有的示范引领作用。

　　这种特殊的地位与价值同样反映在教育方面。黄浦区有全市历史最悠久的中学、第一所现代学制的小学、第一所教会女子中学,最早中外合作传授现代科学知识的中学和近代第一所职业学校。这种深厚的历史底蕴和文化积淀为黄浦区教育事业的发展奠定了坚实的基础。作为上海市整体教育综合改革实验区和全市唯一整体推进课程领导力实验项目的区域,多项全市性的教育改革在黄浦先行先试,为在更大范围内推广提供了成功的经验。在改革的进程中,黄浦区十分重视处理好历史传承和创新发展的关系,使老校焕发活力、新校崭露头角,达到了传统与现代的完美结合。

　　在改革早期,办学条件的改善、各项保障教育发展措施的落实是亟待解决的难题。黄浦区以敢为人先的改革精神成功地破解了这些难题。由于黄浦区位于市中心，又有成片的老城区，人口密度高，学校的场地面积可以说是寸土寸金，所谓"大楼中学""弄堂小学""石库门幼儿园"就是对该区学校办学条件的生动写照。在这种区位条件十分艰苦的情况下，区委、区政府和区教育行政部门充分利用国家关于土地批租的有关政策，在全面规划的基础上，把土地予以系统、有序的批租和置换，对学校进行了连锁改造，使学校面貌发生了翻天覆地的变化，在硬件改造方面提交了一份让老百姓满意的答卷。由此形成了黄浦区通过盘活现存资源、有效改善办学条件的改革经验，原国家教委还将这些经验向全国推广。

特别值得一提的是，黄浦区的改革精神和创新意识还突出表现在促进教育的内涵发展上，即用"打造一流教育"的标准去发现问题，用科学务实的态度去研究问题，用教师、校长共同的智慧去解决问题，形成了一些在全市领先的区域品牌和学校特色。

三十多年前，黄浦区就开始了对学生学习指导和非智力因素培养的研究，形成了一系列的研究成果，至今仍在深化，并在相当大的范围进行推广，这在全国产生了良好的影响。这一研究一开始就提出要关注学生的"学"，立意开发学习潜能，培养学生健康心理，促进学生自主发展以及用脑科学研究有关成果指导教与学，这完全符合当今的教育理念和核心素养培育的基本要求。

在弘扬传统和改革创新中涌现出一批特色鲜明的学校，如格致中学的科学教育，其严谨求实的校风培养出一大批理科见长的优秀学子；大同中学的课程改革，尤其是活动课程的设置与实施，得到普遍赞誉；向明中学的创造教育，通过创造实验、自主管理、社会实践、主题活动来培养学生创造性人格；大境中学的体育特色，体现了"螺蛳壳里龙腾虎跃"的艰苦奋斗、勇创一流的体育精神；北京东路小学的小班化教育，在生源高峰回落、资源相对宽松的情况下给予学生更充分的教育；还有商职校、旅职校为顺应经济发展的需要在办学方面进行的卓有成效的探索等，当时这些改革举措在上海和全国都产生了很大的影响。

进入 21 世纪，在课程教材改革、教学方式转变、学生心理辅导和信息技术应用等方面,更多学校呈现出自己的亮点,如卢湾高级中学的人工智能,光明中学的法语教育,市八中学的男生班实验,同济黄浦设计创意中学的新型办学模式,上海市实验小学的开放教育,蓬莱路二小的"蓬莱小镇"系列课程,卢湾一中心小学的"云课堂",思南路幼儿园鼓励幼儿自主探究、创意发现的启蒙教育,荷花池幼儿园倡导多元融合、师幼共生、创意表达的艺术教育,等等。

十年前,黄浦区提出"办学生喜欢的学校",强调学校要倾听学生的呼声,关注学生的需求,努力顺应和鼓励学生追求快乐的天性,让校园生活时时处处都充满快乐的元素,让学生在成长中享受追求快乐的权利,使学校生活成为学生美好难忘的人生回忆。全区所有的中小学、幼儿园都参与了研究和实验,广大教师真正树立起了"以学生为本"的理念,把丰富学生的情感体验、促进学生健康快乐成长作为追求的目标。这样就把区域教育内涵发展提升到新的高度。

当然,黄浦区在教育改革与创新中的特色和亮点还有许多,不再一一赘述。

综上所述,黄浦区教育改革不断深化的脉络十分清晰:从历史传承到创新发展;从硬件的改善到对软件的变革;从教学外围的改革直指教学主阵地的改革;从对教师"教"的研究转到更加关注学生"学"的研究;从重视学生知识习得、方法应用等显性变化转向更加重视学生脑的开发,情感、态度、价值观的变化和学生内心成长等精神层面的发展。这种发展、变化的过程,说明黄浦区广大教师和校长对教育规律的认识在不断深化,关注学生情感、尊重学生生命的意识也在不断增强。由此,我认为黄浦区在整个区域教育改革中体现出来的特征也是明显的:其一,它始终以改革来推动教育的发展。从上海开埠以来,黄浦区就是在不断进取和改革中发展起来的,而改革又是站在研究的基础上进行。其二,学校校长和教师是改革与研究的主力军。研究不是请外来的专家"代劳",而是依靠校长和广大教师在实践中发现问题,解决问题,然后又在新的高度提出新的问题,以此持续不断地推动改革的深入。这正是黄浦教育发展的不竭动力。其三,创新精神贯穿于改革的全过程。黄浦区善于从国际视野以及教育未来发展的高度来定位改革方向,因而能抓住教育本质,直指改革核心,使许多工作始终在上海处于领先定位。

我高兴地看到,黄浦区《面向现代化的黄浦教育综合改革》丛书正式出版了！在此表示祝贺！这是全区教师多年来围绕教育综合改革和创新教育开展实践与研究的智慧结晶。相信这套丛书能在更大的范围发挥其借鉴和指导作用。今天已进入新时代，教育正处于全面深化改革的关键期。党的十九大报告指出，"建设教育强国是中华民族伟大复兴的基础工程"。希望黄浦区的广大教师、校长秉承以往一贯的改革创新精神，继续在改革的深度、广度上攻坚克难，不懈探索，以自己的智慧和勇气为加快推进教育现代化作出更大的贡献！

序 二

　　党的十八大以后,以习近平同志为核心的党中央坚持把教育摆在优先发展的战略位置,全面深化教育领域综合改革,一批标志性、引领性的改革在全国范围深入展开。因为教育改革点多、面广、线长,需要做的事情很多,而且教育问题在各地的反映既有共性又有个性,往往呈现出不同的特点。因此要解决好这些问题,需要按照中央的总体部署和指导原则,在一些承担教育综合改革的区域,按照中央指明的方向,率先大力推进教育体制改革创新,在注重教育改革的系统性、整体性、协同性,以及教育改革发展的重大问题和群众关心的热点问题解决上,提供可复制的经验。特别强调以改革激活力、增动力。

　　我们经常说的一句话是:改革进入了深水区。究竟深在哪里?深在如何在制约教育发展的落后规则体系上打开缺口;深在如何在以改革激活力、增动力,释放基层与个体的活力和创造力上找到突破;深在如何在构建新的教育质量观的基础上,重新思考人才培养、办学质量这些根本性问题上有新的布局;深在如何在重新思考区域教育发展战略规划,创新区域学校课程与教学上创造新局面。总之,要寻找区域教育新的增值点,凸显区域教育改革的新方向、新举措、新成果。这是对区域教育发展的一次重新检验。

　　令人高兴的是,黄浦区在综合改革的实践中交出了一份漂亮的答卷。从中我们可以看到,黄浦区教育综合改革的几个鲜明的特征:

　　第一,注重教育思想领导,突出价值引领。教育思想的现代化是提升教育现代治理能力的重要前提。对区域教育的领导首先是教育思想领导。确立区域教育发展理念,坚持育人为本、五育融合、全面发展,引领区域教育高质量发展。在总结、凝练、提升区域教育发展理念过程中,黄浦区注重结合地域历史、文化特色,继承区域教育的优良传统;注重坚守教育的本质,紧扣国内外教育发展的趋势和方向;注重以人民群众向往的美好教育为行动准则,赋予区域教育发展以特定的内涵。

第二,认真做好顶层设计,绘就远景蓝图。黄浦区一直重视凝聚全区心力,绘就未来发展的共同愿景。共同愿景是对长远战略目标所描绘的纲领性蓝图,是全区干部和教育系统心目中教育发展的理想目标和追求,也是发自内心深处的真实愿望和教育理想。通过建立共同愿景争得全社会的广泛支持,多方形成合力,凝聚人心,为共同愿景的实现而努力拼搏。

第三,坚持创新、创造,打造现代教育的区域特色。黄浦区把创新教育定位在培养中小学生的创新精神和创新能力。他们认为,创新教育是以培养创新精神和创新能力为根本目的的教学活动,是着重解决在基础教育领域如何培养中小学生的创新意识、创新思维、创新能力问题的必由之路。社会要求我们创新,创新的社会才能不断进步;时代要求我们创新,不创新就会落后,就会失去进取的动力。创新教育,不仅是对教学方法的改革或者教学内容的改变,而且是重新审视教学的根本目的,对教育的功能有更全面的认知和定位,是带有全局性、结构性的教育革新和教育发展的价值追求,是新时代背景下教育的发展方向。正因为全区各级各类学校和机构长期坚持不懈的实践和努力,创新、创造已经成为区域教育的一大特色。

第四,发挥基层首创精神,激发学校办学内生动力。黄浦区历史名校众多、传统资源丰富。全区注重鼓励广大学校凝聚师生的价值追求,培育多样化的校园文化,注重拓展社会资源,打造社会实践大课堂,以多样化的校园活动,提高育人质量。全区积极创新学校人事、职称等评价制度,注重从精神荣誉、专业发展、岗位晋升、绩效工资、关心爱护五个方面对教师进行激励。积极鼓励学校坚持依法办学,营造风清气正的氛围,推动学校健康发展,为广大教师静心专业发展、潜心立德树人创造更好条件,充分激发广大教师教书育人的主动性、积极性、创造性,全心全意为国家育才、为民族铸魂。当前已进入全面提高基础教育质量的新阶段,黄浦区的广大学校工作重心集中在提高质量上,教学改革和探索真正成了学校的主责主业,在大力推广优秀教学成果、深化课堂教学改革、创新教育教学方法、不断提高育人质量和水平方面都有布局和深耕。

　　在全国教育大会上,习近平总书记着眼我国教育事业的长远发展,对深化教育体制改革作出了重点部署,为坚决破除制约教育事业发展的体制机制障碍指明了方向和路径,对于加快推进教育现代化、建设教育强国、办好人民满意的教育具有重大意义。今天在总结"十三五"、迎接"十四五"的时刻,我们完全有理由相信黄浦作为区域教育综合改革的实验区,一定会以新的气象、新的举措,创造出更美好的教育,为发展具有中国特色、世界水平的现代教育提供区域的经验和典范。

CONTENTS | 目录

绪　论

一、背景与意义

2014 年 3 月,我国教育部印发的《关于全面深化课程改革　落实立德树人根本任务的意见》中,"核心素养"被置于深化课程改革、落实立德树人目标的基础地位。2016 年 9 月,《中国学生发展核心素养》发布,"核心素养"已成为基础教育课程改革进一步深化的聚焦点。2018 年 1 月,教育部印发了《普通高中课程方案和语文等学科课程标准(2017 年版)》,首次提出各学科核心素养,明确了学生在学科学习中应养成的正确价值观、必备品格和关键能力,核心素养不再是宏观概念,而是要与教学有机结合,才能落到实处。2019 年 6 月 11 日,《国务院办公厅关于新时代推进普通高中育人方式改革的指导意见》中明确指出:"积极探索基于情境、问题导向的互动式、启发式、探究式、体验式等课堂教学,注重加强课题研究、项目设计、研究性学习等跨学科综合性教学,认真开展验证性实验和探究性实验教学。提高作业设计质量,精心设计基础性作业,适当增加探究性、实践性、综合性作业。积极推广应用优秀教学成果,推进信息技术与教育教学深度融合,加强教学研究和指导。"2019 年 6 月 23 日,《中共中央　国务院关于深化教育教学改革全面提高义务教育质量的意见》中指出:"优化教学方式。坚持教学相长,注重启发式、互动式、探究式教学,引导学生主动思考、积极提问、自主探究。融合运用传统与现代技术手段,重视情境教学;探索基于学科的课程综合化教学,开展研究型、项目化、合作式学习。"

新时代对学校教育提出了新的要求。为促进学生核心素养培育,适应黄浦区教育现代化的要求,我们亟须改变传统课堂中教学模式、方法、内容、师生等诸要素的割裂状态,以生态、整合、创造的过程思想整合教学模式、方法及课程内容,实现模式、方法及课程内容彼此之间的相互关联、相互影响及相互渗透,促进课堂教学整体变革的发生,推动教育的内生发展。

二、思考与认识

课堂教学转型是基础教育课程改革的攻坚之役。当前课程改革已步入深水区,学校层面的课堂教学转型成为变革的聚焦点,教研部门也在积极探索区域性课堂教学转型。随着《关于深化教育教学改革全面提高义务教育质量的意见》和《关于新时代推进普通高中育人方式改革的指导意见》的颁布,推进课堂教学转型亦成为落实上述改革意见的核心任务之一。

(一)转换教学模式:课堂教学变革的着力点

传统的教学模式已满足不了培养高素质、创造性人才的需要,容易导致课堂教学的故步自封、创新匮乏,重教轻学、重灌输轻探究,不能促进学生的可持续发展。因此,亟须转换教学模式。课堂的首要任务不是由教师讲授精确的学科知识,而应提出并围绕重要且关键的问题,鼓励学生发挥个体的想象力和探究能力,引导学生经历知识发现的过程,通过不断思考、提问、讨论和探究生成个体对知识的整体描述和对世界的感知,同时产生进一步学习的渴望。在此过程中,教师是学生学习的促进者,帮助学生获取信息、形成思想、把握技能、训练思维方式和表达方式,发现学习中的问题以及为学生搭建解决问题的"脚手架"。

(二)改变学习方式:课堂教学变革的立足点

课堂教学的关键是促使学生积极主动地学习,因此,教学模式转换的同时必然伴随学生学习方式的变革。学习方式是"学生在学习过程中为达到某种学习目标而采取的作用于特定学习对象(学习内容)的具体路径"[①]。学习方式的选择在很大程度上影响学生知识学习的效果以及素养的达成。未来教育是重视学生的伦理、品格和公民意识的教育,只限于知识学习的传统课堂教学已不能适应人才培养的需求,未来3~5年,混合学习、STEAM学习、合作学习将成为学习的主要方式,学生从知识的消费者向知识的创造者转变将成为趋势[②]。

---

① 陈佑清.教学论新编[M].北京:人民教育出版社,2011.
② 时晓玲.共享教育将引发学习方式变革[N].中国教育报,2017-07-05(3).

（三）设计学习活动：课堂教学变革的生长点

教学模式与学习方式的选择与课程内容密切相关。让课堂教学变革落地，作为教师需积极设计并优化教学内容及学习活动。通过学习内容整合学生个体身心的发展，实现知识多方面、多角度的联系；通过学习活动引导学生进行探究和合作学习，培养学生的综合素养，唤醒学生发展的多种可能性。

转变教学方式就是要改变那些不利于学生成长、不合乎时代需要的教学行为和相应的思维方式与态度，调整师生教学活动的整体结构，使教学活动能够更有效地促进学生的发展和教师的提高，更有效地达成全面育人的目标。①

正是基于上述的理论支撑与认识，上海市黄浦区坚持以"促进学生全面而有个性的终身发展，创造适合学生发展的教育"的核心理念为指导，聚焦教学方式的变革，构建中小学课程教学质量保障体系，努力创办优质均衡的基础教育。

三、策略与行动

近年来，上海市黄浦区各类学校以"办学生喜欢的学校"为指向，深入推进课程与教学改革，取得了显著的成绩和研究成果。区域整体推进教育综合改革与教育现代化更是给了我们挑战的契机，在如何优化教学方式，真正落实学生的主体地位，促进学生核心素养的培育等方面，我们有了更多的探索。

我们结合区域的特点，充分发挥区域教研工作对学校变革的专业支撑作用，聚焦课堂理念变革、教学方式变革、技术应用变革和学习评价变革，探索教学方式的转变，构建优质课堂，实践全面育人，形成区域特色。

（一）推进课堂教学变革的主要策略

1. 制订方案：明确课堂教学变革目标

我们针对教师教学个性化不强、学生主体性不够凸显、学科德育目标体现不充分、教学与评价方式单一、信息技术应用手段单一等课堂教学问题，开展了中小学课堂教学改进行动计划。我们强调遵循"促进学生全面而有个性的终身发展，创造适合学生发展的教育"的核心理念，增强教师的课程意识，拓展教学视野，提升育德能力，并提出了具体的行动目标：以培育和发展学生的核心素养为总目标，营造"民

① 温恒福.论教学方式的改变[J].中国教育学刊，2002，12(6).

主、关爱、积极"的课堂文化,探索"多样、适切、灵动"的教学形态,构建"融通、开放、发展"的教学内容;丰富学生的学习经历与情感体验,提升学生的实践能力与思维品质,引导学生形成正确的世界观、人生观与价值观。

根据教育部和上海市课程教学改革的相关要求,课堂教学变革行动重点关注:从"关注教师的教学行为"到关注"学生的全面、个性发展",进一步凸显学生主体地位,挖掘学生的潜能,促进学生全面而有个性的发展。基于"核心素养培养导向"的价值追求,我们要求教师在教学改革中,增强课程意识,拓宽教学视野,提升育德能力,如关注单元教学理念指导下的指向学科核心素养的教学设计与实施,关注教学基本要求的落实,关注学科育人,关注学科学习活动的整体设计,关注教学内容的整合融通等。

2. 课题引领:探索课堂落实学科核心素养的路径

我们以课题研究为抓手,唤醒教师教学变革的主体意识。教师是课堂教学变革的主体,课堂教学变革能否有效推进,能否实现预期目标,很大程度上取决于教师教学改进的主体意识能否被唤醒,能否自觉投身于教学变革的实践中。除传统的"集中培训、任务驱动"策略外,近年来,我们主要以"教学课题"研究为抓手,基于教学实践,梳理教学中的主要问题,经过梳理、提炼,形成"教学课题"。实践中研究,研究中实践,激发了教师教学变革的自觉意识、自我反思与问题解决意识,促进教师不断完善自己的教学行为,提升教学品质。同时,我们也尊重教师的教学创造性,鼓励教师形成自己的教学特色,提升教师的整体教学素养。近三年来,各学科区立项教学课题累计达100余项,涉及"指向学科核心素养的教学设计与实施、教学策略、教学评价、作业与命题设计"等多个教学实践领域,如市区合作研究项目"课堂教学中培育学科核心素养的行动研究"。我们研究了课堂教学与学科核心素养的关系,消化理解课程标准及教材,强化育人价值作用,推进其成果研究应用,形成有效的课堂教学策略,积累了一些典型的教学课例。

3. 智慧分享:发挥典型引领辐射作用

我们在课堂教学变革的实践中,强调区域、学科、学校的统一规划,整体推进。通过"教研员公开教学展示""市级以上获奖教师优秀课例展示""教师区级公开课""信息技术与课堂教学深度融合教学展示"等活动,我们组织中小学课堂教学改进工作的主题研讨、经验分享交流活动,搭建平台,传播课堂教学改进的先进经验,发挥典型的示范辐射作用。近年的课堂改进实践,提升了区域课堂教学质量,活化了学校课堂文化,涌现了一大批符合课程理念、顺应实践需求、具有学术内涵的课堂教学样态。我们还组织了"课堂教学改进案例征集评选"活动,传播了教师的教学智慧。

4. 优化管理:确保课堂教学变革工作有序推进

学校扎实、有效的课程教学管理,是课堂教学变革工作顺利推进的保障。为提升学校课程教学管理人员的专业能力,优化教学管理,近年来,我们先后举办了"教学校长论坛活动"和"教导主任培训班",围绕"创新教育""优化教学方式的策略""新课程背景下的教学管理""学业质量评价的基本要素及策略"等主题,进行集中研讨与培训,提升了教学校长和教导主任的课程与教学管理能力,为课堂教学变革工作的顺利推进提供了重要保障。调研表明,各校领导对课堂教学变革工作能够有充分的认识,认为这是提高学校办学质量与推进学校发展的良好契机。与此同时,各校也加强了对教学变革的规划与过程管理。

(二)推进课堂教学变革的行动

1. 课堂理念变革:使教学回归本质

华东师范大学崔允漷教授在《指向学科核心素养的教学即让学科教育"回家"》一文中指出,要让教学"回家",就要建立学科素养目标体系,明确"家在何处";把深度学习设计出来,让真实学习真正发生;采用大单元备课,提升教学设计的站位;将教材内容进行教学化处理,以实现教学内容的有趣、有用、有意义;探索与新目标匹配的学科典型学习方式;实施教学评一致的教学,让核心素养"落地"[1]。

上海市黄浦区课堂教学实践的"学科核心素养的目标指向""单元整体意识的教学设计""基于问题的教学内容建构""基于素养的项目化学习"等内容,都充分体现了我区教师课堂教学理念的转变。学科素养、创新精神、实践能力和个性发展,逐渐成为黄浦区课堂教学的聚焦点,更具动态性、开放性的课堂正在生成。

例如,黄浦区区域品牌类推广项目"指向学科核心素养的课堂改进",由区教研室采用院校合作的方式重点在本区部分学校进行推广,并逐步向全区辐射。小学和初中段聚焦"课堂教学中教育公平问题研究",分别确定试点校,组建语文、数学、英语、音乐、美术和劳技等学科推广组从三个方面进行推广:一是提供选择的教学策略——提供自主性的学习方式,满足不同学生的学习体验需求;二是课堂教学中

---

[1] 崔允漷.指向学科核心素养的教学即让学科教育"回家"[J].基础教育课程,2019(3).

实现和谐互动的策略——凸显教学方式的转变,倡导"互动教学";三是基于差异的分层教学操作策略——引导学生进入与"差异"对应的"最近发展区"。在对原有成果认真学习和深入理解的基础上,我们聚焦学生学业发展、学科教学质量提升,取得了阶段性推广的成效。

2. 教学方式变革:打造优质的课堂

课堂是培养学生综合学力的主渠道,课堂教学效益的优劣,不仅关系着知识的传递,还影响每一位学生思维品质的提升。探索有效的教学方法是教学方式变革的路径之一。为此,黄浦区根据各学科特点,探索了"情境教学法""问题教学法""思维教学法""主题教学法""实验教学法""史料教学法""实践教学法"等教学方法的实施策略。

各学科教师通过单元教学、项目化学习、设计问题、创设情境、创新实验等方法,在教学中引导学生在寻求、探索解决问题的思维活动中,掌握知识、发展智力、培养技能,进而培养学生自己发现问题、分析问题和解决问题的能力;创设基于生活、体现学科特点、内含问题的、有价值的生活情境、问题情境和任务情境等,教师引导学生准确把握学习内容,帮助学生实现知识的迁移和运用,激发学习的兴趣,并引起情感的共鸣,提高课堂教学的效益。例如,化学学科运用情境教学法,根据教学内容,有目的地在教学过程中引入一些生动具体的场景,在加强学生体验的同时,进一步帮助学生理解教学内容,激发学生兴趣,丰富教学内容,促进知识内化,为培育化学学科的核心素养打下基础;历史学科充分利用场馆资源作为课外实践课程、参观考察活动的重要载体,不仅丰富了学生的历史底蕴,还给学生带来了独特的活动体验。

3. 技术应用变革:丰富教学的可能性

教学手段现代化是课堂教学变革的必由之路,同时也是课堂教学变革的突破口。技术的应用,为提高教与学活动的效率提供了更广阔的舞台和更丰富的可能性。进入信息时代后,随着黄浦区更多新兴技术和设备的运用,以及互联网的日益完善,信息技术已经深刻影响并改变着我区学生的学习方式。这也促使我区广大教师不断审视自己的教学,单一的课堂教学形态被悄悄打破,涌现出一批像黄浦区卢湾第一中心小学的"云课堂"教学的"上海市教育信息化应用标杆培育校"。

我们还以"一师一优课,一课一名师"活动为抓手,促进信息技术在中小学课堂教学中的有效应用和深度融合。在"优课"准备过程中,信息技术有效融入课堂成为大家关注的焦点——电子黑板将传统黑板与现代多媒体技术有效融合,实现了教与学的互动;数字传感器及 TI 手持技术在实验教学中的运用,有助于从根本上改变传统的教学结构和模式,培养学生的创新精神和实践能力;人工智能促进了教学环境的深刻改变,丰富了教学内容,加速了学生学习方式的转变。借助"一师一优课,一课一名师"活动,区域内教师的专业素养得到了进一步的提升,不但夯实了学科专业底蕴,而且推动了教师在课堂教学中更好地融入信息技术,通过创新课堂形式,教学方式变得更加开放、多元,学生的学习空间也变得更广阔,学习经历也更丰富。

4. 学习评价变革:促进多元个性发展

评价方式的变革是必然的趋势。我们通过"多元评价",特别是"表现性评价"的实践,由终结性评价转型为过程性评价与诊断式评价相结合,由单一评价方式转型为多元评价方式,全方位为学生提供有指导意义、具有成长指向性的评价,为其未来发展助力。例如,上海市实验小学、黄浦区第一中心小学等学校开展了"基于标准的小学英语表现性评价的实践与研究"的有益探索。

基于课堂教学的日常评价离不开作业的设计。认真分析教材,合理设计作业,采用多种方式方法准确地做出评价,这样既能促进学生对知识的掌握,又能提高技能水平,培养学生的创新精神,达到提高教学质量的目的。例如,我们建设的初中数学作业平台,为教师布置课时作业提供了基于课程标准与教材要求的备选题组,减少了基层学校教师作业布置上的随意性。与此同时,平台还为初中数学作业的研究提供统计数据,为教育行政部门管理作业质量提供了抓手,大大促进了教师对数学作业的研究与认识。我们还开展了"指向化学学科核心素养的命题设计"研究,通过建立命题框架,实现"素养为本"的命题,提高了命题的科学性、稳定性和可操作性,并形成了一系列典型案例,提升了一线教师的命题设计能力。

促进学生发展是一个永恒的主题。在教学改革层面,我们将坚持学科核心素养导向下的教学改革,坚持以学生学习为中心的教学变革,精心设计学习活动,引导学生进一步走向深度学习,推进跨学科的课程融通,促进课程教学改革不断走向深入。

（上海市黄浦区教育学院　夏向东）

第一章

课堂理念变革

　　教学理念对教学起着引领与统率作用,现代教育理论倡导多样化的学习方式。传统的教学范式下,学生处于被动学习的状态,且在教学活动中被边缘化,普遍出现学生不爱学、不会学、学不好的现象。要改变这种现状,必须转变教学理念,从传统的"以教师为中心""以教材为中心"的范式,转向"以学生为中心",即以学习为中心,以学生的发展为中心的范式。以学生为中心的教学范式具有两个基本特点:一是以学生学习为中心,即要从学生学习角度准备和实施教学,把学生学习作为教学的根本目标和归属;二是以学生发展为中心,即教学要运用单元教学设计、以问题为导向和探究性学习及项目化学习的方式,发展学生的学科核心素养。

第一节　指向学科核心素养的教与学

学科核心素养是指学生通过某学科的学习而形成的正确价值观念、必备品格和关键能力。随着凝练学科核心素养的普通高中课程标准的制定与实施,教学目标已从"三维目标"提升为学科核心素养,指向学科核心素养的教与学是育人为本、转识成智与情境嵌入的教与学。

指向学科核心素养的思想政治课教学变革

2019 年 3 月 18 日,习近平总书记在全国学校思想政治理论课教师座谈会上强调指出,"思想政治理论课是落实立德树人根本任务的关键课程""思政课作用不可替代,思政课教师队伍责任重大"。在此次会议上,他对思政课改革创新提出了"八个坚持"的明确要求,对思政课教师提出了"六个要"的殷切期望。①习总书记的讲话为新时代思政课的发展指明了方向,思政课迎来了新的春天。

当前,推动新时代思政课改革创新过程中,落实新课标、使用新教材是现阶段的工作重点。《普通高中思想政治课程标准(2017 年版)》(以下简称"政治新课标")确立了"构建以培育思想政治学科核心素养为主导的活动型学科课程"的理念②,这就要求我们以培育学生学科核心素养为出发点,推动高中思想政治学科课

---

① 习近平主持召开学校思想政治理论课教师座谈会强调.用新时代中国特色社会主义思想铸魂育人.贯彻党的教育方针落实立德树人根本任务[N].人民日报,2019-3-19.
② 中华人民共和国教育部.普通高中思想政治课程标准(2017 年版)[M].北京:人民教育出版社,2018.

堂教学的变革。

一、深入了解思想政治学科核心素养提出的时代背景

我国教育界对学科课程的育人目标认识经历了一个不断深化的过程：中华人民共和国成立初期，在学习苏联的基础上，我们提出了"基础知识和基本技能"的课程目标，在半个世纪左右的时间内，"双基"目标都指引和规范着我们的课堂教学。20 世纪末 21 世纪初，新一轮课程改革（上海的"二期课改"）提出了"知识与技能""过程方法与能力""情感态度价值观"三个维度的课程目标。这是一次革命性的进步，极大地深化了我们对课程目标的认识。2017 版的"政治新课标"，明确提出了学科核心素养的概念。这是目前为止，我们对课程育人目标的最新认识，为充分挖掘学科课程教学对全面贯彻党的教育方针、落实立德树人的根本任务、发展素质教育的学科育人价值指明了道路。形象地说，"双基目标"是学科育人目标的 1.0 版本，"三维目标"则是 2.0 版本，"学科核心素养目标"就是最新升级的 3.0 版本。

"政治新课标"指出，"高中思想政治以立德树人为根本任务，以培育社会主义核心价值观为根本目的，是帮助学生确立正确的政治方向、提高思想政治学科核心素养、增强社会理解和参与能力的综合性、活动型学科课程"。①从课程性质看，我们必须围绕思想政治学科核心素养体系优化课堂教学，帮助学生了解马克思主义中国化最新成果，理解中国特色社会主义进入新时代的历史方位，了解新时代中国特色社会主义经济、政治、文化、社会、生态文明建设和党的建设进程，引导学生逐步树立共产主义远大理想和中国特色社会主义共同理想，坚定中国特色社会主义道路自信、理论自信、制度自信、文化自信，基本形成正确的世界观、人生观、价值观。同时，我们还要围绕思想政治学科核心素养的形成与发展，建立不断激励学生进步的发展性评价机制，采用多种评价方式，综合评价学生思想政治学科核心素养的发展状况。

二、深刻认识思想政治学科核心素养的概念体系

"政治新课标"指出，"学科核心素养是学科育人价值的集中体现，是学生通过

① 中华人民共和国教育部.普通高中思想政治课程标准（2017 年版）[M].北京：人民教育出版社，2018.

学科学习而逐步形成的正确价值观念、必备品格和关键能力。思想政治学科核心素养,主要包括政治认同、科学精神、法治意识和公共参与"①。我们要深刻把握思想政治学科核心素养的要素之间的相互联系,要看到政治认同、科学精神、法治意识和公共参与这四者之间不是孤立存在的,而是一个有机整体,在内容上相互交融,在逻辑上相互依存。它们之间的关系如图 1-1 所示。

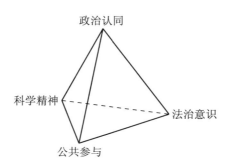

图 1-1 政治学科核心素养的要素之间的相互关系

一方面,思想政治学科核心素养的要素都具有独特的育人价值,可依次归结为有信仰、有思想、有尊严、有担当。所谓有信仰,即拥有基于政治认同的理想信念;所谓有思想,即拥有科学精神的思想基础;所谓有尊严,是拥有与社会主义法治价值取向一致的尊严;所谓有担当,是在公共参与中主动承担社会责任。

另一方面,我们又不能孤立看待思想政治学科核心素养的四个要素。其中,政治认同强调要认同中国特色社会主义,它为科学精神、法治意识和公共参与指引着正确的政治方向;科学精神是要坚持马克思主义的科学世界观和方法论,是达成政治认同、形成法治意识、实现公共参与的认知条件;法治意识要求学生遵法、学法、守法、用法,这是坚持政治认同和科学精神、积极进行公共参与的重要前提;公共参与要求学生有序参与公共事务、承担社会责任,是政治认同、科学精神和法治意识的行为表现。

我们要以课程标准为依据,以发展学生思想政治学科核心素养为目标,将其转化为具体的课堂教学要求和学业质量评价标准,指导课程实施的全过程。

---

① 中华人民共和国教育部.普通高中思想政治课程标准(2017 年版)[M].北京:人民教育出版社,2018.

三、学科核心素养指引下的思想政治课堂教学变革

当前,黄浦区教育学院思想政治学科组围绕习近平总书记讲话精神,在贯彻新课标理念、推动学科核心素养培育方面做了一些积极的尝试和探索,具体包括以下几个方面。

(一)依据学科核心素养目标体系,制定教学目标

落实学科核心素养的前提和关键在于依据核心素养确立学科课程的目标体系,对于教师来说,其关键技术是学会按照课程标准的规定,从政治认同、科学精神、法治意识和公共参与四个方面分解和制订每个学期、每个单元乃至每个课时的教学目标。在教研活动中,我们强调教师在制定教学目标时,必须依据课程标准,结合具体学科教学内容,将学科核心素养具体化。也就是说,教师在备课过程中,针对每一课的课程内容,必须明确在教学中学生需要分别达成怎样的政治认同、科学精神、法治意识和公共参与目标,并且准确把握这些目标之间的联系,在此基础上,教师才能准确选择恰当的教学素材和教学方法,合理安排教学重点和教学过程。

(二)贯彻单元整体教学设计思想,优化教学设计

从教学的视角看,单元是教学过程中相对完整的学习段落,向上承接思想政治学科核心素养,向下统领单元内的所有学习内容。单元教学设计是教师分解和落实课程目标的关键一环,是统整单元内学科核心素养目标、对教学内容结构化处理的主要抓手。目前,统编版思想政治教材已经在高中学段开始全面使用,同样的课程内容针对不同学校的学生可能会面对不同的教学矛盾,因此,我们在教研中强调,教师要以学科核心素养的培育为出发点,结合本校学生的具体学情,立足单元视角进行整体教学设计,优化教学设计结构,制订适合不同基础学生的学科核心素养提升计划,不断提升教学效益。

(三)凸显活动型学科课程的特征,转变教学方式

"政治新课标"要求思想政治学科构建以培育学科核心素养为主导的活动型学科课程,因此,教师在设计学生活动时必须贯彻理论联系实际的原则,实现学科逻辑与实践逻辑、理论知识与生活关切的密切结合。我们在教研中要求教师着眼于学生的真实生活,合理选择学生活动中的议题,引导学生运用学科知识观察、分析

和解决社会生活和自身成长中的实际问题,在社会实践活动的历练中做出正确的价值判断和行为选择,在社会参与中主动承担社会责任。教师要通过议题的引入和讨论,使教学在开放民主的师生互动中进行,实现教学方式的转变;要通过议题的选择和情境的创设,推动学生参与社会实践活动,促进学生学习方式的转变,从而培养学生的创新精神和实践能力。

　　上述措施的实施,已经产生了一些实际效果。2019 年的黄浦区思想政治学科教学评选中,已经涌现出一批具备新教学理念的青年教师,也积累了丰富的教学资源和优秀的教学案例。其中部分经验和做法,我们已经通过在大同中学举办的"聚精会神落实新教材　理直气壮开好思政课"主题教研活动,做了市级层面的交流和推广。今后,我们将进一步开展学科核心素养"教—学—评"一致方面的探索和研究,推动思想政治学科核心素养在课程实施各个环节的落实。

(上海市黄浦区教育学院　吴立宏)

培养核心素养　促进学生发展

——以《中国工农红军长征》一课为例

"勇担历史使命　实现伟大复兴"是习近平总书记在"不忘初心、牢记使命"主题教育工作会议上的重要指示。为增强国家核心竞争力,提高我国人才质量,国家教育部也明确提出将"发展学生核心素养体系"的研制与构建作为推进课程改革深化发展的关键环节。在这样的大背景下,培养核心素养、促进学生全面发展的历史教学改革也势在必行。历史学科核心素养是学生在接受历史教育过程中逐步形成的基本知识、能力和方法、情感态度和价值观等的综合表现,"是学生通过历史学习能够体现出的带有历史学科特征的品质,具体体现为唯物史观、时空观念、史料实证、历史解释、家国情怀五个方面"①。历史教师必须转变理念,从课堂开始,从教学设计入手。以下是笔者就部编初中历史教材《中国工农红军长征》一课的教学设计进行的探索和思考。

一、设计精当的教学策略,注重挖掘历史核心素养的整体内涵

核心素养作为基本的知识和能力建构,应该在学生学习和发展的过程中得到培养和锻炼,其中教学策略的运用至关重要。根据本课故事情节多、趣味性强的特点,笔者设计了多个环节的学生活动,通过"比一比,看一看,哪一组最棒"的小组竞赛进行串联,做到整体和部分兼顾。如环节二中,学生置身当时的历史背景,思考红军为什么要进行两万五千里长征,可以培养学生辩证看待历史的态度与方法。环节三中的问题"看谁整理最全面",通过大事年表的整理培养学生的时空观念。环节四中的问题"看谁分析最有理",通过一手史料的分析强化史料实证意识。环节五中,学生感悟红军长征胜利的原因,通过长征小故事的渲染传递家国情怀。环节六中的问题"看谁总结最全面",通过解说词的撰写引导学生进行完整的历史解

---

① 徐蓝.历史学科核心素养研制的几个问题［EB/OL］(2019-08) http://gaozhong.zzstep.com/4661455-gaozhong.html.

释。小组竞赛活动符合初中学生的心理特征,有利于调动学生参与的热情,降低学习的难度,体验成功的快乐,最终形成对"长征"的深度认识,在知行合一中落实历史学科的核心素养。

二、设计科学的教学过程,注重培育历史核心素养的不同侧面

由于教学内容的不同,所有的教学都落实历史核心素养的五个方面是不可能的,这就需要教师吃透教材,充分挖掘教材中可以培养历史学科核心素养的隐含信息,精心设计教学过程,从不同侧面,尽可能多地贯彻落实历史核心素养的培养。

(一)唯物史观是历史学科的核心理念

"唯物史观使历史学成为一门科学,只有运用唯物史观的立场、观点和方法,才能对历史有全面、客观的认识"。[①]历史教学中创设情境,运用历史示意图和表格是回归历史,将学生置于当时特定的历史背景中去认识历史、感知历史的有效途径之一,因此展示材料1《1929—1932年农村革命根据地形势示意图》、材料2《红军五次反"围剿"的概况》,铺设材料引导学生全面看待红军为什么要进行两万五千里长征。由于图片和表格直观形象,便于学生理解红军长征的历史背景,符合马克思历史唯物主义观点,将历史置于特定的环境下去理解。

(二)时空观念是历史学科的核心要素

历史学科是建立在时间和空间基础上的学科,因此培养学生的时空意识,构建历史框架,是历史教学知识目标落实的基本环节。"任何历史事件都是在特定的、具体的时间和空间下发生的,只有在特定的时空框架当中,才能对史实有准确的理解。"[②]其中时间要素具有显性特点,因此组织学生阅读课文,制作长征大事年表,就是帮助学生建立时间坐标,从时序上加强对长征的整体认识。组织学生参看《中国工农红军长征路线示意图》,标出长征途中最重要的地点并说明理由,如为什么要在遵义开会、红军为什么向西向北长征。就是引导学生关注空间观念,注意地理位置和地理环境对整个历史事件的影响。

(三)史料实证是历史学科的核心方法

"史料实证是指对获取的史料进行辨析,并运用可信的史料努力重现历史真实

①② 李晓风. 新课程机遇与挑战 [EB/OL] http://www.zxls.com/generation/2018/10/21/133108.html(2018-7-21).

的态度与方法"①,是进一步养成历史理解、历史解释及历史反思素养的基础。著名史学家梁启超曾指出:"史料为史之组织细胞,史料不具或不确,则无复史之可言。"②遵义会议是长征最重要的节点,是本课重点,但会议内容和意义对于很多学生来讲比较枯燥,因此教师通过课前发放学案提供阅读史料,课中播放视频资料,引导学生思考"为什么说遵义会议是党的历史上生死攸关的转折点"。基于大量的文字史料和影像史料,小组讨论有了来源,学生根据自己的理解有话可说,思考的火花被激发。但历史史料数量庞杂,教师要善于甄别与选择,通过正确史料的选用培养学生"论从史出"的思维方式,强化史料实证意识。

（四）家国情怀是历史学科的核心价值观

家国情怀是学习和探究历史应具有的人文追求,是对国家的高度认同感、责任感和使命感。习近平总书记曾说过,"一个民族、一个国家的核心价值观必须同这个民族、这个国家的历史文化相契合"。③挖掘历史上的爱国主义素材是对学生培养社会主义核心价值观的有效载体,教师要充分利用历史图片、历史小故事等有情、有境、有趣的素材,达到"润物细无声"的作用。本课设计感悟环节,提问学生:"红军长征前有堵军后有追兵,山高路险,断粮少衣,是靠什么力量克服了困难,创造了奇迹?"教师通过长征组图播放,帮助学生重温红色经典,感悟长征精神,体会中国共产党发展历程的艰难卓越,坚定没有共产党就没有新中国的信仰。

（五）历史解释是历史学科的核心能力

"历史解释是指以史料为依据,以历史理解为基础,对历史事物进行理性分析和客观评判的能力。"④本课通过整理线索、视频资料回顾、重温长征经典等诸多环节的铺垫,帮助学生形成对历史的认识,最后设计小组竞赛"看谁总结最全面",要求学生为长征写一篇简短的解说词。这个环节基于学生对长征史实的掌握,基于对长征精神情感的表达,更多是学生将所学知识概括、提炼、升华,形成历史认识的过程。因此培养和发展学生对历史的解释能力,就是要帮助学生在历史情境和当代背景下思考历史事件,在理解历史中构建自己的历史叙述,形成正确的历史观念。

①②③　李晓风.新课程机遇与挑战［EB/OL］http://www.zxls.com/generation/2018/10/21/133108.html(2018-7-21).
④　陈泽环.核心价值观必须同民族国家的价值观相契合［J］.思想理论教育,2015(1).

三、设计自主的课外作业,注重延伸历史核心素养的校外培养

"核心素养的落实,不仅仅是对教学内容的选择和变更,更是以学习方式和教学模式的变革为保障的。"①2016年颁布的《中国学生发展核心素养》明确了由文化基础、自主发展、社会参与三个方面引领,从而构建全面发展的人。上海教育学会会长尹后庆解答在课堂教学中如何落实核心素养的疑惑中曾指出:"所有以核心素养为指向的教学,需要通过学习者间接经验学习和直接经验学习的交互才能实现。"②因此,本课设计的课后作业是制作历史小报"话说长征"。由于小报制作的内容、过程和结果都是开放的,学生有了很大自主性,但选用史料是对学生读史能力、辨史能力、概括能力和表述能力的考量,这恰恰是历史学科核心素养五个方面的综合培养。

当然,历史学科核心素养的培养不是一蹴而就的,也很难在某一节课面面俱到。课堂教学改革作为培养历史学科核心素养的切入点、突破点和成长点,是促进学生全面发展的主阵地。中学历史教师必须革新传统观念,确立新的教学观,从核心知识到核心素养,从学科中心的课程观到学生中心的课程观,将核心素养的培养全面渗透到教育和教学中,从而使学生获得智慧、健康成长、全面发展。同时历史学科核心素养的五个方面又是相互联系的整体,互有关联,难以割裂,不同的教学内容涉及的历史核心素养可能会有侧重,教师应合理运用,不可生搬硬套、牵强附会。随着新一轮教改的推进,培养核心素养促进学生全面发展已成大势所趋,这也是每一名历史教师的使命。

(上海市金陵中学　张映芬)

---

① ②　尹后庆.多途径落实学生发展核心素养[J].现代教学,2017(5).

英语学科核心素养背景下高中英语深度阅读教学策略探析

　　《普通高中英语课程标准(2017 年版)》(以下简称"英语新课标")指出,落实核心素养必须要改变课程内容和教学方式,丰富课程内容,要带领学生进行深度语言学习,促进文化理解,提高思维品质和学习能力,把育人目标融入教学的过程和内容中去①。学科核心素养的提出无疑为高中英语教师提供了教学的新方向和新要求。

一、英语深度阅读的概念及内涵

　　托尼·巴赞(2004)认为,阅读是读者个人与符号信息之间发生联系的过程,包含辨识、吸收、内部融合、外部融合、保持、回忆和交流七个心理过程。②整个阅读过程是读者对所阅读文字信息的分层加工,分为浅层阅读和深度阅读两类。浅层阅读仅辨识文字的字面意义,捕捉文章的基本信息,等同于托尼·巴赞(2004)的前三个心理过程;深度阅读是聚焦文字背后的意义(Wolf & Barzillai,2009)③,是读者统观全局,以个人知识为基础,与所学新知识建立联系的过程。浅层阅读是深度阅读的基础,深度阅读则是浅层阅读的延伸。深度阅读就是要使用各个级别的思维技能,在互动交际过程中用恰当的语言表达其思想。学生通过思维活动加工文字的底层意义,包括文化信息,并在交际过程中运用语言知识和技能表达思维的结果。从该角度上看,深度阅读与"新课标"倡导的核心素养不谋而合。

二、深度阅读的教学策略

　　"英语新课标"把深度研读语篇的教学策略列为重要的英语教学策略,建议教

---

① 中华人民共和国教育部.普通高中英语课程标准(2017 年版)[J].北京:人民教育出版社,2018.

② 托尼·巴赞.开动人脑[M].北京:世界图书出版公司,2004.

③ Wolf, M. & Barzillai, The importance of deep reading. Educational Leadership.[M]. 2009: 33—37.

师把握教学核心内容(王蔷,梅德明,2018)。①根据这一精神,笔者在教学实践中融合 Wolf 和 Barzillai(2009)提出的具体深度阅读策略,运用如下教学活动引导学生深度阅读。

(一)巧设"问题链",推进语篇深入理解

"问题链"是指根据学生已有的知识或经验,针对学生学习过程中可能产生的困惑,将语篇知识转换为一连串层次鲜明的系统性教学问题。它以问题为纽带,以知识的形成、发展和培养思维能力为主线,以师生、生生互动为基本形式。设计问题链可使文本问题化、问题思维化、思维活动化,促进"问题探究"课堂教学模式的生成,引导学生通过分享、对话、交流、辩论、静思等过程,实现语言的输入和输出,促进语言学习,发展思维能力。教师不能忽略学生的回答,强行将学生带入教师的预设,这样会使师生互动失去有效性。深度学习不仅关注积极的学习的行为,而且关注行为之后的反馈和评价。有深度的评价和反馈能激活课堂的自然生成。

【案例 1】 牛津英语 S2A Unit 3 Reading-Fashion

● **文本分析** 本单元的主阅读语篇为一篇题为《fashion》的演讲。演讲者通过实物展示和故事演绎来诠释时尚的内涵,人们对时尚的态度和时尚对社会的影响。全文共六个段落,每个段落都涉及 fashion 这个大主题下的一个小主题。通过语篇的学习,作者希望学生能够形成正确的时尚观。

● **问题链设计要素** 根据语篇的标题和演讲者的思路,问题链围绕 definition of fashion, teenagers' common attitude towards fashion, extreme attitude towards fashion, influence of fashion on the society, correct view towards fashion 等几方面展开。

● **问题链设计**

(1) How do you understand fashion? When it comes to fashion, what will you think of?

(2) How would you feel if you did not have the latest fashion product? What would you do?

(3) What do you think of Gary's going to London just to buy a pair of trainee

---

① 梅德明,王蔷.改什么? 如何教? 怎样考? ——高中英语新课标解析[M].北京:外语教育与研究出版社,2018.

instead of going sightseeing? What do you want to say tc Gary?

(4) What do you think of Mother Teresa's attending the award ceremony in old clothes? What do you think caused her to do so? Will you applaud her behavior? Why or why not?

以上问题,(1)(2)从学生的现有知识出发,(3)(4)过渡到文本内容的描写和评价,在评价过程中引导学生理解目标语言的文化,再次联系自身,重新审视自己的价值观。如学生关于问题(4)的输出如下:

S(4):Her behavior was worthy of respect. Mother Teresa only thinks of human well-being. She devoted all her money and time to the happiness of those poor people. She thought this was the most important thing of all. She didn't know what fashion was known to fashion-conscious people. She didn't care about fashion. I should learn from her, but I will not do the same thing. I will be beautifully-dressed when attending.

从案例中不难发现,问题链就像一个支架和思维启动器,激发学生从表达自我到分析文本,再到评价他人,最后形成自己的观点,使阅读从"独白式"走向"对话式"和"协商式",在外语课堂中创设了真实的、供学生使用语言表达思维的空间。

(二) 借力思维导图,理清语篇结构

思维导图能使语篇内容图示化、形象化、系统化,能将语篇中最重要的信息进行组织整理,使概念之间形成体系和层次。教师可引导学生通过获取暗示语篇结构特征的信号词,识别语篇宏观结构,借助思维导图模型,以可视化的方式呈现语篇层次以及信息间的逻辑关系。通过学生自己理解、归纳的思维导图,可以成为后续语言表达的支架,帮助学生有逻辑地呈现自己的观点,提高语言表达的质量,并能在新的语境中,迁移出新的语篇。

【案例 2】　牛津英语 S2A Unit 5 Virtual reality

● 文本分析　语篇类型为说明文。全文共八个段落四个部分,介绍了"虚拟现实"这一技术现象及其在商业、教育、娱乐方面的运用,分析了虚拟现实的优劣之处,最后表达了作者对待新科技的态度。

● 思维导图设计意图　使用思维导图,帮助学生明确阐释性说明文的语篇结构,为解决新问题"设计你的生活中所需要的 VR 产品"做好铺垫。

● **思维导图活动设计**

1. Complete the concept map and summarize the main idea for each part, showing how the writer presents a vivid picture of virtual reality to us.（见图 1-2）

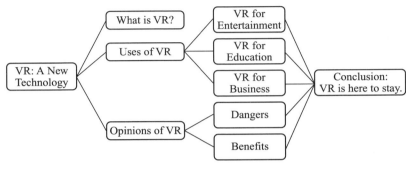

图 1-2 思维导图

2. Design your own VR product, presenting it with a new concept map.

通过以下学生的设计可以看出（见图 1-3），思维导图帮助学生分析了课文内容，归纳出课文结构，加深了对主题意义的理解。并帮助学生在新的语境中，运用支架迁移创新。

图 1-3 思维导图

（三）设计语言分析活动，培养学生思辨能力

作为语言教材的语篇，都有其独特的语言特点，即文本所使用的字、词、句及其组织方式都顺应于特定的写作目的。因此，教师设计教学时，要细心揣摩、关注语篇中的语言现象，提炼出聚焦文眼的字词句，将其作为语言分析的切入点。通过引导性的问题，使学生深入探寻语言的意义，培养他们的思辨能力。

【案例3】　牛津英语 S1A Unit 5 Very Vegetarian

● **文本分析**　该语篇是一个电视节目剧本。主人公 Sally 和 Sam 就"吃素还是吃肉"产生争执。两人列出各种理由，企图说服对方改变选择。

● **聚焦语言设计意图**　引导学生关注、品味对话中双方对于"being vegetarian"和"being eater"的态度，推断双方说话时的情感。

● **聚焦语言活动设计**　Read some of the sentences in the conversation. Work in pairs and share how you understand the feelings of Sally.(见表 1-1)。

表 1-1　活动分析

Sentence 1：（Sally）You are always influenced by the TV program. Last month, you saw a program on space and so you want to become an astronaut. What did you see this time? Guided questions：What does Sally think of Sam's being a vegetarian? In her mind, what kind of person is Sam? Trustworthy or changeable?

My understanding	

Sentence 2：（Sally）Poor animals! Oh, here is my mixed grill! Guided questions：Is Sally impressed by what Sam said? How does she feel about the animals?

My understanding	

从案例中发现，教师以这些关键字词句为载体，引导学生与文本、学生与学生、学生与教师之间产生互动交流，给学生创造学习语言最重要的三个条件：FRA——focus、rehearsal、automaticity。

（四）创设真实情境，引发英语流利说

阅读能力的提升是理解性技能和表达性技能共同发展的过程。基于主题，结合学生的生活实际，创设真实的语境和学习任务，激发学生联系自己的生活实际有逻辑地表达个人对相关话题的看法，帮助学生把静态的语言知识和现实的交际任务有机整合，是深度阅读的语言加工结果向语言应用能力的迁移。这种"读—思—言"教学模式，体现了二语习得"输入—内化—输出"的过程，推动了知识的整合与关联、迁移和创新，体现了主题意义引领下的六要素整合的英语学习活动观。

【案例4】　牛津英语 S1B Unit 3 Reading-The interesting world of plants

● **文本分析**　本文是一篇说明文，从生长环境、特性、功能三方面介绍了四种植物。

● **活动设计**　Plants have life and features, just as people do. If you were a plant, which plant do you think you would be? Why?

● **设计意图** 让学生思考自己的个性特征、生活习惯、生活环境,把自己和某一种熟悉的植物作比较,赋予通过语篇学习所掌握的语言知识以生命。

If I were a plant, I think I would be a lotus.

Lotus blooms in the early summer, the season which my birthday falls on. Lotus grows in the mud but remains clear and smell of mild fragrance in the distance. Like lotus, I was not born in a distinguished family, but I have been working hard and trying to be a girl who is self-disciplined and makes people feel comfortable. Lotus are useful, with its fruit served in meals. I am always extending a helping hand to people around me as well.

通过学生的产出发现,学生能够运用前期所学的语言及语篇结构表达自己的观点。教师必须在教学中搭建平台,鼓励学生进行知识的迁移,实现"用英语做事"。

三、结语

深度阅读的过程是对文本进行解构、重构和创构,是在浸润中进行的有温度、有高度、有深度的阅读。只有在深度阅读过程中,学生词汇、语法、结构、逻辑的学习才有生命力,教师才能帮助学生完成从低阶思维到高阶思维的过渡和进化,实现学习过程中语言、文化和思维的融合,促进学生全面而有个性的发展,为学生的终身发展奠定基础。

在聚焦语言、剖析内涵时,教师是思维活动的组织者,通过引导性问题来启发学生联系文章的主题去思考、比较和讨论,感悟作者的情感态度,领悟语篇的主题意义。这种教学策略,改变了以往"教师 + 教材"为中心的学习模式,打造"学生 + 学习"为中心的学习方式,变"注重结果"为"注重过程"。这是真正的以学习为中心的教学方式。

（上海市格致中学　詹　玲）

基于数学核心素养的讲评课教学策略新探

一、数学核心素养的讲评课教学研究：背景与意义

讲评课是高中数学教学中常见的课型之一，是落实核心素养的重要载体。当前，基于核心素养的数学讲评课研究仍处于思辨、探索阶段，课堂教学中积累了许多好的经验，但也存在着一些不可忽视的问题，如缺少精心设计，讲评课效益不高，盲目性、随意性较大等现象。

如何摆脱就事论事的窠臼，即教学不能只停留在"表层现象"，而应进入"学科深层（本质）"去研究①。这就需要我们另辟蹊径，探索讲评课的教学策略，以达到用不变的策略应对复杂、变化的教学。

本项研究，不仅能解决讲评课随意性较大的问题，还能提高学生的数学核心素养，具有极其重要的实践意义。

二、数学核心素养的讲评课教学研究：概念诠释

（一）基本概念

1. 数学核心素养

数学学科核心素养是具备数学基本特征的思维品质、关键能力以及情感、态度与价值观的综合体现，是在数学学习和应用的过程中逐步形成和发展的。在《普通高中数学课程标准（2017 年版）》中，把数学核心素养概括为六个方面：数学抽象、逻辑推理、数学建模、直观想象、数学运算和数据分析。

2. 讲评课

所谓讲评课，是指教师在学生完成作业、测试等活动之后，对作业和试卷等进行结构和内容分析，并结合学生实际制定切实可行的教学策略，通过课堂分析、点

---

① 　王国芳.核心素养下初中数学试卷讲评课的教学策略[J].福建中学数学，2019(4).

评,帮助学生完善知识结构、提高审题和解题能力,挖掘出隐性的数学核心素养并使之显性化,达到发展学生数学核心素养的一种数学教学课型。

（二）研究方式与内容

通过文献研究法把握数学核心素养的讲评课教学内涵,通过经验总结法归纳数学核心素养的讲评课教学策略,通过案例研究法积累数学核心素养的讲评课教学案例。

三、数学核心素养的讲评课教学策略:实践与探索

结合我校的实际,通过经验总结和案例分析,我们概括总结了如下五种讲评课教学策略,即整体化策略、情境化策略、深度化策略、活动化策略、差异化策略。限于文字篇幅,本文着重介绍整体化策略和深度化策略。

（一）整体化策略

知识的整体化是相对知识的碎片化而言的,着重强调知识的结构化、整合化,防止知识的孤立化、片面化,是将知识内化为核心素养的基本要求。因此,整体化有三个方面的含义:一是联系,联系强调的是关联而不是孤立;二是组织,组织强调的是建构而不是复制;三是整合,整合强调的是迁移与内化,整体意味着"统整"①。

在数学试卷的讲评课中,教师可以运用"整体化策略"引导学生将与试卷相关的知识点网络化、方法系统化,把隐性的核心素养显性化,实现将知识内化为数学素养。

针对试卷中出现的"易混点"错误,我们在教学中,一方面回顾教材,澄清"是什么";另一方面,再现知识的发生发展中加深理解,丰富内涵,在知道"为什么"的基础上,鼓励学生自主进行针对"易混点"的跟进练习,落实"怎么样"。在知识的横纵联系、学生实践感悟中,建构、完善学生自身的知识网络,养成在系统中学习的习惯。

比如,函数奇偶性的网络化学习过程。在阅读高一教材中奇函数、偶函数的定义、图形特征后,我们鼓励学生自己给出"既是奇函数又是偶函数""非奇非偶函数"的定义及判断方法(第一次联系,激起创新乐趣);然后,一般化处理(第二次联系,感悟方法):将原点对称、y 轴对称推广到一般情况下的中心对称、轴对称(自然而

---

① 余文森.核心素养导向的课堂教学[M].上海:上海教育出版社,2017.

然中发展学生的思维能力)。再跨学段整合,在高一学习完函数的周期性之后,第三次感悟"网络化"知识的建构过程。如果函数 $y = f(x)$ 关于点 (a, b) 和直线 $x = c$ 对称,那么 $y = f(x)$ 是否就有无数个对称中心、对称轴呢? 也即函数 $y = f(x)$ 是否一定有周期性呢? 如果 $y = f(x)$ 是周期函数且关于点 (a, b) 对称,那么它是否有无数条对称轴呢? (第四次联系)"利用函数奇偶性、周期性求函数解析式"(高一)与高二解析几何中"求已知曲线的对称曲线方程"进行方法类比,发现"通解通法"在寻求一个问题的不同解决方法、不同时段学习相同主题时,教师引导学生养成用整体、联系、比较的思维建立知识之间的相互关联,从而把握数学知识本质,习得知识内所蕴含的数学思想方法,发展数学核心素养。

(二)深度化策略

倡导深度教学,防止学科知识的浅层化和学生思维的表层化,是数学教学走向核心素养的突出表现。深度化有三方面含义:一是要凸显数学本质特性,展示数学独特魅力;二是聚焦数学核心知识,推进"少而精"教学;三是倡导问题导向,鼓励批判性思维。

针对学生试卷中"读不懂""回答不完整"等问题,教学中可运用"深度化策略"引导学生强化数学语言之间的转化,并通过"问题链"开展变式教学,在对系列问题的思考中习得解题方法、感悟解题策略,激发和培养学生的批判性思维。

比如解析几何"圆及其切线方程"的深度化教学:

【案例1】 已知点 $M(x_0, y_0)$ 在圆 $x^2 + y^2 = r^2$ 上,求过点 $M(x_0, y_0)$ 的圆的切线方程。

大多同学都能理解方程:$x_0 x + y_0 y = r^2$ 的推导过程,但不少学生不会灵活运用这个结论解决问题。

首先,要深挖教材编写意图,提高对"圆"的系统性认知。在初中,我们用运动观点"定性"描述了"圆";在高一,正余弦的三角比定义式变形就是圆的参数方程,消参后即是圆的方程 $x^2 + y^2 = r^2$。高二再次"定量"研究了圆,高三又用参数思想进一步解析了圆。

其次,要强化文字语言、符号语言、图形语言等数学语言之间的相互转化,多角度地理解圆。其实,圆方程"$x^2 + y^2 = r^2$"也可解读为:两个变量 x, y 的平方和是正常数等。这样,对"已知实数 x, y 满足 $x^2 + y^2 = 1$,求 $x \cdot y$ 和 $x + y$ 的取值范围"这类问题,学生自然而然就会联想到用基本不等式、柯西不等式、参数法、几何意义等多种解法解决。

类似地,切线方程"$x_0 x + y_0 y = r^2$"可解读为:一次积之和是常数。它又有怎样的关联呢?

通过对"圆及其切线方程"的深度解析,教师鼓励学生把下列问题与圆的切线之间建立联系,进而能运用多种方法加以解决。

【案例 2】 已知对任意角 θ,都有 $\dfrac{\cos\theta}{a} + \dfrac{\sin\theta}{b} = 1$,则下列不等式中恒成立的是(　　)。

A. $a^2 + b^2 \leqslant 1$　　　B. $a^2 + b^2 \geqslant 1$　　　C. $\dfrac{1}{a^2} + \dfrac{1}{b^2} \leqslant 1$　　　D. $\dfrac{1}{a^2} + \dfrac{1}{b^2} \geqslant 1$

解 **【方法 1】** 参数法:设点 $(\cos\theta,\ \sin\theta)$,则该点在圆 $x^2 + y^2 = 1$ 上,又过点 $(\cos\theta,\ \sin\theta)$ 的切线方程是:$x\cos\theta + y\sin\theta = 1$,由 $\dfrac{\cos\theta}{a} + \dfrac{\sin\theta}{b} = 1$ 知 $\left(\dfrac{1}{a},\ \dfrac{1}{b}\right)$ 为切线上一点,又圆半径是 1,所以切线上任意点到圆心的距离都大等于 1,即有

$\sqrt{\dfrac{1}{a^2} + \dfrac{1}{b^2}} \geqslant 1$ 成立。故选择 D。

【方法 2】 向量方法:设 $\vec{m} = (\cos\theta,\ \sin\theta)$,$\vec{n} = \left(\dfrac{1}{a},\ \dfrac{1}{b}\right)$,则 $\vec{m} \cdot \vec{n} = \dfrac{\cos\theta}{a} + \dfrac{\sin\theta}{b}$。

又 $1 = \vec{m} \cdot \vec{n} = \sqrt{\cos^2\theta + \sin^2\theta} \cdot \sqrt{\dfrac{1}{a^2} + \dfrac{1}{b^2}} \cdot \cos\alpha$(这里的 $\cos\alpha \neq 0$),

所以 $\dfrac{1}{a^2} + \dfrac{1}{b^2} = \dfrac{1}{\cos^2\alpha} \geqslant 1$。故选择 D。

【方法 3】 柯西不等式　设 $\vec{m} = (\cos\theta,\ \sin\theta)$,$\vec{n} = (\dfrac{1}{a},\ \dfrac{1}{b})$,

$|\vec{m} \cdot \vec{n}| \leqslant 1|\vec{m}| \cdot |\vec{n}| \Rightarrow 1 = \dfrac{\cos\theta}{a} + \dfrac{\sin\theta}{b} \leqslant 1 \times \sqrt{\dfrac{1}{a^2} + \dfrac{1}{b^2}}$。所以 $\dfrac{1}{a^2} + \dfrac{1}{b^2} = \dfrac{1}{\cos^2\alpha} \geqslant 1$。故选择 D。

【方法 4】 用关于 x 的方程 $a\sin x + b\cos x = c$ 有解的充要条件

$\dfrac{1}{a}\cos\theta + \dfrac{1}{b}\sin\theta = 1$ 有解的充要条件是 $\dfrac{1}{a^2} + \dfrac{1}{b^2} \geqslant 1$。故选择 D。

问题 2 的一题多解,实质上都是围绕发展学生的数学抽象、数学运算、数学建模核心素养展开的。

【案例 3】 已知关于 x 的方程 $\sin x + \cos x - a = 0$ 在 $x \in [0, \pi]$ 上有解,试求实数 a 的取值范围.

解 【方法 1】 参数法:设 $\begin{cases} u = \cos x \\ v = \sin x \end{cases}, x \in [0, \pi)$,则

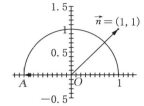

$\sin x + \cos x - a = 0$ 转化为:

$v + u - a = 0$,即 $v = -u + a = 0$,所以原题转化为:求半圆 $v^2 + u^2 = 1 (v \geqslant 0)$ 与斜率为 -1 的平行直线有交点时直线的纵截距范围。

【方法 2】 向量法:设 $\vec{m} = (\cos x, \sin x)(x \in [0, \pi])$,$\vec{n} = (1, 1)$,则 $a = \vec{m} \cdot \vec{n}$,数形结合解得 a 的取值范围是 $[-1, \sqrt{2}]$。

【方法 3】 数形结合:$\sin x + \cos x = a$。

原方程有解等价于:两函数 $y = \sin x + \cos x (x \in [0, \pi])$ 与 $y = a$ 有交点。

【方法 4】 分离变量:转化为值域问题。

问题 3 的多种解题方法,实质上是学生对数学抽象、数学运算、直观想象等数学核心素养的实践感悟。

通过上述持续的讲评课教学过程,我们洞悉了"圆及其切线方程"知识间内在的结构联系,习得了数形结合、化归转化、参数法、向量法等数学思想方法的应用,展示数学魅力,推进"少而精"教学,发展了学生的数学抽象、数学运算等学科核心素养。

四、数学核心素养的讲评课教学研究的主要成效

通过"基于核心素养的讲评课教学策略"研究,我们初步取得了如下的主要成效:教师对数学核心素养落地于课堂的教学内涵、教学策略有了更深刻的理解,把学科核心素养有机地融入教学实践中,提高了课堂实效。我们编制了符合学生实际的、体现数学核心素养培育的校本数学作业。特别是,我们的研究实践把隐性的数学核心素养显性化,有效地发展了学生的数学核心素养。

(上海市比乐中学 赵 岩)

第二节　单元教学设计的研究

单元教学设计就是教师从一个单元的角度出发,根据单元中不同的知识点的需要,综合利用各种教学形式和教学策略,通过一个阶段的结构化(而不是一个课时)的学习,让学生完成一个相对完整的知识单元的学习。做好单元教学设计,有利于教师整体把握教材,解读教材,把握单元的教学内容与教学形式,会让学生在学习的过程中能够循序渐进,会让学生对一个模块或一个单元的知识有系统的理解,打破个别知识点之间的壁垒,形成更加完整的知识体系和更加坚固的知识结构。

在辩驳中体会学习之道

——以统编高中语文教材(必修上)第六单元为例

统编教材由单元导语、课文及注释、学习提示、单元学习任务组成的新的组织架构本身给予了单元设计以指引。这是不是意味着只要手持教材,以往教学中单元目标不明,内容先行,导致教学浅表化、碎片化、练习化的问题①就得以解决? 是不是说任务群教学的课堂上所出现的情境宽泛、活动虚化、缺乏精读、游离文本、课堂虚设等问题②就会消失?

---

① 范飚.高中语文单元教学设计指南[M].北京:人民教育出版社,2018.
② 赵福楼.聚焦于"情境"与"活动"——谈高中语文学习任务群教学的问题与策略[J].中学语文教学通讯,2019(4).

恐怕并非如此。以统编高中语文教材(必修上)第六单元为例,导语中"学习本单元,以'学习之道'为核心,通过梳理、探究和反思,形成正确的学习观,改进学习方法,提高学习能力"是单元的核心目标。然而,在具体实践中,单元目标还需要进一步分解细化。我们可以剖析关键词的内涵对单元目标进行层次上的分解,比如目标表述为"以恰当的方式阐述自己的观点",还需要抓住"恰当的方式"一词思考:阐述自己的观点有哪些方式? 何为"恰当的方式"? 除语言形式外,"恰当的方式"还与哪些要素相关等;也可以根据思维的推进逐步细化,如"感受思辨的力量",教师不妨追问:何为思辨的力量? 思辨为何有力量? 思辨的力量如何在文本中体现?怎样引导学生去感受思辨的力量? 分解细化后的单元目标更易与知识技能相融合,也在一定程度上避免了目标泛化空置的问题。

从单元学习任务设计的角度看,尽管教材已经提供了任务,但根据所执教的学生当下的语文知识、能力、思维品质、审美素养以及已有的学习经验和生活体验,教师可以对单元学习任务进行分解、重组甚至替代。如笔者将第六单元学习主任务设为:

班级在单元学习的基础上组织一次辩论赛,正方辩题为"在当今社会,学习应首先了解外界"。反方辩题为"在当今社会,学习应首先认识自我"。

拟定学习任务框架如图 1-4 所示。

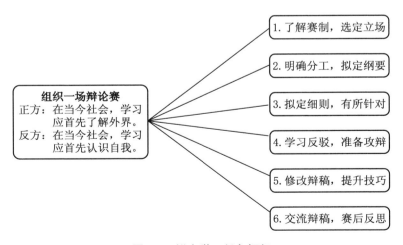

图 1-4　拟定学习任务框架

这一主任务的设计力图满足以下三点要求:

一、任务的完成当立足教材,根植课文

以子任务 1 为例,"了解辩赛赛制,选定个人立场,明确观点"似乎不需要借助教材,但笔者设置该任务的分项活动为:①查阅资料,了解辩论赛的规则和流程。②阅读六篇课文,摘录课文中的名言警句,梳理作者的观点,加深对学习本质的理解。③从学习的本质出发,就学习与外界、学习与自我的关联进行思考。在正反辩题中挑选一个,明确自己的立场和观点。也就是说,选定立场的前提是对学习的本质有较深入的理解,这个理解不是来自学生个人的学习体验,而是来自对单元课文观点的解读。当然,也包含了联系作者的思想主张(如荀子的"性恶论")和写作背景(如韩愈所处时代士大夫"耻学于师"的风气)来理解文章的观点的具体途径。课文的观点并非辩论赛的观点,但是,在对每一个观点的理解中,教师可引导学生从学习首先指向外界还是指向内心的角度去加深对学习本质的思考,在对作者的观点从理解到认同,或者从理解到质疑的过程中,形成自己对学习之道的认识。

当然,后续的四个子任务,也都建立在充分利用教材资源的基础上,而不是脱离教材,泛泛而谈。

二、任务的推进由语文学习活动支撑

课标中多次提及语文学习活动指的是阅读与鉴赏、表达与交流、梳理与探究。但当下不少任务的推进并非依靠语文学习活动,或者说并没有很好地转化为语文学习活动,看似精彩纷呈,但未必对学科核心素养的形成产生影响。因此紧扣单元对应的学习任务群的特点,让语文学习活动推进任务是必要的。

以子任务 2 为例,该任务包括四个步骤的活动:①理解辩论赛赛队成员设置及各辩手职能。②梳理 6 篇课文的层次,把握作者论证的脉络层次。③以辩论稿的要求对《师说》《反对党八股》《拿来主义》3 篇课文的层次进行重组,进一步理解辩论赛中不同辩位对辩手的要求。④结合表格,拟定辩论纲要(见表 1-2)。

表 1-2 辩论纲要

	层 次	侧重	纲要
一辩	起：立场、观点、基本逻辑、基本思路	逻辑	
二辩	承：特定角度深化理论基础	理论	
三辩	转：在确凿材料基础上反攻对手，发挥我方立场	事实	
四辩	合：站在新的高度概括总结	价值分析	

可以看到，把握文章脉络是通过语文学习活动的"阅读""梳理"达成的。以明确辩论赛中辩位与论证过程的关系来了解各辩手的职能，并为拟定纲要铺垫，这是将非学科性质的活动转化为语文学习活动。以辩论稿的要求重组课文，不仅涉及阅读与表达，还让学生在梳理和比较中形成新的问题、新的认知，这就是一种探究。

三、在任务完成的关键点提供合适的支架

所谓完成任务的关键点，既是决定任务完成品质的要点，又是大部分学生未能具备的能力、品格、价值观的难点所在。面对关键点，教师不能仅仅布置任务，让学生自行摸索，而是需要提供支架。

比如子任务 4 是"了解逻辑知识，磨炼反驳技巧，做好攻辩准备"，设计以下三个学生活动：①再次阅读课文，学习作者如何批判错误、层层辩驳剖析，然后有针对性地提出自己的主张。②揣测对方观点的理论基础和现实意义，确定己方辩驳的针对性。③理解"偷换命题""强加因果""类比不当""循环论证"等逻辑知识，借助工具表格发现论证上的问题，磨炼辩驳技巧，做好攻辩准备。

其中，在辩论中需要的逻辑知识就是教师要提供的支架。褚树荣在《思辨何为："思辨性阅读与表达"解读》中建议，这一学习任务群的教学中当补习逻辑知识，诸如"概念和判断""事实和原理""前提条件""图尔敏论证的要素"等[1]，这些逻辑知识和技能要根据学习的具体情境逐步落实。在高一学生初次辩论中，引导学生关注论述的理由，比如引入"假设前提"的概念，让学生思考对方在提出论断时，该论断建立在什么未明言而确信的想法上，而该想法是否存在漏洞；再比如快速记录

---

① 褚树荣.思辨何为："思辨性阅读与表达"解读[J].语文学习,2018(8).

对方递交的理由,衡量理由之间是否矛盾,是否交叉,是否重复,来判断能否形成合力支撑观点。这些都能帮助学生在任务关键点上有所突破,引导他们从感性意识到论述的偏差,转向理性地捕捉、分析论证漏洞,激励他们更好地完成任务。

此外,也建议教师在评价设计时关注任务完成的质量是否体现语文学科特点,评价是否以学生为主体、是否关注过程。

第六单元设计的主任务是辩论赛,在子任务 3 拟定评分细则时,最重要的一项评价标准已经产生。该项评价标准由学生讨论得出,加上辩论赛现场的气氛、辩论赛的结果,本身都是对学生任务完成程度的反馈,可以说符合王云峰提出的"学生是最重要的评价主体"这一要求。

王云峰也强调:"学习任务群的评价要综合运用多种方法,关注过程,综合评价学生的学习表现。"[1]如果说辩论赛的评分细则更多体现的是对"表达与交流"这一学习活动结果的评价,那么建议对另两类学习活动也给出适当的评价方式,形成了多角度的评价要素。

将辩论赛作为统编教材(必修上)第六单元的学习情境,很大一部分原因是对应"思辨类阅读与表达"学习任务群的要求,但其实学生又始终沉浸在该单元的人文话题——"学习之道"这个更大的情境中。可以说,这个单元本身就向学生展示了语文如何与生活联系在一起。设计"辩驳"的任务,其目的也不在于说服,而是让"认真、谨慎、开放、宽容、客观、公允、理性"这些思辨的关键词渗透入学生的思维方式,促进他们对生活情境的感知与反思,从个体的语言体系走入公共的语言体系中。

(上海市格致中学　高翀骅)

---

① 王云峰.高中语文学习任务群的评价问题[J].中学语文教学,2017(3).

核心素养视域下高中化学单元教学设计实践研究

——以"硫及其化合物"为例

《普通高中化学课程标准(2017年版)》在教学指导层面,倡导真实问题情境的创设,重视教学内容的结构化设计①。教学内容的结构化关注知识点之间的联结及应用,要求教学设计要从设计一个知识点或课时转向设计一个单元。

当前理论界对单元教学设计有较多的研究,如钟启泉教授认为,单元设计意味着打破"课时主义"的束缚,单元设计中的决定性环节是基于"核心素养"整合不同的"教学方略",单元教学设计是撬动课堂转型的一个支点②。崔允漷教授认为,指向学科核心素养的大单元设计是学科教育落实立德树人、发展素质教育、深化课程改革的必然要求,也是学科核心素养落地的关键路径③。处于教育改革前沿的上海自2015年初启动《学科单元教学设计指南》的研制工作,历时三年,形成了各学科单元教学设计的指引。

本文将试着从实践操作层面,以"硫及其化合物"的教学为例,探索单元教学设计的具体路径。

一、单元教学设计的基本要素

单元教学设计围绕单元教学所承载的核心素养要素展开,其基本要素包括:单元规划、单元教材教学分析和单元教学目标设计、单元学习活动设计、单元作业设计、单元评价设计、单元资源设计等(见图1-5)。

限于篇幅,本文的单元教学设计仅涉及单元规划、单元教学目标和单元学习活动三个主要内容。

① 中华人民共和国教育部.普通高中化学课程标准(2017年版)[M].北京:人民教育出版社,2018.
② 钟启泉.单元设计:撬动课堂转型的一个支点[J].教育发展研究,2015(24).
③ 崔允漷.学科核心素养呼唤大单元教学设计[J].上海教育科研,2019(4).

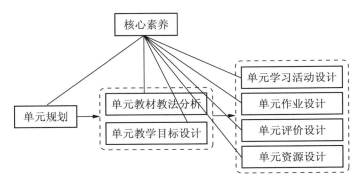

图 1-5　单元教学设计的基本要素

二、单元规划

本单元以沪科版《化学》高中一年级第二学期第五章"评说硫氮的'功'与'过'"和第七章"探究电解质溶液的性质"的部分内容为基础,以高中化学教学基本要求为指导进行重新组合设计。单元的具体规划如图 1-6 所示。

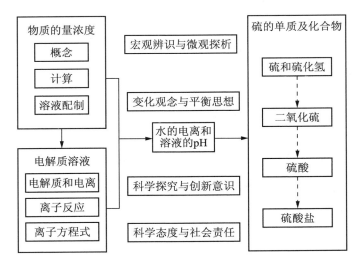

图 1-6　硫及其化合物单元教学规划

本单元教学规划呈现了以下特点:

(一)在研究教材的基础上,对教学内容进行了整合

教材中将"物质的量浓度"安排在"从黑火药到酸雨"和"硫酸"之间来学习,以

酸雨引出物质的量浓度的概念,但这样的安排从一定程度上削弱了元素化学学习的连续性。从知识的逻辑顺序上看,物质的量浓度可以自成一体,归属于教学基本要求"物质的量"的框架之下,而 pH 的表达和计算又离不开电解质的电离知识,硫酸盐中硫酸根离子的检验又和离子反应及离子方程式建立起联系。所以我们将第七章的前两节内容"电解质的电离""研究电解质在溶液中的化学反应"也一并揉进这一单元。

（二）突出化学学科的价值,彰显了学科核心素养

硫及其化合物在现代工业、农业、国防、航天、医药和社会生活等方面都有非常重要的应用,在进行单元教学规划时,我们主要突出化学学科的社会价值,摒弃"令人生厌的硫化氢"这样的负面语言。以辩证的思想来认识化学物质的两面性,倡导节约资源、保护环境的可持续发展意识。

硫及其化合物的转化关系复杂,但遵循一定的规律。可引导学生从氧化还原理论的角度进行学习,发展"宏观辨识与微观探析"的化学学科核心素养。

三、单元教学目标设计

在充分研读教材内容体系、活动体系和作业体系,研读课程标准的内容主题和关键能力的基础上,确定本单元所承载的学科核心素养主要为"宏观辨识与微观探析""变化观念与平衡思想""科学态度与社会责任"等。结合学生的认知发展水平、已有学习基础和学习风格,以"学科核心素养→课程目标→主题内容要求→单元教学目标→课时目标"为路径,确定具体明确、可观测、可量化的单元教学目标。

（一）指向"宏观辨识与微观探析"的单元目标

① 通过不同物质的导电性实验,建立电离、电解质、非电解质等关键概念。

② 能够从微观角度认识和描述电解质在水溶液中的电离和反应,并用电离方程式和离子方程式等进行表征。能结合实验探究与真实情境中的应用实例,描述硫及其化合物的主要性质。能根据硫的原子结构、硫的化合物中元素的化合价,结合氧化还原理论知识预测相关物质的化学性质和变化,解释结构和性质的联系。

（二）指向"变化观念与平衡思想"的单元目标

① 能从物质类别、元素价态的角度,依据复分解反应和氧化还原反应原理,预测硫、硫化氢、二氧化硫、硫酸等物质的化学性质和变化。

② 能从平衡的角度理解醋酸、氢硫酸、亚硫酸等弱电解质的电离过程。

（三）指向"科学探究与创新意识"的单元目标

① 能设计配制一定体积一定物质的量浓度溶液的实验步骤并完成实验操作。

② 能从不同角度分析一定物质的量浓度溶液配制中的实验误差。

（四）指向"科学态度与社会责任"的单元目标

① 能从二氧化硫的性质出发，分析在食品中添加二氧化硫的作用（去色、杀菌、抗氧化）。

② 能从物质转化的角度分析酸雨的成因、危害与防治。

③ 通过学习，体会硫及其化合物在促进科技发展和社会文明等方面的价值和贡献，了解化学学科的社会价值。

四、单元学习活动设计

根据单元教学目标，我们设计了硫和硫的化合物的性质实验、一定物质的量浓度溶液的配制实验、电解质溶液的导电性实验、酸雨pH 的测定与探究等单元学习活动（见图 1-7）。

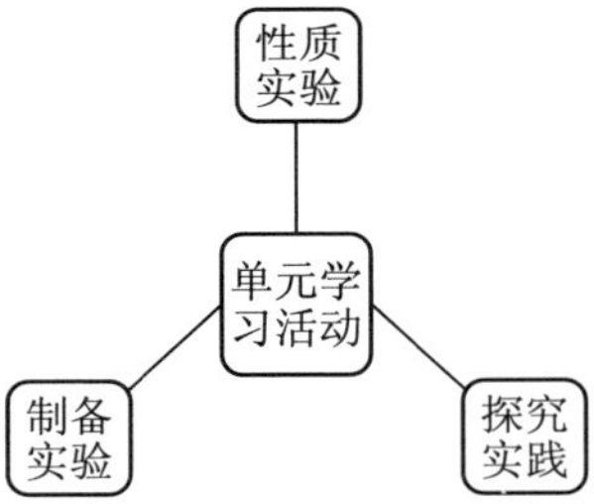

（一）物质性质实验

通过宏观现象的辨识，结合微观结构，学习硫及其化合物的主要性质。实验内容为：硫单质的性质、二氧化硫的性质、浓硫酸的性质、硫酸根离子的检验。

图 1-7　单元学习活动设计

以硫酸根离子的检验为例，可设计如下流程：

① 提出问题：如何检验溶液中的硫酸根离子？

② 方案设计：设计检验硫酸根离子的实验方案。

③ 实验实施：根据设计方案进行相关实验。

④ 分析讨论：用哪种试剂检验硫酸根离子，检验中如何排除碳酸根离子的干扰？

（二）物质制备实验

设计一定物质的量浓度溶液的配制实验和二氧化硫的实验室制备实验（见表 1-3）。

表 1-3　物质制备实验

	配制一定物质的量浓度的溶液	二氧化硫的实验室制法
目　标	通过一定物质的量浓度碳酸钠溶液的配制实验,熟悉基本实验操作特别是容量瓶的使用,并能结合操作实际进行实验误差分析	根据亚硫酸固体与浓硫酸反应制备二氧化硫气体的反应原理设计实验装置
活动设计	(1) 给出活动主题:如何配制 250 mL 0.1000 mol/L 的碳酸钠溶液? (2) 小组交流讨论,形成实验方案 (3) 根据实验方案进行实验 (4) 分析引起实验误差的原因	(1) 提供反应原理 (2) 学生根据反应原理设计实验装置并说明理由 (3) 根据实验装置进行实验

（三）探究与实践活动

教师根据课程标准和教材中的"探究与实践"栏目,并结合本校实验室的硬件设施和学生的实际水平,设计主题为"二氧化硫的功与过"的探究活动。

活动目标:

① 从二氧化硫的性质及转化的视角分析二氧化硫在工业生产和生活中的重要作用,了解酸雨的成因及危害。

② 能辩证地看待问题,逐步养成严谨求实的科学态度。

③ 能运用所学知识分析和探讨某些化学过程对人类健康、社会可持续发展可能带来的双重影响,并能提出处理或解决问题的具体方案。

活动方案设计如图 1-8 所示。

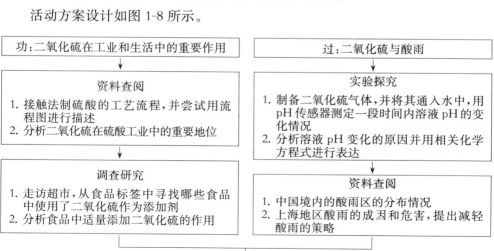

图 1-8　探究与实践活动设计

五、单元教学设计的思考

在进行本单元设计和教学实践中,我们对单元教学设计有了进一步了解,也在思考如何提高单元教学设计的有效性和指导性。

(一)单元教学设计的全局视野

在阐述单元教学的必要性时,张新宇博士指出:"单元教学有助于目标、内容、活动、作业等的整体安排与合理分配;有助于建立内容、活动、作业之间的联系;有助于要求的持续实施与逐步提高。"这就要求我们在进行单元教学设计时,要有整体性、联系性和递进性,要以素养发展目标的全局视野,思考各课时本身的地位和作用、相互之间的关联和衔接。

(二)基于教材单元的重整与建构

教材编写者在设计教学内容的呈现时,一般对学生的认知顺序进行了充分的思考。因此,我们在单元教学设计时,不宜完全抛开教材另起炉灶。完全可以在分析教材单元的基础上,结合学生的学力基础和特点进行重构。

我们还可以参照课程标准和教学基本要求的主题,来构建单元体系,这种方式将完全打破教材的单元格局,适宜于复习课的单元教学。如在无机化工生产中选择"合成氨工业""硫酸工业""纯碱工业"进行单元建构,既关注具体的工业生产过程,又能渗透、彰显化工生产的基本流程、方法与原则。

正如钟启泉教授指出的,单元教学设计是教师教学活动的重心和永恒的主题,素养为本的单元教学设计,我们一直在路上。

(上海市格致中学　孙卫中)

基于 Scratch 的单元教学设计研究

近年来，Scratch 编程风靡全球，并正式纳入上海初中信息科技的教学大纲，在初中信息科技中有着举足轻重的作用。新课程标准要求从整体上把握不同的教学模块知识，要求我们不仅要做好每一节课的课堂教学设计，还要具有全局的观点，从整体出发做好单元教学设计。

一、认识与思考

（一）单元教学的优势

单元教学设计是从一章或者一单元的角度出发，根据章节或单元中不同知识点的需要，综合利用各种教学形式和教学策略，通过一个阶段的学习让学习者完成一个相对完整的知识单元的学习。单元教学设计具有整体性、相关性、阶梯性、综合性等特征，对于教学目标的落实、课程的开发、核心素养的培养等方面具有独特的优势，培养教师整体规划教学内容的能力，更好地落实学科理念和核心素养。

（二）单元教学助推学科核心素养

信息技术学科核心素养包括"信息意识""计算思维""数字化学习与创新"及"信息社会责任"四个核心内容。Scratch 是一款由麻省理工学院（MIT）设计开发的面向少年的简易编程工具，注重逻辑思维训练、创意的发散与创新、算法优化思想的培养，可以进行交互式故事、动画、音乐、游戏等的创作，有利于信息技术核心素养的培养①。上海的初中信息科技教材有三种不同的版本：地图版、多飞版及华师大版。这三个版本的教材中都有 Scratch 的教学内容，但内容的编排有所不同。因此，我们有必要对 Scratch 教学内容进行重组，单元设计是比较适合

---

① 王旭卿.从计算思维到计算参与：美国中小学程序设计教学的社会化转向与启示[J].中国电化教育，2014(3).

的一种教学模式。

教师在课程标准和教学目标的指导下,对教材内容重组,进行了 Scratch 单元教学设计,强化了教师对单元教学设计的整体认识,提升了学生的计算思维,培养了程序设计理念,提高了教学的有效性和针对性。

二、实践与探索

(一)确立 Scratch 的单元教学目标

Scratch 编程是华师大版教材第二册第四单元"新技术学习"第一节、地图版第三单元"少年程序设计师"、多飞版项目二第二章《交互式作品设计》的内容。近年来,人工智能逐渐成为全球发展的新方向,编程作为人工智能的基础,需要认真学习和掌握。基于学科课程目标,考虑学生的认知基础,寻求学生的需求点,激发学生学习的激情和兴趣,我们将单元的教学目标定位在:认识图形化编程软件Scratch,学习如何将自然语言转化 Scratch 程序语言,掌握程序代码功能并能灵活运用完成程序的编写,创作属于自己的个性化作品,了解编写调试程序的一般过程及常用程序结构;在剧情分析的过程中,采用启发式的方式引导学生思考,采用不同程序代码实现同一效果并比较特点,呈现程序调试、优化的思维过程,形成好的程序是在调试、优化中生成的意识。在将剧情转化为程序代码的编写调试过程中不断发现、解决问题,培养主动学习、计算思维能力;在作品创作中,释放渴望创造的天性,体验快乐、成就感。

(二)确定 Scratch 的单元教学内容

为了有效地帮助学生构建 Scratch 程序设计的流程图,了解 Scratch 的各个功能模块,以及程序设计的顺序、分支、循环结构,过程调用、变量、运算等相关概念,完成单元教学目标,教师需要借助于教育学和心理学的相关理论,根据教学目标,对教材内容进行改编重组,创造性组建 Scratch 的单元教学内容。单元教学设计 8个课时的教学内容安排如表 1-4 所示。

第一个课时介绍软件的安装、界面组成、功能及作品欣赏,调动学生的学习激情,后七个课时以案例为载体,融合程序设计理念,引导学生在作品的设计、创作、调试和分享中掌握程序设计的一般过程,创作属于自己的个性化作品,形成程序设计理念,为高中的信息技术打下扎实的基础。

表 1-4　Scratch 单元教学内容设计

课　时	内　　容	知　识　点
第一课时	"初识 Scratch 2.0"	Scratch 的安装、界面组成及功能介绍、作品欣赏
第二课时	"猫和老鼠"	程序初始化,作品创作的一般流程
第三课时	"猫和老鼠"	重复执行、声音
第四课时	"猫和老鼠"	条件判断、事件与侦测
第五课时	"勇闯智慧岛"	程序初始化、克隆
第六课时	"勇闯智慧岛"	运算、变量
第七课时	"勇闯智慧岛"	列表
第八课时	"妙笔生花"	画笔、自制积木

（三）确定课堂教学的一般流程

在 Scratch 单元设计教学中以案例为载体,在创作的过程中强调思路清晰、画面美观、语句简洁、情节完整,培养学生创作作品的规范性及一般流程,形成程序设计理念。教学环节一般分为复习、新授[给出剧本、剧本分析（舞台、角色、动作）]、编写代码(强调初始化)、调试运行、展示点评、归纳总结、完善拓展。

作品创作前先写好脚本,根据脚本进行创作,这样有利于学生创作作品过程中条理清晰。脚本编写如图 1-9 所示。

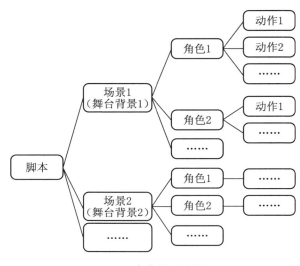

图 1-9　脚本编写结构图

三、成效与反思

（一）提高了学生的学科素养

我们在 Scratch 的单元教学设计过程中始终坚持 Scratch 的"协作分享、不断创作、共同进步"的思维理念。在 Scratch 案例教学中渗透程序设计的基本理念,讲解常用的算法结构,培养了学生的计算思维能力。学生在 Scratch 作品设计创作的实践和分享中建立自信心,开阔了眼界,培养了创造性、团队协作、计算思维和语言交流等方面的能力,改变了原有的学习方式,从被动学习到主动学习,从个人学习到团队合作,不断强化计算思维,激发创造力,提高了学生的学科素养。我们的学生参加各类比赛获得了 26 个奖项:市级一等奖 2 项(2018 学年上海市中学信息科技学科竞赛团体创作、2019 年上海市中小学电脑制作活动暨全国赛上海选拔赛)、二等奖 1 项、三等奖 4 项,区级一等奖 5 项、二等奖 4 项、三等奖 8 项、其他奖项 2 项。

（二）提升了教师的专业能力

Scratch 的单元教学设计通过不同版本教材的分析研究,结合学生的实际情况,将知识点和案例进行重新整合,体现了内容的整体性、阶梯性和相关性,提升了教师对教材的分析整合能力;在单元设计的教学过程中依据学生的认知过程、实际情况及学习能力,选用恰当的呈现方式组织学生学习,寻求培养学生创新、计算思维、程序设计等方面能力的教育方法与策略,关注实践过程中课堂反映和教学效果,进而反思单元设计中的案例选择和知识点分布是否合适,编排是否合理,是否可以进一步优化,提高了教师的教育教学能力。

初步完成 Scratch 的单元教学设计并在教学中进行了实践研究。限于时间、精力和科研能力,对此还有待进一步研究、完善。比如:教学案例的选取编排、知识点和案例的融合还可以进一步进行推敲;教学的方法和策略、教学的模式还有待进一步研究和改进;教学未涉及硬件设施,应在后续案例中增加硬件应用,应加强Scratch 与 STEAM 整合,锻炼学生的审辨式思维和解决复杂问题的能力,并能应用到学习和生活中去。Scratch 的单元教学设计是长期的研究过程,需要更多的后期实践研究。

（上海市市南中学　郭付琴）

美术课程模块互融的中国画单元教学创新研究

中国画是中华文化的一个重要组成部分,具有特定的文化内涵与精神,蕴含了丰富的民族艺术语言,是祖国几千年文化的载体,中国画教学是引领当代学生参与文化传承和交流的主要途径。

中国画教学是基础美术教育的瓶颈问题之一。其原因是多方面的,本研究尝试运用模块融合的方式,改善课程结构,选择贴近学生生活的教学内容,遵循初中学生审美认知的规律,注重课堂实践研究,着力探索面向信息社会,选择适合当代学生的中国画教学有效策略,从而提高学生中国画的解读能力、表现能力与品评能力。

本研究以中国画传承与创新为主题,构建美术课程模块互融的中国画教学单元。通过实施设计方案,探索用中国画的笔墨形式表现学生感兴趣的现代生活,探索拉近中国画与当代学生距离的有效策略;运用校园美术馆展示空间与网络信息平台,开展线上与线下的中国画展评研究,促进学生主动发展。

一、项目研究的理论依据与理性思考

(一)"艺术根植生活,又回馈于生活"的艺术观点

"艺术来源于生活,高于生活,又回馈于生活",是俄国文艺理论家车尔尼雪夫斯基提出的艺术观点。基于这一艺术观点,将中国画的知识与技能学习紧密联系学生现实生活,无论是创作教学、欣赏教学还是设计教学,都要引导学生观察与感悟生活,学会在生活中提炼、概括与表达,以艺术的语言或艺术的方式回馈于生活。

(二)"课程统整"与"综合课程"理论

课程统整是现代课程改革运动的重要课题之一。从美术自身的发展来看,美术的观念与方法趋于多元,美术各种类之间综合化的倾向也在逐渐加强;从美术与人类生活的关系来看,随着信息化的进程,美术与现代生活的联系更为密切,美术教育要培养学生综合运用知识与技能,解决社会生活、文化发展中种种问题的能

力,体现美术教育的独特功能。

二、实践与探索

（一）选择传承与创新的单元主题

吴冠中先生独具特色的水墨绘画作品推进了中国绘画的现代化发展,是迄今为止中国现当代绘画最有价值的研究成果之一。他提出把握"形式美的规律",是美术教育的核心。从现行的美术教材来看,他的绘画作品常常被中小学美术教材选用,如选用他的作品讲解点、线、面等造型元素,帮助学生理解点的集中与分散,线的节奏与韵律,面的大小与位置。2019 年,正值先生 100 周年诞辰之际,构建以"传承笔墨语言,创意现代表达"为主旨的中国画教学单元具有特别的纪念意义。

（二）搭建模块融合的单元结构（见图 1-10）

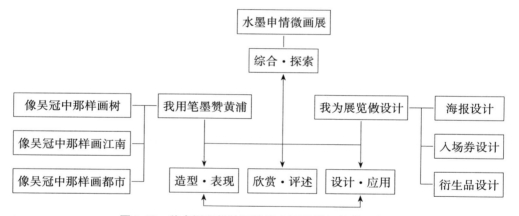

图 1-10　美术课程模块互融的中国画单元教学结构图

（三）实施目标统一、内容多样的单元教学

围绕"传承笔墨语言,创意现代表达"的单元主旨,制定统一的单元目标与课题,但每所学校的教学内容是不同的,所以共设计了五个表现主题。了解吴冠中作品的笔墨语言及作品形式美的表现特征,学习用美术术语解读作品,并尝试运用他的笔墨语言进行创作。举办区域学生美术作品展,学习海报、入场券和相关物品设计的基本要求与方法,尝试运用各种形式进行创意设计与制作,感受现代设计的艺术美感,体会学以致用的思想,激起用艺术创意装点生活的情感。

（四）探索校园美术馆展示与评价的形式

1. 以展促评的校园美术馆展示构想

从展示内容来看,强调"像吴冠中那样观察、思考与表达"的创作要求,突出展示学生对吴冠中笔墨语言学习的过程。版面在按照创作主题展示学生中国画创作作品时,还贴出了这幅作品的参照照片,以及学生在创作时所学习与借鉴先生的作品。从展示形式来看,不仅运用传统的展板与展台的实物展示,还开发了 H5 微信平台的微画展进行配合,观众只需扫描即可关注作品。可见,在校园美术馆画展构想的意义与价值不仅仅在于展出学生的创作作品,而是着力于运用校园画展的形式,延伸、拓展课堂教学的评价。

2. 创意传统水墨画的现当代表达

中国画作品以装置艺术的形式呈现于走廊空间,一下子拉近了作品与学生的距离。学生可以穿越水乡与都市之间,可以与伙伴同游共赏、拍照留念,可以透过霞光与灯光无限遐想……这样的审美可以超越课堂理性的分析。运用现代动态影像技术也是对传统中国画创意表达的一种尝试,展厅内有多个屏幕,演示着学生的中国画作品运用动画软件呈现水墨动画效果,作品由静态转化为动态。

三、成效与反思

（一）总结出突破初中学段中国画教学瓶颈问题的有效策略

1. 运用现实场景与作品图像对照掌握形式美法则的欣赏教学策略

运用现实场景的照片与作品《双燕》画面的图像对照,教师引导学生在观察与比较中,发现作品的笔墨由来,感知画家抓住江南水乡粉墙黛瓦的色彩特征,运用强烈的黑白对比传递水乡素雅的纯净美的方法。运用现实场景照片与画面图像的对照,让学生懂得绘画作品中的形式美不是凭空想象的,而是源于对生活的观察、发现与感悟,是在绘画实践过程中反复思考、概括与简化的过程中寻求美的规律、寻求用中国画独特的笔墨语言与最美的形式,艺术化地表达自己的情感。

2. 像艺术家那样观察、思考与表达的体验式创作教学策略

吴冠中先生曾经说过:"如果你要了解我,就从我的作品中找我。"研究中,我们实施了"像艺术家那样观察、思考与表达"的体验式教学策略,以作品解读先行,创作体验随后跟进的教学程序组合,总结出以下三种有效方法:①学几招程式,以传

承笔墨语言。在临摹中传承笔墨语言,并为创作教学奠定了技能基础。②"穿着大师的拖鞋走一走。"运用吴冠中先生的笔墨语言模仿创作,是突破中国画创作教学难点的有效方法。③与大师的作品比一比,在比较中找出差距,再次走近大师。

3. 体现中国画学习意义与价值的美术课程模块融合教学策略

民族传统文化只有与现代社会生活紧密联系,才会不断产生新的生命力,在单元教学中实施"造型·表现"与"设计·应用"两大模块融合的教学策略。教学中,引导学生将自己的中国画作品与用于画展系列产品的平面设计,完成真实的设计任务。作品被直接运用于画展,拉近了中国画学习与现代学生校园生活的距离。传统的笔墨语言在充满创意的现代设计中焕发新的形式与生命,民族文化在现代设计中得以传承。

4. 利用主题画展形式深化与扩展美术课堂教学评价策略

展厅不仅是展示作品场所,还是观展教学的课堂。从五分钟的课堂评价到40分钟的观展评价,延长的不仅仅是时间,更多的是评价的深化与扩展。我们尝试了学生自由观展、老师导览、学生导览、带着学习单观展四种观展评价的形式。观展评价中既尊重了学生的直观感受,又要向学生提出明确的评述要求,发挥教师的引导作用。带着学习单观展可大大提高观展教学效率,促使学生的观展评价由被动向主动转换。学生导览方式,让作者本人给同学们介绍自己的创作经历与作品的特色,并与观众现场互动,密切作者与观者的关系,有利于读者更深入地解读作品,有利于作者进一步地完善创作,体现了以展促评、互动双赢的教学目标。展评形式的扩展还体现在微信平台的运用,线上与线下的互动拉近了师生之间、生生之间的距离,拉近了作者与观者之间的距离,也拉近了校园与社会之间的距离,成为学生一段艺术化的校园生活,这何尝不是美术教育所追求的终极目标呢?

(二)经历艺术创作体验之旅学生的发展与改变

1. 图像识读能力的提高与审美品位的提升

在创作教学中,以吴冠中先生的作品为范例,学生尝试着"像吴冠中先生那样观察、思考与表现",用自己的笔墨描绘美丽的黄浦,笔法稚嫩的作品却能表达出清新、高雅的情怀。在设计教学中,他们尝试着像设计师那样运用图像素材大胆分割与创意重组,形象思维与创意思维获得了发展。被评为"最佳设计"获得者的学生这样描述自己的构思与创意:"我想将海报图案仿照相机镜头六等分的斜切方式,这样的分割方法让图案本身具有了一种几何化的形式美感,与画展主体相吻合,海报图案的形式美感与吴冠中先生概括简约的作品分格相协调。"可见,在学生的设计与表述中,已经体现出对图像的认知、选择与运用能力,体现出学生审美品位的高雅且富有创意。

2. 视觉文化意识的形成与人文情怀的涵养

本项目研究的主题选择与单元教学内容的构建,体现出美术课程所追求的人文特性。通过本单元的学习,学生们不仅懂得吴冠中先生绘画作品中的形式美不是凭空想象的,而是源于对生活的观察、发现与感悟,是在反复思考、概括与简化的实践中寻求美的规律,寻求用中国画独特的笔墨语言与最美的形式,艺术化地表达自己对江南的情感。学生们体验了像吴冠中先生那样的创作过程,观察了自己生活的街区与校园,尝试了用水墨的语言表达都市情怀,促进了学生视觉文化意识的形成,涵养了人文精神,培育了人文情怀。

3. 对艺术化生活的追求与创造能力的提高

本项目的设计注重体现美术课程的实践性特征,在教师的启发与鼓励下,学生融合绘画与工艺,通过媒体材料的创意替换,利用多样的材料,发挥自己独特的创意,用工艺的方式演绎出别样的水墨江南风景色,结合展示活动,传递水墨芳香,让艺术成为校园生活的亮丽色彩。文创衍生是让中国画作品融入生活的有效方式,引导学生追求艺术化的生活方式,培养学生用自己的智慧与创意创造美好生活的能力。

4. 自我表达愿望的激起与交流方式的改变

观展评价有利于激发学生自我表达愿望,培养学生交流互动的能力,如作品《水墨卢浦》在展厅里吸引了许多观众的眼球,作者婷婷也被观众团团围住。她是个害羞、腼腆的小姑娘,但在展厅里却兴奋自若地向大家介绍起自己构思创作卢浦大桥水墨画的过程。她站在自己的画作前,脸上挂满了幸福和自豪。笔者深深感受到,每个人的内心都渴望被认可、被赞许,每位学生的作品都渴望被展示、被理解与肯定。线上微画展学生的参与更主动,一改课堂上被动抽学号的评价状态,变为同学之间主动的创作交流。

本项目的研究有不少收获,也有一些不足,还有值得进一步思考与探索的地方,尤其是对学生中国画学习成果的评价需要进行更深入的研究,以便更好地发挥教学评价促进学生发展的作用。

（上海市黄浦区教育学院　　陈　路）

第三节　课堂教学中问题设计的探索

　　问题是教学的核心,是创造思维的源泉。在教学中,教师应有意识地创设能使学生发现问题的情境。这是发展思维的关键一环,也是培养学生创新能力的良好途径。课堂是点燃学生智慧的火把,而给予火把、火种的是一个个具有挑战性的问题。让"挑战性的问题"统领课堂教学,促进师生互动,心灵对话,共同创造教学奇迹,就需要对课堂教学中的问题进行科学、有效的设计。

优化课堂教学问题设计,促进学生素养发展

　　著名教育家陶行知先生说:"发明千千万,起点是一问。"问题是课堂教学中师生互助的润滑剂,是学生产生质疑和思索的推进器,是探究活动逐步展开的催化剂①。

　　提问是课堂教学的重要环节。提问不仅能够让教师了解学生对知识的理解和掌握情况,还能培养学生的思维能力。问题设计得好,设计得有效,可以起到"一石激起千层浪"之效,不仅有助于教学任务的顺利完成,而且能形成教学相长的双赢的局面。因此,教师应精心研读教材,从学生的角度出发,优化问题设计,通过问题激发学生的求知欲,促使学生融入课堂,积极、主动地学习新知,不断提升学生的自主学习能力,促进学生素养发展,提高化学课堂教学效率。

---

① 刘堂林.例析初中化学课堂教学问题设计的优化策略[J].化学教与学,2018(4).

一、问题设计指向明确,落实教学内容

课堂教学是师生不断提出问题、分析问题、讨论问题并解决问题的主动构建过程,最终让学生获得知识形成能力。问题首先是为完成课堂的教学任务而设计的,必须要为落实重点内容,达成教学目标服务①。问题设计时必须紧扣教材的重点与难点,必须紧紧围绕教学目标,每个问题必须承载一定的教学内容,问题清晰有效,指向明确到位。

【案例1】　沪科版化学高中一年级第二学期"盐溶液的酸碱性"新授课中,在学生完成实验:在室温下用 pH 计测定 0.1 mol/L 的氯化铵、氯化钠和醋酸钠溶液的酸碱性后,教师可提出疑问:盐的组成中既不含 H^+,也不含 OH^-,水本身是中性的,为什么加进不同的盐之后就会显酸性、碱性或中性呢? 以氯化铵为例进行分析,并设计如下问题:

问题 1:NH_4Cl 溶液中存在哪些电离?

问题 2:NH_4Cl 溶液中存在哪些离子?

问题 3:NH_4Cl 溶液中哪些离子能共存? 哪些离子不能共存? 写出离子方程式。

问题 4:NH_4Cl 在水溶液中反应的本质和结果是什么?

这四个问题紧扣教学内容,符合学生的认识水平,重视学生知识的形成过程,从宏观现象到微观本质,由表及里,层层推进。每一个问题都可用学生已有的知识解决,四个问题解决了,盐类水解本质也就跃然纸上、水到渠成。这样设计的问题,层次分明,指向性明确,针对性强。

二、问题设计富有趣味,力求充满悬念

现代教育理论认为,"教师不在于要讲授多少知识,而在于激发学生的学习动机,唤起学生的求知欲,让他们兴趣盎然地参与到教学全过程中来,经过自己的思维活动和动手操作获得知识"②。化学与社会生活、生产实际有着广泛而紧密的联

---

① 朱洪文.例谈高中化学课堂教学有效问题及设计[J].化学教学,2015(6).

② 张松才.化学课堂中有效问题设计的原则与策略[J].中学化学教学参考,2011(8).

系,因此,教师在课堂教学问题设计时,要了解学生这种心理需求,结合学生身边的生活事例,如水的净化、钢铁制品的腐蚀、化肥的使用等,把个别问题设计成充满悬念、趣味性或挑战性的形式,让问题跌宕曲折,引人入胜,激发他们学习化学的求知欲和积极性,形成学习的内驱力,促进课堂教学的互动生成。

图 1-11

【案例 2】 沪科版化学高中一年级第一学期"氯化氢的喷泉实验"教学时可设计如下问题:

问题 1:这个实验中先挤一下胶头滴管的目的是什么?形成喷泉的实验原理是什么?

问题 2:如果将烧瓶中 HCl 换成 Cl_2 或 CO_2 气体能做成喷泉实验吗? 什么样性质的气体能完成喷泉实验?

问题 3:一个学生用 Cl_2 或 CO_2 做成了喷泉实验,猜猜看他采取了什么措施?

问题 4:如果老师忘了带胶头滴管,能不能替老师想个办法完成喷泉实验?

这四个问题紧紧围绕喷泉实验这个主题,设计的问题思路清楚、明确,由浅入深、层层深入、环环相扣,具有层次性。最后一个问题充满悬念,具有挑战性,激发学生积极思考,让学生清楚水(或反应液)与气体接触是问题的关键,让水(或反应液)上去或气体下来都可能形成喷泉,故能激发学生的好奇心,迸发出思维的火花,产生一种"更上一层楼"的感觉,很好地锻炼了学生的思维能力和解决问题的水平。

三、问题设计凸显层次,激发学生思维

学生的年龄特点导致学生的思维能力还存在一定的局限性,因此,要注重激发学生的思维能力。在课堂教学中,教师在设计问题时,应立足学生的实际,从接近学生的最近发展区提出问题。问题难易适中,问题过难,学生思维力不及;问题过于简单直白,引不起思维的碰撞。所以问题应具有层次性,有一定的思维空间和深度,学生在回答问题时需要层层分析,步步推进,使学生随着问题的解决,思维不断地走向深入,降低学生学习化学的坡度,增进学生对所学知识的理解,形成良好的认知结构,让多数学生在课堂上有一种"跳一跳"才摘到桃子的感觉,从而构建高效

的化学课堂。

【案例3】 沪科版化学高二年级第二学期"醋和酒香"中乙酸的化学性质教学时设计如下几个问题：

问题1：酒香何处而来？是乙醇产生的吗？

问题2：酒中的酯从何而来？

问题3：如何快速制取乙酸乙酯？

问题4：收集到物质有哪些成分？

问题5：如何分离这组混合物以得到较纯净的乙酸乙酯？

问题6：为什么选择用饱和碳酸钠溶液来吸收？

问题7：乙酸和乙醇在浓硫酸的作用下如何脱水成酯？该反应中羧酸和醇分子内的化学键怎样断裂？有几种可能？

问题8：如何证明成酯的脱水方式？

这八个问题立足学生的实际,通过"茅台酒一摔成名"的故事发问,出示实物比较白酒(42度)和42%乙醇的香味,进而提出问题2;借助乙酸乙酯的结构式：

$$\begin{array}{ccccccc} & H & O & & H & H & \\ & | & || & & | & | & \\ H- & C- & C- & O- & C- & C- & H \\ & | & & & | & | & \\ & H & & & H & H & \end{array}$$

不难发现,乙酸乙酯中有一部分跟乙酸分子相似,另一部分跟乙醇分子相似：

乙酸 　　　　乙酸乙酯 　　　　乙醇

由此可以联想,酒中的乙酸乙酯是不是由乙酸跟乙醇反应生成的？于是推测：

$$CH_3-\overset{O}{\overset{||}{C}}-O-H + H-O-C_2H_5 \longrightarrow CH_3-\overset{O}{\overset{||}{C}}-O-C_2H_5 + H_2O$$

事实是不是如此呢？可以通过实验来验证,推进到问题3、4、5;借助于资料库(见表1-5)信息解读,激发同学思考分析选用饱和碳酸钠溶液吸收的原因。

表 1-5 资料库

温度	溶 质	溶 剂	S(溶解度)
25 ℃	乙酸乙酯	水	8.08 g/100 g 水
25 ℃	乙酸乙酯	饱和碳酸钠溶液	5.88 g/100 g 水

通过问题 7 进行宏微符的转化,激发学生深度思考:

可能一:

$$CH_3-\overset{O}{\overset{\|}{C}}\!\mathop{-}\limits_{\dashv}O-H+H\!\mathop{-}\limits_{\vdash}O-C_2H_5 \underset{\triangle}{\overset{浓硫酸}{\rightleftharpoons}} CH_3-\overset{O}{\overset{\|}{C}}-O-C_2H_5+H_2O$$

可能二:

$$CH_3-\overset{O}{\overset{\|}{C}}-O\!\mathop{-}\limits_{\dashv}H+H-O\!\mathop{-}\limits_{\vdash}C_2H_5 \underset{\triangle}{\overset{浓硫酸}{\rightleftharpoons}} CH_3-\overset{O}{\overset{\|}{C}}-O-C_2H_5+H_2O$$

可能三:综合可能一和可能二

最后借助于生物学家们为了研究海豚或某类鱼的活动情况,常采用的方法是,将一个跟踪器安装在其身体部位。同样在化学上,我们也可以用一个跟踪器安装在分子里,这种方法称为同位素示踪法。例如将含 ^{18}O 的乙醇与乙酸反应,反应后 ^{18}O 在乙酸乙酯的位置:

$$CH_3-\overset{O}{\overset{\|}{C}}\!\mathop{-}\limits_{\dashv}O-H+H\!\mathop{-}\limits_{\vdash}{}^{18}O-C_2H_5 \underset{\triangle}{\overset{浓硫酸}{\rightleftharpoons}} CH_3-\overset{O}{\overset{\|}{C}}-{}^{18}O-C_2H_5+H_2O$$

来突破问题 8,从而自然而然地总结出酯化反应的实质:羧酸脱羟基醇脱氢(羟基),增进学生对酯化反应的理解,形成良好的认知结构。

四、问题设计依托情境,引发学生共鸣

情境教学的倡导者 Brown、Collin、Duguid 认为:"知识只有在它们产生及应用的情境中才能产生意义。知识绝不能从它本身所处的环境中孤立出来,学习知识的最好方法就是在情境中进行。"教师创设教学情境就是将化学问题或事实镶嵌在一种模仿或真实的环境中,呈现给学生,它能引起学生的认知冲突,激发学习者

寻求问题解决,以达到认知和谐①。所以,有价值的教学情境一定是内含学科问题的情境。

生活中充满着化学的踪影,化学就在我们身边,教师可以从化学在实际生产、生活中的应用入手创设问题情境,将学科与学生直接经验相融合,来设计课堂教学问题,使一个熟悉的情景、一次亲身的经历、一个化学故事、一个生动的自然现象、一段化学史料、一条多媒体的声像等资料都能吸引学生进入学习活动之中,以激发学生的学习动机,达到教与学的和谐共振状态。

【案例4】 沪科版化学高二年级第一学期"结晶水合物中水含量的测定"教学时依托结晶水发现的一段史料:"1765 年,拉瓦锡发现,干燥的石膏在加热时能放出水蒸气,他用天平称量了石膏失去水蒸气的质量,计算出石膏中这种特殊水的含量,从此化学中就多了一个名词——'结晶水'。"设计这样的问题:为什么教材中偏偏选中硫酸铜晶体作为测定的对象,而不是沿着拉瓦锡的道路选择石膏晶体呢?这样的情境不但为学生提供化学学习的素材和知识背景,唤起学生的已有认知,还能引起学生的认知冲突,帮助学生发现问题,激发学生的学习兴趣,以引起学生的化学学习行为。

【案例5】 沪科版化学高二年级第一学期"铝的性质"教学时依托垃圾分类这一时下的社会热点问题,选择利乐包作为情境线,设计如下问题:

问题1:利乐包材料为什么有金属材料? 可能是哪种金属材料?

问题2:利乐包中的铝箔为什么不能直接与饮品接触?

问题3:为什么要回收利乐包?

情境中蕴含着化学学科问题,问题产生于学生已有的知识和即将要学习知识的"节点"上,与学生已有的知识经验形成冲突,学生的心理处于一种失衡状态,摆脱这种失衡困境成为学生的内在需要。通过一步一步制造悬念,一层一层解决问题,学生体验到知识的产生与发展,并学会从化学的视角发现、提出问题,在问题解决的过程中获得知识,从而实现预定的学习目标。此外,依托情境帮助学生认识化学学科价值,能较好地引发学生共鸣并积极地寻求答案。这种情境由于源于生活,所以在学生头脑里留下的不仅有表象、概念,而且有思想、情感和内心的感受,并走

---

① 杨玉琴,王祖浩.教学情境的本真意蕴——基于化学课堂教学案例的分析与思考[J].化学教育,2011,32(10).

出原先思维的误区,形成正确的化学观。

日本著名教育家斋藤喜博认为:问题是教学内容的要点,是组织教学的开端,是教学进程中转换的"关节",是学生学习过程中思维活动的重要"激活"因素①。优化的课堂教学问题不仅能够激发学生学习兴趣、培养学生的思维能力、增进师生情感交流、及时获取反馈信息,而且能够促进课堂转型、改变教学方式、实现减负增效。如果把课堂比作是一条线,问题便是珠子,如何串得恰当,串得漂亮,需要教师的一番匠心独运。

总之,只有从教育学、心理学角度来优化课堂教学问题的设计,才能让问题成为课堂教学的重要抓手,才能真正使学生学得轻松、高效,化学课堂效率才能真正提高,学生的素养才能真正提升。

(上海市卢湾高级中学 朱明建)

---

① 刘堂林.例析初中化学课堂教学问题设计的优化策略[J].化学教与学,2018(4).

在现代阅读教学中教师提问的三个阶段

学生的水平是教学的出发点,教师在开始教学之前必须确定这个出发点;学生的发展是教学的目标,教师在开始教学之后必须紧扣这个目标。在现代阅读教学中学生是中心,从以学生为中心的视角看中学语文阅读教学教师的提问,教师就要观察学生,研究学生,对学生感同身受,依照学生身心发展的规律展开教学。从以学生为中心的视角看中学语文阅读教学教师提问的全过程,它可以分成三个阶段:细心观察、全心体会、精心引导。

一、细心观察

教师要有意识地关注全体学生,力求避免观察的"死角"。教师的眼光是有限的。教师的眼光不仅受到自身的限制,还受到教室以及教学过程诸多因素的限制,所以教师的眼光总会忽视一部分学生的存在。

教师要有意识地关注全体学生,就要会使用眼神和全体学生交流,特别是在师生问答中,即使有的学生反应快一些,教师也要借助这些学生带动其他学生学习。例如教师用追问的方式引导应答的学生自我反思,让其他学生看到其中的思维过程和方法,从中获得启发。教师在和应答的学生交流时,多用期待激励的眼光鼓励其他学生积极思考,大胆参与课堂教学讨论。师生单向互动表面上是教师和个别学生交流,实际上是教师和全体学生交流。教师要考虑个别学生的回答和大多数学生的回答是什么关系,个别学生的回答是否具有代表性。教师只有把这些问题搞清楚了,提问才能真正做到点面结合,面向全体学生。

教师要留心学生的细微表现。课堂教学是个动态的过程,教师要时刻关注课堂上学生的眼神、表情、姿态、动作等所传递出来的细微信息,揣摩他们对教师提问的态度、评价、愿望等,及时调整课堂提问的策略。

教师还要倾听学生的回答。教师向学生提问总是预设的,在师生实际问答过程中,师生的思路往往不能全对接。当学生的发言和教师的预设不能全对接时,教师要倾听学生的发言,分析师生思路错位的原因,重新认识学生的知识储备和能力水平。

细心观察,学生才能够真正进入教师的视野,教师对学生才不会视而不见,提问才能够真正开始。

二、全心体会

当学生真正进入教师的视野,教师就要全心体会学生,对学生感同身受。《吕氏春秋·孟夏纪·诬徒》说:"善教者……视徒如己,反己以教,则得教之情也。所加于人,必可行于己,若此,则师徒同体。"①

学生都有被认可和欣赏的需要,教师要全心体会学生,就要对学生认可和欣赏。例如教师面带微笑,认真倾听,能够使学生有安全感,身心放松,进入积极的学习状态。有人把教师在课堂问答中这种有效缓解学生压力的应对技巧归结为SOFTEN 技巧,其中,S 代表微笑(Smile);O 代表开放的姿势(Open Posture),如手臂和双腿张开;F 代表身体向前倾(Forward Lean),表示感兴趣;T 代表友好的接触(Touch),如拍拍学生的肩膀等,但最好保持在 1.2—1.5 米的社交距离,距离太近,学生容易感到紧张,声音也随之降低;E 代表善意而专注的目光(Eye Contact),N 则代表点头(Nod),表示正在倾听或理解。②

学生都有个性特点,教师要全心体会学生,设计问题就要尽可能考虑学生的个性特点。在学生思考发言时,相信学生,不频频重述问题,不频频追问学生,不干扰学生,静静地等待,用目光激励,使学生的个性得到充分展示。

学生都有帮助的需要,教师要全心体会学生,就要在学生回答问题困难时帮助学生。学生回答有困难,教师不伤害学生的自尊心,如急躁皱眉叹气、心不在焉或者转身板书等。

学生都有总结经验教训的需要,教师要全心体会学生,就要引导学生合理归因;学生有了合理归因,才能形成积极的自我意识,才能健康发展。美国心理学家韦纳的归因论系统解释了学习动机。他认为,教师要尽量避免对学生学习的成败做消极的归因,要给学生一种暗示:你一时的挫折是不能掩盖成功的前景的,将回

---

① 李保强.教育格言论析[M].武汉:武汉大学出版社,2009.
② 罗德红,吴守卫.心理学视角下的课堂提问艺术[J].中国教育学刊,2012(2).

答成功归因于可控因素,有利于培养学生自豪和自信的自我意识;将回答失败归因于不可控因素,有利于学生减少羞愧意识,期待下一次的成功。教师利用合理归因培养学生积极的自我意识,有利于增强学生学习的自主意识。

三、精心引导

教师全心体会学生后,提问就可以进入第三个阶段:精心引导,关注提问行为本身即"如何提问",不断反思提问行为,不断改进提问行为,努力使提问成为一门教学艺术。

（一）确定适宜的教学目标

教学目标是教学准备和实施的根本依据,制约着教学的各方面因素。

确定适宜的教学目标关键是如何做到学科知识教学和人的教育具体有机地统一。学科知识教学和人的教育是中学语文教学目标设定的两个必要条件,学科知识教学是基础,人的教育是目的,确定适宜的教学目标,必须考虑如何处理好这两个方面的关系。如何做到学科知识教学和人的教育具体有机地统一呢？教师可以进行以下尝试:

教师可以利用教材中的疑点进行课堂提问,既能够激发学生的学习热情,又可以引导学生深入地学习学科知识。教师可以利用学生认知活动中的难点进行课堂提问,在帮助学生解决学习中困难的同时,引导学生深入地学习学科知识。教师还可以有意识地设疑,对学科知识进行提问,激发学生对学科知识学习的兴趣。

（二）确立探究基点

学生的学习不是简单的单向接受过程,而是一个对学科知识进行内化的探究过程。学生发展的目标在探究中才能够得到很好的实现。教师的教学应该是为支持学生探究而搭建的"脚手架",学生在攀爬过程中,不断获得发展。

选择能够引发学生探究的基点提问。例如《孔乙己》,小说中孔乙己姓甚名谁就很值得探究。在中国传统文化中名字对一个读书人来说是多么重要！教师可以选择此处设问,引导学生探究。

（三）以学生的问为问

以学生的问为问,即选择学生的典型问题作为教师的问题展开教学,使课堂教学真正做到教和学的统一。

例如《祝福》教学,教师预设的问题是:"封建的'四条绳索'是如何迫害祥林嫂致死的?"而学生提问:"老师,小说中'狼'属于哪一条绳索?"小说中的"狼"的确加入了残酷吞噬祥林嫂的行列。教师以学生的问为问,让学生讨论,预期的教学目标实现得很好。

(四)多角度强化问

重复是学习之母,但简单重复教学效果不好,教师可以重复问而角度不断改变,这样既可以强化学生的学习,又可以避免简单重复。

从身体力行的角度引导学生变换角色再体会。例如《背影》"望父买橘"的教学,教师再提问可以引导学生模拟课文中父亲的举动,重新体会课文对父亲动作描写的准确性。

从重新审视的角度引导学生变换视点再分析。例如《孔乙己》教学,教师再提问:"假如孔乙己没有被打断腿,不就避免了悲剧的结局吗?"引导学生变换视点重新审视小说。

从更广阔的空间引导学生再思考。例如《沁园春·雪》教学,诗中有"数风流人物,还看今朝"的诗句,教师可以再联系苏东坡《念奴娇·赤壁怀古》中"浪淘尽,千古风流人物"的诗句,比较两位诗人所表达的不同情怀。

从新旧联系的角度引导学生以新带旧、以旧促新地再学习。例如《触龙说赵太后》教学,教师可以再引导学生回顾学过的《出师表》《邹忌讽齐王纳谏》课文中不同的劝说艺术,探究我国古代下级对上级说话的特点。

(五)把触角伸向生活

语文学科知识存在于人类实践活动之中,是活的知识,是相互关联相互依存的知识,而一旦被抽象,变成简约的文字符号,就成了死的知识。歌德说:"日常生活比一部最有影响的书所起的教育作用更大。"[1]

把提问的触角伸向生活,扎根于学生熟悉的生活,学生有生活经验,容易学,喜欢学。例如《晏子使楚》的教学,教师可以让学生体会晏子面临楚王诬蔑时的处境,向学生提问:"如果你是晏子,你如何反驳楚王?"

(六)掌握提问节奏

学生的学习是有过程的,课堂提问要依附于学生学习的过程,必须有合理的节

---

① 马兆锋.关于教师的格言[M].沈阳:辽海出版社,2011.

奏安排。

　　例如汪曾祺《胡同文化》教学,教师提了 12 个问题:"'航空信'打一什么地名?""什么是'大器晚成'?""胡同由来有几种说法? 文化如何理解?""你知道北京胡同名称有哪些? 开门七件事、五行、五色、五方指的是什么? 胡同文化的内涵有哪些? 请概括要点。概括的方法都有什么?""文章的感情基调是什么? 文章语言最突出的特点是什么?""大面积城改动迁,搬入高楼居住,是不是就不封闭了? 高楼文化自身有哪些特点?"问题环环相扣,在难度上有一定的坡度,展开过程也有轻重缓解之分。

　　以上是我们从以学生为中心的视角看教师在阅读教学中提问的三个阶段,它们有分有合,互相融合。

（上海市黄浦区教育学院　　徐　侠）

初中英语"问题导向"的个性化阅读指导教学探索

作为语言能力的重要内涵之一,阅读能力的培养成为英语教学的重中之重。笔者对学校 586 名学生和 20 名教师进行了一项指向个性化学习的英语阅读教学现状调查。调查结果发现,如今的阅读课堂存在以下两个主要问题。从学生学习层面看,缺乏挑战性的课堂任务使资优生觉得"索然无味""兴致缺乏",基础薄弱的学生感到"力不从心"。从教师教学层面看,教师引导与控制多,学生主动阅读少,课堂缺乏思维和文化的引领。探索个性化阅读的途径,需要找准落脚点。以问题为导向的阅读,对学生个性化学习有助推作用。"问题导向"的阅读指导教学是实现个性化阅读的尝试①,切合英语学科素养培育的要求,不仅可帮助每个学生在"最近发展区"内获得个性化成长,也可对一线教师开展英语阅读教学提供借鉴和启发。

一、思考与认识

个性化阅读是指读者对阅读文本中所涉及的领域或话题等,产生独特的感受和真切的体会,对文本的理解能形成具有创意的思想认识的过程②。在个性化阅读教学中,教师要引导学生发现问题,并敢于提出自己的疑问,这样才能使教师更清楚地了解学生最想要学习什么、想要知道哪些知识③。个性化阅读教学有着以下的基本要素:学生能够进行个性化的自主阅读;学生阅读过程中产生的问题可以得到教师个性化的指导;学生有充分的时间进行阅读后的讨论和交流;教师对学生的观点和见解进行个性化的反馈④。

---

① Sanders, N. Classroom Questions: What Kinds? New York: *Harper & Row, Publishers*, 1966.
② Polanyi L, Van Den Berg M. Systems and methods for dynamic personalized reading instruction: *U.S. Patent Application 09/987, 420*[P]. 2003-5-15.
③ 王丹.探究小学语文个性化阅读教学的有效策略[J].学周刊(中旬),2016(9).
④ 陈申.初探翻转课堂方式下的初中英语阅读个性化教学策略——以一堂优秀初中英语翻转阅读课为例[J].中国校外教育(上旬),2014(9).

　　笔者从 2017 年 7 月开始酝酿"问题导向"个性化阅读教学指导。针对牛津教材每一篇阅读文章,笔者尝试设计两个维度的问题。其一,是基于布鲁姆认知理论和《上海市中小学英语课程标准》,对《英语(牛津上海版)》阅读篇目进行分层问题设计,形成的进阶式问题链。其中包括三个部分:以基础理解为导向,面向全体学生的基础问题(basic)、以深度理解为导向,学生自主选择的进阶问题(advanced)和以思维激活为导向,学生以小组形式进行选择探究的高阶问题(superior)。其二,是学生在教师的指导下学会提问。这些个性化的问题也将补充到教学过程中。"问题导向"个性化阅读指导教学目标是最大程度激发学生的个性化阅读。体现在以下两个方面:一是学生进行自主阅读,即根据教师提供的问题,个性化地感受文本、理解文本、体验文本,并且根据自身的兴趣或疑问点提出个性化的问题。二是学生进行自主选择。一方面,学生根据自己的阅读习惯,自主选择阅读顺序、阅读时间、阅读策略等;另一方面,学生可以根据兴趣和关注点,自主选择教师给出的可选择性阅读任务,并决定是独立完成还是与同伴合作完成。"问题导向"个性化阅读指导教学以教师引导学生自主阅读为特色,给了学生更多个性化的空间,能有效提升其阅读能力,培养其英语素养和思维品质。

二、实践与探索

　　初中阶段学生阅读认知水平还处于形式和发展的阶段,因此需要通过对话,尤其是师生的对话,推动这种阅读感知向文本更深处发展。在教学实践过程中,笔者提炼了"问题导向"的个性化阅读指导教学策略与方法。

　　(一)定向引导策略

　　1. 着眼于文本分析的引导

　　问题设计中有一个重要的原则就是对语篇知识的关注。通过定向引导,帮助学生拿到任意文本,能准确判断语篇类型,并选择运用对应的阅读策略。

　　【案例 1】　课题组实验课 8B Unit 3 Dealing with trouble 中基础问题有:Read the pictures, introduction, the first and the last sentence and answer: what is the genre of the text? Write down 5 questions you want to know about the text. 学生判断文本类型是记叙文后,通过教师引导,学生能从时间、地点、人物、起因、经过、结果这些要素对文本进行提问,由此学生便能了解记叙文这一体裁的基本元素和

阅读策略。

2. 着眼于阅读技巧的引导

问题库中部分问题的设计直指阅读技巧,教师在引导的过程中应对不同的阅读技巧加以说明,以帮助学生使用适当的阅读技巧对文本进行自主理解与分析。

【案例2】 6B Unit 7 Travelling in Garden City 问题库中基础库的问题有:Look at the pictures in "Look and read" and guess what the writer will talk about. 这个问题是关于 prediction 阅读技巧的操练,让学生逐步形成读前看图预测的阅读习惯。

(二)自主构建策略

"问题导向"的个性化阅读指导教学是循序渐进的过程,学生逐渐发展为能自主提问、客观评价、主动探疑的自主阅读者,并能运用适当的阅读策略,对文本形成个性化问题,从而达成阅读理解和思维训练的二维教学目标。

首先,引导学生分析教师所设计的问题,掌握一定的提问的角度和方法。学生了解问题设计的维度和原则。其次,通过问题引导学生逐步对文本进行提问,不同年级各有侧重点,从文本显性问题到最后到超越文本问题,逐步能自主提问。

【案例3】 9B Unit 5 Tom Sawyer paints the fence 问题中有帮助学生自主提问的 Question Starters(提问引导)如下:

Level 1:文本显性问题可以从以下切入口进行提问:

What is...? 　 Who was it that...? 　 Can you name...? 　 Describe what happened after... 　 Can you explain why...? 　 Can you write in your own words?...

Level 2:文本隐性问题可以从以下切入口进行提问:

Explain how certain characters are similar or different? What questions would you ask of...? What choice does...(character) face?...

Level 3:超越文本问题可以从以下切入口进行提问:Do you think... is a good or bad thing? Do you believe...? What are the consequences...? Why did the character choose...?...

(三)针对性支持策略

1. 针对性引导策略

针对性引导策略可以分为范例教学方法、语言支架方法和问题链方法。其中问题链方法是最常用的引导策略,通过层层追问帮助学生挖掘文本,深层思考。

【案例 4】　基于 8B Unit 6 France is calling 问题库,学生回答 Post-reading 中高阶问题:"Why is France listed as one of the most popular tourist destinations in the world? Please write down some key words."这个问题是训练学生概括总结能力的,部分学生无法归纳"Channel Tunnel"的段落大意。此时,为了帮助部分学生接近最近发展区,教师使用了问题链策略。教师接连问了几个问题"After reading the text,when you travel to France,will you travel to Britain afterwards? Why? So what makes France so popular?"通过引导学生回答到"convenient ways of travelling"。由此可见,分层引导也是分层学习的重要途径。

2. 针对性辅导策略

针对性辅导策略大致可以分为借助工具方法、小组商议方法和教师参与方法。在学生语言上遇到困难的时候,教师引导学生借助字典等工具进行问题的解决。学生在阅读策略或思维发展上遇到瓶颈的时候,教师应该鼓励学生进行小组商议。个体阅读是基于学生主体自身差异的体验与感受,是原初的、个性的、封闭的,其遇到的困难存在理解程度、正误、个性与共性等差异,需要与师生同伴分享以达成共识,纠正体验偏差,深化认识。此外,"问题导向"的个性化阅读指导教学过程中,教师应在动态观察中,及时给予学生个性化的辅导。尤其要加强对学生学习方法的指导,注重学生元认知策略的指导,使学生逐步形成个性化的学习策略,提高学习效率。

三、成效与反思

通过两年的实践探索,笔者发现"问题导向"的个性化阅读指导教学不仅提升了学生的个性化阅读水平,其阅读理解的深度也有所提升,从而显现出的是学生思维品质的提升。从问题的层次来看,学生逐步从文本显现问题向文本隐性问题和超越文本问题过渡;从思维层次来看,学生逐渐从简单的记忆、理解为主的基础型思维,向分析评价为主的批判性思维发展,班级中一些学习能力较好的学生也在不断挑战应用创造为主的创造性思维。此外,值得高兴的是,学生已经逐步养成自主提问的好习惯,通过自主构建,以问题为导向,实现个性化阅读。

此次实践探索中仍有一些问题没有得到很好的解决。例如,"问题导向"的阅读指导能否通过在线的形式，提前到课前学习，留出足够的时间在课堂上进行个性化问题的讨论与反馈？教师应该有怎样的策略来指导学生进行个性化的提问？学生个性化阅读能力的提高与学生阅读学业水平之间的关系？这些都将在未来的日子里——进行实践、验证。

（上海市卢湾中学　吴一穹）

基于学情，提高课堂提问有效性

　　提问是一门艺术。爱因斯坦曾说过："提出一个问题比解决一个问题更为重要。"只有问题的提出，才有问题的解决；没有问题，也就没有创新。"学起于思，思源于疑"，学生的积极思维往往从疑问开始，有疑问才能促使学生去创新。语文课堂教学中提问的设计，可谓是关系阅读教学组织成败得失的一项重要工作。有些课堂教师的提问缺乏针对性与巧妙性，无法实现激发学生语文学习的兴趣与培养学生逻辑思维的目的。当学生"无疑"时，教师则"须教有疑"，提出问题，引导学生思考并参与到教学活动中，体现出自己的创造性。好的提问，能"一石激起千层浪"。

　　教师善于提问，能大大地调动学生学习的兴趣和求知的欲望，激发学生的思维和想象力，提高对话交流的效果。问题设计得好，课堂教学则环环相扣，引人入胜；设计得不好，则散漫无章，索然无味。语文老师在语文课堂上，更要运用好语言的艺术，巧妙设计问题，用一个个生动、有趣、艺术的问题去引领学生的思维，开阔学生的视野，启迪学生的智慧。语文课堂中的有效提问可以调动学生主动探索问题，激发学生的学习兴趣，培养学生的创新思维，锻炼学生的交流能力。

一、概念的界定

（一）课堂提问有效性

　　课堂提问的有效性就是指有效提问。有效提问就是以有效的策略提出有效的问题。这就包含两个层面的含义：一是有效的问题，二是有效的提问策略。①

（二）有效提问的内涵

　　有效提问是教师根据学科的教学目标和教学对象的实际情况，有计划、有针对性、以合理次序设计的发问，以完成教学目标，达到学生认知、思维、情感和人格上的发展和健全的提问。

①　魏志宏.课堂提问在小学语文教学中的有效性实施策略［J］.新课程（小学）.2015（1）.

（三）语文课堂有效提问的内涵

语文课堂有效提问的内涵，即在语文课堂上教师能够针对不同的文本特点与课堂教学的不同目标、内容，清楚地、有目的地、有条理地使用灵活的方式提出富有艺术性、启发性、实效性与开放性的问题。学生能够通过问题的解决获得有用的知识、思维的发展和语文素养的提高。这种有效性包括两个方面：提出问题的质量和学生参与水平。

二、基于学情，把握提问的"度"

钱梦龙老师在他的《语文导读法探索》一书中说："要发展学生智力，研究问的艺术很有必要。"课堂提问是联系师生之间思维活动的重要纽带和开启学生智慧之门的钥匙。课堂提问最重要的是把握好"度"，要善于在"度"的多层次中选择最佳切入点。

（一）把握问题的效度

"有效性提问"是指教师在课堂上提出的问题能使学生产生一种怀疑、困惑、焦虑、探索的心理状态，这种心理又驱使个体积极思维，不断提出问题和解决问题。在实际教学中，有效的课堂提问会大大地提高课堂教学的效果。①日本著名教育家斋藤喜博认为，教师的提问是"教学的生命"。课堂提问贯穿在整个教学过程中，课堂提问运用得好，不但可以轻松地帮助学生融入课堂教学所创设的氛围之中，还可以激发他们探究问题的兴趣，激励他们寻求解决问题的途径，从而有效地提高语文课堂教学效率。

曾经听过一位教师在教学《数星星的孩子》最后一段时这样提问：

师：数星星的孩子叫什么名字？

生：张衡。

师：张衡是什么朝代的人？

生：汉朝。

师：他长大以后成了什么？

生：天文学家。

---

① 陈文奇.课堂提问在小学语文教学应用中的价值探讨[J].新课程（小学），2014（4）.

师:为什么呢?

生:因为他从小就有这个爱好。

单纯的教师问、学生答,这样的提问存在较大的盲目性和随意性,缺乏问题设计的技巧,无法激发学生的兴趣,课堂显得枯燥无味,课堂教学效率更是无处谈起。其实这些问题,教师根本不用问,学生通过自己的预习完全可以读懂。

如果要驱使个体积极思维,我可以这样设计:①师:张衡是一个什么样的人呢?你从哪儿知道的?(出示最后一段)我们来读一读。②师:哪些字词一下子跳入了你的眼睛?(学生交流)出示:张衡　汉朝　刻苦钻研　著名天文学家③师:你对这些词语有什么问题吗?(学生质疑:天文学家是干什么的?刻苦钻研是怎样地钻研?)④师:谁能用上这些词来向大家介绍一下张衡。

在短短的 35 分钟里,要想让课堂提问更有效果,教师应科学地设计问题,以激活学生的学习兴趣,培养学生的创造性思维。

(二)关注提问的坡度

《学记》中记载,"善问者如攻坚木""先其易者,后其节目"。设计提问要由浅入深,由易到难,由具体到抽象,有层次、有坡度。难度要逐渐增大,不要开始就把学生问住、难住。要循序渐进,让学生有一个思考的过程,由易到难地回答问题,这样有利于把学生的思维一步步引向新的台阶。

如教学《天鹅的故事》中的:"突然,一只个儿特别大的老天鹅腾空而起,可是它并没有飞走,而是利用下落的冲力,像石头似的把自己的胸脯和翅膀重重地扑打在冰面上。经过这沉重的一击,镜子般的冰面被震得颤动起来。接着,第二次,第三次……"若教师这样提问:①这段话中有两个比喻句,第一个比喻句把什么比作了什么? 为什么要这么比? ②第二个比喻句把什么比作了什么? 又为什么要这么比呢? ③省略号表明老天鹅重复一个动作,无数次扑打,这又能反映出什么呢? 这样,在教者的引导下,通过一组从易到难,环环相扣,层次清晰的提问,学生对本文重点、难点的学习就容易掌握了。

(三)注重提问的深度

提问要有一定的深度。深度指问题的设计要有一定档次,要上层面,要有一种感性基础上的理性厚重,应该是思维的升华、思想上的深刻认识。教师根据教学大纲,注意紧紧围绕教材的重点和难点,精心设置问题。其问题要有新意,有一定的开放性,给学生提供展示个性自由发挥的空间,拓宽文本的需求,有一定的思考价值,并能"牵一发而动全身"。让学生积极思考,充分发挥学生的智能,培养学生的表达能力和知识水平,使学生咀嚼有味,才能引发学生创造性的火花。

（四）开拓提问的广度

"语文学习的外延与生活的外延是相等的。"这是大语文观,也是新课改所要求的。因此课堂提问也应该紧密结合学生的生活实际和社会实际而充分展开,不失时机地拓展学生的思维,挖掘学生的内在潜能,培养学生多角度思考问题。在语文拓展课上,我们读到《鹬蚌相争》一文。我设计了这样一个开放性的问题——"鹬和蚌被渔翁抓了之后"会发生些什么事? 引导学生多角度看待事物发展。学生有的从"鹬蚌终于认识到错误,团结一心,想方设法对付渔翁,然后结伴逃走"等方向去续说;有的从"鹬和蚌互相埋怨,最后被渔翁美餐一顿"方面去续说,培养了学生创造性阅读的能力,让学生的个性在课堂上得以展现和发展。

陶行知先生说过:"发明千千万,起点是一问,智者问得巧,愚者问得笨。"教学是一门艺术,课堂提问更是一门高深的艺术,不仅是奇思涌现的艺术,还是语言魅力的展现。"水本无华,相荡乃成涟漪;石本无火,相击而发灵光。"课堂教学上的巧妙提问,可以改变平庸、沉闷的课堂气氛,充分调动学生学习的主动性和积极性,高度激活他们的求知欲和学习的兴趣,从而在创造性的智力震荡中,活跃气氛,调剂精神,促进思考,启迪智能,最终提高语文课堂教学的效率。课堂上适时、适度而且富于艺术技巧的提问,能加快把知识转化为语文素质能力训练的进程,是发展学生思维、保证和提高教学质量的有效途径。为此,语文教师应精心设计好各种类型的课堂提问,形成有自己特色、适合学生口味的提问艺术风格,以达到最佳的教学效果。

（上海师范专科学校附属小学　张　璐）

第四节　项目化学习的实践

项目化学习（Project-based Learning）又称"基于项目的学习"，也就是人们常说的 PBL。基于真实情境、问题化驱动的项目化学习，本身就充满着不确定性，项目化学习不是以唯一答案为目的的学习。学生在驱动性问题的引导下，将知识运用于新情境以解决问题。为了解决问题，每个人或小组所得到的答案是不确定的，是他们自己思考和实践的个性化产物，也正是在不确定性的学习中，学生在学习的过程中深入自主、全情投入。

STEAM 项目化程序设计赋能创新素养培育

一、背景与意义

我国的教育研究注重全面提升学生的综合素质，日益重视学生创新能力的培养，提出"把创新教育原则和方法作为基础，以知识结构为主线，培养学生的创新意识和创新思维；以研究性学习和科艺创作为主线，寻找创新点，培养学生的创新技能"。2017 年 7 月，国务院印发《新一代人工智能发展规划》，明确指出人工智能成为国际竞争的新焦点，提出逐步开展全民智能教育项目，在中小学阶段设置人工智能相关课程、逐步推广编程教育、鼓励进行形式多样的人工智能科普创作。

STEAM 代表科学（Science）、技术（Technology）、工程（Engineering）、艺术（Arts）、数学（Mathematics），是具有综合性、基础性、创造性的教育。STEAM 项目学习采取科学研究方法，综合运用跨学科知识，发展逻辑思维，按照项目驱动方式组织研究和实践活动任务,在探究学习中实践创新,启发学生思考各学科教育的社会应用价值。

STEAM 和可视化编程课程在国内已步入成长期,以信息技术为载体,把学信息技术、用信息技术、懂信息技术与信息技术一起学结合起来,提倡学生创造性地运用信息工具和信息技术,在综合实践活动中培养发现问题、提出问题、解决问题的能力。

二、思考与认识

艾曼贝尔提出"创造力组成成分理论",认为与领域有关的技能、与创造性有关的技能和内部动机构成了创新能力的交叉模型。①斯腾伯格认为创新能力是由"智力、认知风格、人格"三个维度构成,主要包含"智力过程、认知风格、动机、环境、人格特征、知识"六个因素。创新能力是个体在已有的知识、经验的基础上,研究和产生出独特、新颖、有价值的思想、技术和产品的能力,其中包含了创新思维、创新意识和创新技能等。项目式学习、建构主义与团体动力学构成了开展 STEAM 项目式程序设计活动培养学生创新能力的理论基础(见图 1-12)。

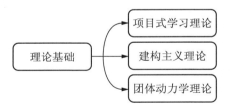

图 1-12　理论基础

(一)项目式学习理论

项目学习就是在一段学习时间内,达成一系列特定目标,完成相关任务。其来源于杜威"做中学"的教育思想。杰克·吉多等人指出:"项目就是以一套独特而相互联系的任务为前提,有效地利用资源,为实现特定的目标所做的努力。"学生在项目学习过程中要系统地计划、解决问题、掌控时间、修正完善、综合分享。项目学习综合了情境、活动、内容和成果等环节,在真实、具体的情境中自主探究、合作分享,

---

① 张文新,谷传华.创造力发展心理学[M].合肥:安徽教育出版社,2004.

从多角度解决开放性的问题,注重学生的发展性评价。

在活动过程中学生根据具体的项目制订计划,通过类比、参照、分析判断、大胆推测、应用合适的研究方法和研究工具求证,并制作作品、合作分享,完成活动评价。

(二)建构主义理论

建构主义强调"意义建构",指出个体的学习和成长是与周围环境进行积极互动,逐步发展自身认知结构。建构主义学习理论认为:"知识是通过个人与社会之间的互动、中介、转化等方面的张力形式而构建的一个完整的、发展的实体。"①知识建构在经验与情境的互动活动中完成,不能被机械地传递和复制。

探究的方法不是固化的,新的探索和已有的知识、技能储备不是断裂的,要架设新旧知识的阶梯,从已有的知识经验中寻求线索,找寻多样化的研究方法,激发学生自主探究的热情和兴趣。

(三)团体动力学理论

德裔美国心理学家库尔特·勒温将格式塔心理学原理应用于研究团体社会行为,提出团体动力学理论,"把团体作为一种心理学的有机整体,并在这种整体的水平上来探求团体行为和团体过程或人的社会行为的潜在动力"②。团体动力学指出,团体中每个成员之间都会有交互影响的作用,并认为团体中每个成员都具有交互依存的动力。

成员在合作、分享过程中,通过思维的碰撞、小组实践活动来解开疑惑。个人与群体目标具有高度的一致性,成员们互惠、互助,对新事物共同进行探索、尝试。学习小组成员经过主题研讨、经验分享和实践协作,制订并执行有针对性的方案,实现个人成长和群体提高的双丰收。

三、实践与探索

(一)STEAM 项目化学习的实践原则

1. 发展性原则

开展 STEAM 项目式编程设计创作富有挑战性的科艺作品,以多种形式呈现

---

① Jonassen, D & P. Henning. Mental Models: Knowledge in the Head and Knowledge in the World[J]. *Educational Technology*, 1999, 39(5—6):37—41.

② 黄希庭.现代心理学理论流派[M].上海:华东师范大学出版社 2003.

学习的中间结果和最终结果,使学习的体验多样化。编程从解决问题入手,创设合理的思维阶梯,逐步引发深层次思考,加强思维的深刻性;鼓励换角度思考,增强思维的灵活性;激励寻求多种途径解决问题,拓展思维的广阔性。活动进行发展性评价,学生逐步发展从平凡中发现新意的能力,培养创新习惯,形成良好的探索品格。学生通过每一阶段的自我发展和感受创新的喜悦,循序渐进地培养不服输的进取精神和浓厚的探索兴趣。

2. 合作性原则

学习同伴(包含同学关系、师生关系、亲子关系等)在志趣相投、体验分享和协作互助的基础上发展和谐的合作学习关系,在互动中实现自我价值与共同成长。具有不同的生活经验、思维方式、认知结构的成员们交流、互动,碰撞出思想的火花,得到启示,进一步丰富了自身的知识体系,提升综合能力,在情感、态度、价值观方面也有了不同的感悟。协作有利于促进合作,拓宽创新思维的广度,有益于做出批判性反思,培养深刻、独特、敏捷、灵活的创造性思维。

3. 开放性原则

STEAM 项目式编程活动调动多感官体验,开展探索、表演、实验、竞技等多种形式的学习活动,鼓励学生大胆猜测、反复尝试、多样求证,来提升思维品质、培养独立思考和善于创造的精神。创造性思维包含抽象思维、形象思维、逆向思维、分合思维、扩散思维、集中思维、联想思维等。在创作过程中教师应鼓励学生发挥想象力,留有充分、开放的观察与思考空间,鼓励质疑和挑战。学生通过接纳与反驳、体验与改良等环节,激发创新的兴趣和欲望,培养观察力、毅力和思维力。

(二)STEAM 项目化研学探索路径

学生运用项目学习方式来处理现实生活难题,经历发现问题、定义问题、构建假设、测试评估、智造展示等阶段,发展创新精神、实践能力和团队协作精神。学生在具有现实意义的情境中提出疑问、讨论分享,运用思维导图等工具来激发灵感、增长知识和技能。为了解决具有现实意义的问题,学生们在家庭、社区里做实地调研,联系生活实践、知识经验,发挥想象力和创造力。

STEAM 程序设计项目活动中创设情境激发学生的主观能动性,无缝连接虚拟世界和现实世界。通过组员间的合作、与家长的亲子互动、在社区的社会实践,设计新颖、有个性的作品,打破了思维定式,克服惯性,敢于突破常规,乐于尝试新的方法,善于提出有独创性的思想。

　　学生在实践、合作、分享的过程中,对新事物共同进行探索、尝试,开展高效、默契的团队协作,共同攻克难关,强化思维训练,从而提升团队和个人绩效。学生们通过参与基于分享、合作的创意设计活动,发展创新思维和创新技能,强化创新观念,达到增强信息处理和沟通能力、培养创新意识和创新思维,提升信息素养和创新能力的目标。

　　项目式编程活动采用自评与互评相结合的发展性评价方式,注重对学生创新方法、创新过程、创新成果进行全方位的评价。在活动过程中实时反馈,提供相应的帮助和建议,学生可以根据活动不同阶段的评价反馈以及相应的学习支架,定制个性化的学习活动方案(见图 1-13)。项目活动结合学生的年龄特点和心理发展规律,通过"想象—创作—除错—分享、回馈—反思—再想象",形成良性循环,培养了学生勇于探索的创新精神和善于解决问题的实践能力。

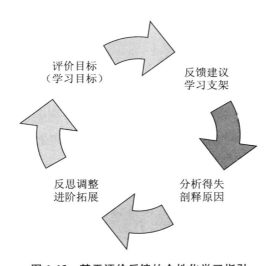

图 1-13　基于评价反馈的个性化学习指引

四、成效与反思

　　STEAM 项目式程序设计活动注重在学生个性发展的基础上,结合兴趣、已有经验等来增强其对复杂事物和联系的理解力,实现从"技术为核心"向"以学生能力为本"的转变。

　　在多轮 STEAM 项目式程序设计教学实践中,我们使用威廉斯创造力倾向测量表从冒险性、好奇性、想象力、挑战性四个方面对学生的创造力进行评估（见图 1-14）。根据前测、后测数据显示，通过创作富有挑战性的科艺作品，学生们提升了学习的主动性；通过讨论、思辨、推理来解决认知冲突，学生们提高了认知水平；通过科学实验的方法和工程设计的流程，学生提高了创造性解决问题的能力，创新思维、创新意识和创新技能方面都有明显的提升。

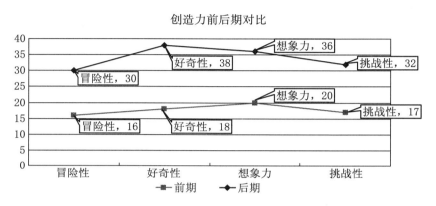

图 1-14　威廉斯创造力倾向前测后测图表

　　STEAM 程序设计项目活动赋能创新素养培育，促使学生敢于创新、乐于创新，保持创新的热情，享受创新的快乐。这些都是可持续创新的动力与源泉。学生在 STEAM 项目式程序设计活动中，产生自我驱动的目标，培养创新精神和解决问题的实践能力，从而成长为具有批判思维能力的"数字公民"。

（上海市黄浦区教育学院　居晓波）

项目式学习在化学实验教学中的实践

一、背景与意义

化学是一门以实验为基础的自然科学。随着科技的进步,信息化、数字化技术不断地促进着化学实验的创新与发展,原本无法在课堂上观察的实验现象,现在可以准确、定量地展现出来。长期以来,化学实验教学过程中往往以教师为主导,方案由教师设计,实验由教师完成,结论由教师得出,学生的参与度不高。通过引入项目式学习开展实验教学,可改变学生相对被动的方式,凸显学生自主实践的过程,提高学生的学习兴趣、创新意识和参与热情。项目式学习又称基于项目的学习(Project-base Learning),是一种基于建构主义的探究教学模式,在学习中学生采取组织、合作的方式通过研究和解决问题来获得知识,目的是让学生从实践学习中获益,使学生能够将所学知识更有效地迁移到新情境和新问题中①。

因此,在化学实验教学过程中,教师可从原来的知识讲授者转型为学生学习的辅助者,着力提供丰富的资源和真实的情境。在化学实验教学中,发挥项目式的学习的优势,引导学生综合运用知识和方法,激发学生探究问题和解决问题的能力,培养学生的创新意识、科学精神、实验探究和证据推理等化学学科的核心素养(见图 1-15)。

图 1-15　项目式学习的内容与化学核心素养

---

① 李文丽.基于学科核心素养培育的项目学习设计[J].教学研究,2019(10).

二、思考与认识

《普通高中化学课程标准（2017 年版）》①的实施建议中明确提出："真实、具体的问题情境是学生化学学科核心素养形成和发展的重要平台，为学生化学学科核心素养提供了真实的表现机会。"区别于传统实验更重视记录实验结果，项目式学习更强调体验实验过程。实验教学中的项目学习主要由主题研讨与确立、项目规划与实施、方案优化与评价 3 个部分组成（见图 1-16）。

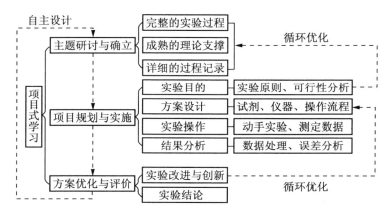

图 1-16　项目式学习的过程与内容

确立的主题需满足"有完整的实验过程、有成熟的理论支撑、有详细的过程记录"3 个特点。项目规划与实施由实验目的、方案设计、实验操作、结果分析等环节组成。该过程涵盖了化学实验设计的基本步骤。方案优化与评价体现了项目式学习与传统教学中的最大差异，也就是实验过程中的"试错"，通过对实验过程和结果的分析与反思，改进优化实验方案，从而得出科学严谨的实验结论。在完成指定探究项目之后，学生可根据已有的经验自选课题，进行进一步的实验探究。

① 中华人民共和国教育部.普通高中化学课程标准(2017 年版 2020 年修订)［M］.北京：人民教育出版社，2020.

三、实践与探索

根据项目式学习的特征,本实验教学依托拓展型课程开展,先后开发了以下符合条件的项目主题:金属腐蚀条件探究、气体在溶液中的溶解度、物质变化中的能量变化(见表 1-6)。

表 1-6　项目内容与学习内容

项目名称	驱动问题	实验能力
金属腐蚀条件探究	不同 pH 条件下金属的电化学腐蚀类型	实验方案设计
气体在溶液中的溶解	能否用排饱和 $NaHCO_3$ 溶液来收集 CO_2 能否用排饱和 $NaHSO_3$ 溶液来收集 SO_2(自选)	实验原理探究
物质变化中的能量变化	NH_4Cl、$NaOH$、$NaCl$ 溶于水后的温度变化 酸碱中和、毛刷实验热效应的探究(自选) 蒸馏与石油分馏实验原理探究(自选)	实验内容开发

项目学习过程中,教师负责进行安全指导、项目方案研讨以及提供数字实验技术,帮助解决学生设计中的遇到的定性、定量问题。

【**案例 1**】　**实验方案的设计——金属腐蚀条件探究**

问题驱动:不同 pH 条件下金属的电化学腐蚀类型

仪器:压强、氢气、氧气传感器

试剂:铁棒、石墨棒、碳粉、铁粉、不同 pH 的溶液(HCl:1～6;NaCl:7;Na_2CO_3:8～11)

实验项目探究过程(见图 1-17)

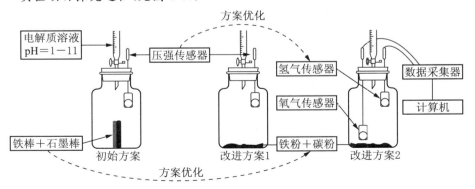

图 1-17　实验方案设计过程

● **初始方案**　将铁棒 5 g 与石墨棒 1 g 固定加入广口瓶中,打开活塞加入不同 pH 的电解质溶液,记录压强传感器数据。测得反应前后压强并无明显变化。

结果分析:铁棒与碳棒与电解质溶液接触面积太小,反应速率较慢。

● **改进方案** 1　将铁棒与石墨棒替换成 5 g 铁粉与 1 g 碳粉混合加入广口瓶中,其余操作不变。测得电解质 pH = 1～11 条件下,压强始终减小(见图 1-18)。

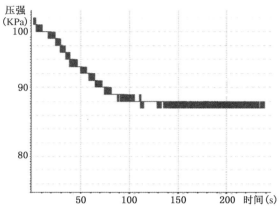

图 1-18　改进方案 1 装置图(左)及 pH = 3 时广口瓶内压强变化(右)

结果分析:在强酸性条件下压强依然下降,可知该条件下吸氧腐蚀依然发生,但无法获知是否发生析氢腐蚀。

● **改进方案** 2　搭建实验装置,将 5 g 铁粉与 1 g 碳粉混合加入广口瓶中,加入 pH = 1 的盐酸溶液,分别记录氧气传感器和氢气传感器数据。测得氧气含量下降,氢气含量上升(见图 1-19)。

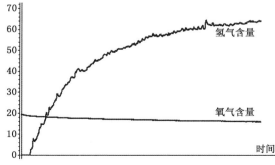

图 1-19　改进方案 2 装置图(左)及 pH = 3 时广口瓶内氢气、氧气含量变化(右)

结果分析:在强酸性条件下有析氢腐蚀发生,同时也有吸氧腐蚀发生。

【案例 2】　实验原理的探究——气体在溶液中的溶解度

问题驱动:能否用排饱和 $NaHCO_3$ 溶液来收集 CO_2?

仪器试剂:压强传感器、干燥器、烧瓶、注射器、干冰、饱和 $NaHCO_3$。

● **实验过程**　向两只 250 mL 烧瓶中分别加入约 1 g 干冰,放入干燥器里至室温,分别向烧瓶内加入 10 mL 饱和 $NaHCO_3$ 和水,记录压强传感器数据。加入饱和 $NaHCO_3$ 后压强下降幅度较大(见图 1-20)。

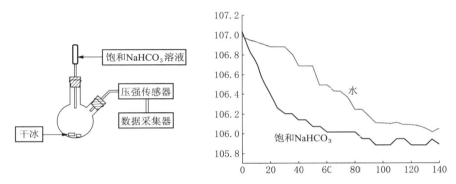

图 1-20　实验装置图(左)及分别加入水与饱和 $NaHCO_3$ 溶液后的压强变化(右)

结果分析:CO_2 在水中的溶解度小于饱和 $NaHCO_3$ 溶液,不能用排饱和 $NaHCO_3$ 来收集 CO_2。可能由于 $NaHCO_3$ 呈碱性,更容易吸收 CO_2。该过程不能用勒夏特列原理解释。

● **自主探究 1**　能否用排饱和 $NaHSO_3$ 溶液来收集 SO_2?

仪器试剂:压强传感器、烧瓶、注射器、Na_2SO_3、浓硫酸、饱和 $NaHSO_3$。

实验过程:收集两烧瓶 SO_2,用分别向其中加入 10 mL 饱和 $NaHSO_3$ 和水,记录压强传感器数据。加入饱和 $NaHSO_3$ 后压强下降幅度较小(见图 1-21 左)。

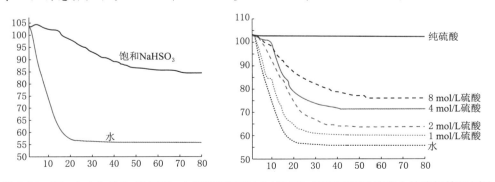

图 1-21　SO_2 在水与饱和 $NaHSO_3$ 中的溶解情况(左)及 SO_2 在不同硫酸溶液中的溶解情况(右)

结果分析：SO_2 在水中的溶解度大于饱和 $NaHSO_3$ 溶液,能用排饱和 $NaHSO_3$ 来收集 SO_2。可能由于 $NaHSO_3$ 呈酸性,推测是 H^+ 抑制了 SO_2 的溶解。该过程能用勒夏特列原理解释。

● **自主探究 2** 溶液中 H^+ 是否会抑制 SO_2 溶解?

实验过程：收集两烧瓶 SO_2,用分别向其中加入不同浓度硫酸,记录压强传感器数据。随着加入硫酸浓度提高,压强降低幅度减小(见图 1-21 右)。

结果分析：H^+ 抑制了 SO_2 的溶解,该过程能用勒夏特列原理解释。SO_2 与 CO_2 在溶液中的溶解情况与溶液酸性强弱有关。

【案例 3】 实验内容的开发——物质变化中的能量变化

问题驱动：利用热成像技术探究物质溶解过程中的能量变化(见图 1-22)。

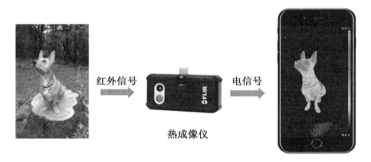

红外信号　电信号

热成像仪

图 1-22　热成像技术的基本原理

仪器试剂：热成像仪(FLIR ONE App)、NH_4Cl、$NaOH$、$NaCl$ 固体。

实验过程：将热成像仪连接手机,打开 App,向 NH_4Cl、$NaOH$、$NaCl$ 固体中加水,拍摄热成像视频(见图 1-23)。

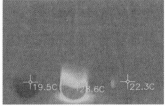

　NH_4Cl　$NaOH$　$NaCl$　　　NH_4Cl　$NaOH$　$NaCl$　　　NH_4Cl　$NaOH$　$NaCl$

图 1-23　NH_4Cl、$NaOH$、$NaCl$ 加水照片(左)、初始热成像图(中)、30 s 后热成像图(右)

● **内容开发** 1　探究化学变化中的能量变化

实验过程:用热成像技术拍摄酸碱中和反应、钠与水反应、毛刷实验的能量变化(见图 1-24)。

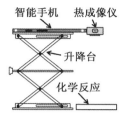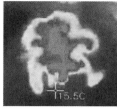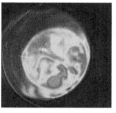

酸碱中和反应　　　　金属钠与水反应　　　　毛刷实验

图 1-24　热成像仪探究化学变化中的能量变化

● **内容开发** 2　探究蒸馏与石油分馏的基本原理

实验过程:用热成像技术拍摄蒸馏过程。拍摄通过蒸馏分离丙酮和水(图 1-25)、以及石油分馏的过程(见图 1-26)。

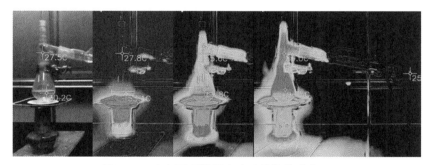

图 1-25　水和丙酮的混合溶液蒸馏热成像图

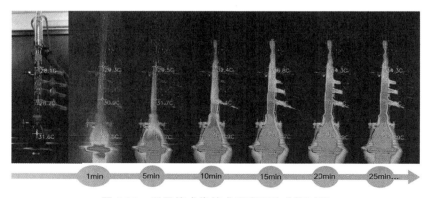

图 1-26　利用热成像技术观察石油分馏过程

结果分析：蒸馏与分馏都是利用了液体混合物沸点的差异进行分离。蒸馏是利用混合物在加热过程中蒸发的先后对其进行分离。石油分馏则是让石油不同沸点的馏分在分馏柱内的不同位置达到气液平衡状态并对其进行分离。

四、成效与反思

通过项目式学习，师生间能互相汲取更多灵感与创意，有超过 30 位同学凭借创新化学实验参加青少年科技创新大赛获一等奖；市级课题"DIS 应用推进课程"于 2019 年结题；"热成像技术在石油分馏实验中的应用"获 2019 年全国实验教学成果；"智能手机的可视化实验教学"参加全国创新实验展示。2015 年至今运用创新实验开设的市区级公开课达 20 节以上。

项目式化学实验教学，搭建起了良好的师生、生生交流平台，一方面，能够引导学生从运用已有的知识与技术探究化学实验，体验自主实践中解决问题的过程，促进化学知识的深度学习；另一方面，也为学生搭建了动手实践的平台，在项目研讨与合作中给予学生职业倾向上的启迪，让学生意识到化学实验学习的重要意义。科学的发展基于不断创新，在引导学生自主实践的过程中，如何更好地将项目式学习与核心素养下的化学教学相融合，培养出严谨的科学精神和勇于创新的科学品质，是未来重点研究和发展的方向。

（上海市大同中学　梁晟斌）

小学劳动技术学科项目化学习教学实践初探

一、背景与意义

《劳动技术课程标准》指出,劳动技术课程要体现以提高技术素养为目标,关注学生终身发展;以丰富的学习方式为手段,促进学生对技术的理解与应用;以激发技术学习的兴趣为引导,开发学生的创造潜能;以解决实际技术问题为途径,培养学生的综合实践能力;以实施多元评价为导向,促进学生的个性发展。①

目前的小学劳动与技术课程教学中,学生普遍存在学习积极性不高、学习主动性不强、学习能力和创新能力偏弱等问题。而"项目化"学习的教学理念就是改变以往教师讲、学生听的传统教学模式,真正把学生及其学习方式置于核心地位。②在师生围绕同一个目标而积极行动的过程中,学生的批判性思维、独立思考能力、解决问题能力、创造力、动手能力、团队合作和领导力、计划以及执行项目的能力都能得到锻炼。基于以上这些,以及学校实施项目化教学研究的大背景下,结合小学劳动技术教材以单一制作项目为载体的特点,笔者开始在劳动技术学科开展项目化教学,通过情境任务、实践活动、评价等内容的设计,研究相关案例,从而改善学生缺乏学习主动性和技术问题解决能力的现状,提升学生的劳动技术学科的核心素养。

二、思考与认识

将劳动技术教学与"项目化学习"相比较,笔者从以下几方面思考与寻找它们的结合点。

首先,"项目化学习"设计的情境是要源自真实的驱动性问题。劳动技术学科则是以作品为载体,支撑作品加工的技术问题也是源于生活,解决生活中与技术相关的问题。

---

① 上海市教育委员会.上海市中小学劳动技术课程标准[M].上海:上海教育出版社,2016.
② 项目化学习的实践——专辑[J].上海教育,2019(8).

其次,"项目化学习"是聚焦概念性知识。劳动技术学科的教学也是在解决问题中,提炼与深化知识与技能的运用过程,最终是将理论知识与实践操作联系起来。

再次,"项目化学习"是复杂的项目活动过程,需要有学生组成团队合作完成任务。合作学习也是劳动技术课程标准积极倡导的一种学习方式,通过合作学习,学生取长补短,互相交流体验。

最后,"项目化学习"注重培养学生自主解决问题的能力,从问题出发,探索解决问题的方案,实践方案,直到成果的展现。劳动技术学科也是主张学生学会发现问题、分析问题、解决问题的能力,培养劳动技术思维,让学生的思维活跃起来。

因此,笔者尝试借鉴"项目化学习"的教学手段,对小学劳动与技术学科进行教学改革,以改善以往教学中存在的问题。

三、实践与探索

笔者在劳动与技术五年级第一学期第九单元"迷宫"的教学活动中进行了"项目化学习"的实践。

（一）以任务驱动的情境式教学设计

以制作项目为载体,创设一个与学习内容相适切的情境,以任务驱动,让学生不因为做而做,而是为了解决生活中一个真实存在的问题,或完成一项有意义的公益活动。

在上"迷宫"之前,笔者发布了一个情境任务:给新入学的一年级小弟弟小妹妹们增设一个课间小玩具。要求:以小组为单位,用细木条、卡纸等材料为他们设计制作一个有趣的迷宫玩具。评分与奖励:为一年级小弟弟小妹妹们的游戏投票,评选出三个最有创意的设计并颁发奖状。由此,整个技术学习的过程转化成了一项真实的校园活动,充分调动了学生的学习积极性。

（二）以学生主导的开放式学习设计

在以往的劳动技术教学中,教师习惯于将一些知识点与操作技能在学生动手实践之前道出,提示学生去关注细节问题,目的是为了让他们的作品更精致,帮助他们走捷径,取得成功。但长此以往,学生就丧失了自己发现问题和解决问题的能力,甚至一拿到新的制作任务,就依赖于教师的讲解,而不去主动观察思考。项目化学习的教学中,让学生成为学习的主导者,将学习任务直接传达给学生,不局限他们的学习方式与过程。教师在其中仅仅扮演陪伴者、服务者、组织者的角色,给学生创设开放的、自由的学习空间。最后,让学生在规定时效内,用不同的方式呈现自己的学习成果。

因此,在"迷宫"一课中,笔者让学生不仅可以自由设计迷宫的路径,而且在辅助材料的选择上也放开了要求,除了规定使用细木条做隔离栏之外,学生可以根据设计需求选择各种材料来做辅助;除了平板电脑中预存的几个操作视频外,整个制作过程也是一个学生自主学习的过程。迷宫的制作过程中没有教师的示范指导,有的只是充裕的活动时间让学生在动手实践中去尝试、对比、调整,由此保障了学生自主思考和自由创作的空间。

（三）以小组合作的团队式学习设计

《伊索寓言》里有一个故事:瞎子和瘸子要去同一个地方,他们为了能够在崎岖的路上成功行走,想到了一个由瞎子做瘸子的腿,瘸子做瞎子的眼睛的好办法,最终瞎子背着瘸子安稳地走到终点。这个故事告诉我们,团结合作,取长补短,能够使我们取得事半功倍的效果。

在"迷宫"的学习中,小组合作学习贯穿了技术活动的全过程,需求调查、设计制作、交流评价等的每个环节都以团队的形式开展学习,让他们在合作中互补,成为达成共同意向的催化剂。

（四）以开发多种工具的辅助化教学设计

学习单是项目化学习的"学习支架"。围绕制作任务的发布,信息的收集、制作方案的设计、制作计划的拟定、作品的评价等系列活动,笔者设计了迷宫制作项目的学习单。通过这个工具,学生可以认真做好记录,明确小组分工任务,严格按照计划和设计图进行制作。

除此之外,信息化教学手段的助力能起到画龙点睛的作用。在课堂中,学生使用平板电脑,上网查找"迷宫"的相关资料,收集有用的信息。笔者还将制作"迷宫"的操作步骤,制作成视频学习包,发送到平板电脑供学生自主学习。另外,利用希沃设备中的计时器,帮助学生掌控自主学习的时间。在小组交流和展示"迷宫"作品时,又利用希沃设备中的同屏拍摄功能,展示小组学习过程中捕捉到的细节画面等。

这些设计,成为提高课堂效率、优化学生学习的辅助工具。

四、成效与反思

（一）有利于激发学生的学习兴趣

在真实的任务驱动下,容易激发学生的学习动力,如为新一年级小朋友设计制作课间游戏,使制作迷宫不再是单纯地为做而做,而是让它成为高低年级之间的一种传承,是给低年级小朋友课间带来快乐的、一项真实并且有意义的活动,由此激发了他们的学习兴趣。

（二）有利于提升学生的学习能力

在以学生为主导的开放式课堂教学中,师生的地位发生转变,教师在不同形式上给予学生自由发挥的空间,有利于促使学生学习潜能的挖掘。教师在教学过程中只是将问题抛出,不给予答案、建议或评价,不局限他们使用任何方法,让每个学生,即便是那些内向、被动、学习有困难的学生,都能通过交流、体验,实践,得到发展。学生灵活运用所学知识以及跨学科知识,从已学知识切入新知识的研究学习中,这样学习主动性与能力都能得到提升。

（三）有利于促进学生的共同发展

在实施小组合作学习的过程中,学生们会根据各自的特长进行合理的分工。这种互补互助的学习方式,会使他们的思维发生碰撞。他们在学习知识、交流情感、取长补短、互相欣赏、互相激励的同时,感悟到合作的乐趣,实现了共同发展的目的。

（四）有利于学生养成良好的学习习惯

在项目化学习过程中,学习单的使用目的在于让学生体会到所有活动都是有规则、有计划、有效率的开展,从而养成勤于记录的严谨态度。在平板电脑上查找信息、自主观看操作视频,可以让学生根据自己能力的差异进行针对性学习,帮助他们解决学习上的问题,养成遇到问题先自主探究的学习习惯。希沃的计时器也是帮助他们更好地掌控时间,培养良好的时间观念和规则意识。

在劳动技术学科开展项目化学习的过程中,一定会因为教学内容以及班级的差异而取得不一样的成效,因此需要教师评估好各班级学生的实际情况,在策略的实施程度上做相应的调整。

笔者坚信,在新时代背景下,从传统课堂到项目化学习式的教学转型将会使学生受益匪浅,但需循序渐进,不能急于一步到位。在不断探索和取得教学实绩的过程中,一定要兼顾到学生的发展,将发展始终贯穿教学改革的核心。

（上海市黄浦区第一中心小学　张　玲）

第二章

教学方式变革

　　在新课程改革的发展过程中，教学方式变革的重要性日益凸显。没有教学方式的变革，新课程的发展不可能从根本上取得进展。教学方式的变革是新课程的基本要求。面对传统教学的局限性，教师要结合学科特点，通过创新教学模式、优化教学设计、改进教学方法等途径，促进学生自主学习、合作学习、探究学习。在教学实践中，教师要转变陈旧、落后的课堂教学方式，首先要回答这样一个问题：什么样的课是一节真正的、真实的好课？一节真正的好课要让学生掌握知识、形成技能、发展思维、升华情感，实现课程学习目标。

　　教师教学行为和角色要注重以下四个方面的转变：由传授者转变为促进者，由实践者转变为研究者，由管理者转变为引导者，教学关系的民主化。教师要重新认识教材，重新认识课程，重新认识学生，重新认识教学过程，只有这样，才能实现教学行为的真正转变。

第一节　问题教学法

　　问题教学法就是教材的内容以问题的形式呈现在学生的面前,让学生在寻求、探索解决问题的思维活动中掌握知识,发展智力、培养技能,进而培养学生自己发现问题、解决问题能力的教学方法。"问题教学"为学生提供了一个交流、合作、探索、发展的平台,使学生在问题解决中感受学科的价值和魅力,在教学活动中以"问题"为线索,基于问题情境探索知识,掌握技能,学会思考,学会学习,学会创新,促进学生创造思维的发展。

高中语文课堂教学中"问题设计"的途径和方法

　　2017 版课程标准清晰呈现了语文学科的性质,"语文课程是一门学习祖国语言文字运用的综合性、实践性课程。"并指出"工具性与人文性的统一"是语文课程的基本特点,同时,强调在教学中要激发"问题意识"①。学生在对祖国语言文字的学习中发现问题、解决问题,形成自主学习探究的习惯和能力,从而达到时代对每个公民在阅读和表达能力上提出的要求。这是时代发展的必然趋势,也是落实新课标的有效途径。

　　语文学科的核心素养是语言素养,是对语言文字的积累和运用。对于语言文字的品读,可以是修辞咀嚼、逻辑辨析、思想内涵发掘等,由于语言文字的多义性,

① 中华人民共和国教育部.普通高中语文课程标准(2017 年版)[M].北京:人民教育出版社,2018.

在语境中的丰富变化导致学生理解上的差异,虽然有难以言说的苦痛,但是荆棘密布之处、疑虑重生之地,往往能激发学生对语言文字不断探究的欲望。同时,语言就是思维,也是审美凭借的工具、文化的载体。因而需要教师在教学中有效示范和指导,形成高质量的"问题设计",由此提升学生的思维水平,最终提升语文核心素养,成为热爱祖国语言文字的现代公民。

语文教学中,"课堂提问,是最常见的课堂教学活动形式。广义的课堂提问包括师生间所有的提问与应答的学习活动,设计教学活动时考虑的课堂提问有两类:一是由教师主动发起的、与教学目标有关的问答;二是专门设计的学生提问环节"。因而语文课堂教学的问题设计,是在特定的时空内师生共同参与的学习活动,兼顾"主体"和"主导",多角度、多途径地设计问题。"问题设计"的好坏决定着课堂教学效率的高低,在教学实践中,有哪些途径和方法呢?

一、定位核心问题

核心问题是一堂课要实现的主要教学目标。学生的思维发展是根植于对问题的发现、探究和解决的。每一堂课都应该有一个核心问题,这是教学中能"牵一发而动全身"的重要提问或问题。课程结构、单元目标、学习任务、选文指向、文本特点和学生认知水平是决定核心问题的重要因素,需要综合考虑,确定符合学生现阶段能力、能够引起学习兴趣、调动学生思考发展的核心问题。

定位核心问题的途径大致可归纳为:确定文本在课程体系中的学习目标,根据单元提示和任务阅读文本;初读文本,写出遇到的直接问题,唤醒已知,调动与本节课相关的知识储备;再读文本,从形式或内容的一个角度确定核心问题,形成思维培养的起始点;深读文本,解决核心问题或者发掘进一步思考的空间。

核心问题的设计需要全局观,必须高屋建瓴,必须能够牵动学生对文本的深层理解,从而提高学生的整体阅读能力,加深学生理解的层次,提高学生的思维能力。以《南州六月荔枝丹》一课为例,教师在梳理学生质疑的基础上,将"核心问题"定位在对说明文逻辑顺序的理解和梳理上;根据不同的认识角度,启发学生对文本的顺序进行重新调整,梳理出四种完全不同的顺序安排,提升了学生思维的敏捷性和深刻性。

二、设计"问题链"

一堂课的问题设计还需要紧紧围绕核心问题设计出"问题链"。一个核心问题的解决,需要搭设台阶。问题设计由低级认知需求的"知识""信息回忆"到中级认知需要的"理解""应用",再到高级认知需要的"分析""综合""评价"。特别是高级认知的问题,是高中学生思维培养的重点①。

分解"核心问题"的路径是什么呢? 遵循认知规律,充分体现从由低到高的思维层级的推进过程;要调动多种认知方式,如比较、辨析等灵活设计问题;紧扣不同文本、课型的特点,设计适切性的问题。

"问题链"的设计应该是多元的。以《〈宽容〉序言》一课为例,若侧重内容,可将"无知山谷的山民们幸福—不幸福—幸福"作为授课的线索。若侧重寓言式的文体,则可以从寓言虚构环境的设置、抽象人物的设定等文体特征逐步引导学生。教师还可以围绕"身份的转换"设计"问题链",引发学生逐步深入探究。让学生从不同角度去认识问题,体验一种认知的变化,提升思维水平。

三、确立问题设计的方法

（一）质疑追问法

对于大家公认的、已成定论的观点,需要不停地追问,运用"质疑追问法"设计问题。这一方法是指通过对作品中人们默认的人物形象、主旨等问题的质疑,运用追问的方式,形成"问题链",从而加深对作品的理解。具体途径,可参照"5W + 1H"模式。"5W",是由美国政治学家拉斯维尔最早提出的一套传播模式,后来经过人们的不断运用和总结,逐步形成了一套成熟的"5W + IH"模式,再后来总结出一套成熟的"问题设计"方法。②也可以浓缩为"黄金三问",其能养成理性思考、独立判断的习惯,即这个说法能成立吗? 有没有相反或例外的情况? 如果成立,需要

---

① 郑桂华.中学语文教学设计[M].北京:高等教育出版社,2019.

② Harold Lasswell. The Structure and Function of Communication in Society[A]. The Communication of Ideas: A Series of Addresses Harper and Brothers[C]//New York: 1948: 138—136.

什么条件?①

如阅读《鸿门宴》,樊哙曰:"大行不顾细谨,大礼不辞小让。"这是樊哙在关键时候勇救刘邦的重要依据。有些人做事马虎,也常常引用此话时为自己开脱,我们就需要质疑追问:这句话真的对吗?有没有普遍性?有反例吗?如果成立,需要什么条件?的确,在鸿门宴极为危险的场景下,樊哙之说是明智的、果断的。如果脱离这一场景而一味引用,往往会贻笑大方。

(二)对立统一法

对于文本中语言表达、思想观点等出现的截然相反表述的地方,运用"对立统一法"设计问题。这一方法是指把看似矛盾的问题同时提出来思考,在自己研读作品的语言文字基础上,通过对作品故事、人物的细节描写进行分析,深入理解找到矛盾的统一点,从而理解和把握作品。

如"林教头风雪山神庙"结尾写林冲用枪刺杀差拨和富安,用刀刺杀陆谦。细心的学生会发现一组对立矛盾关系:林冲是用长短不同的两种兵器来杀死仇人的。对于两位帮凶,他用长兵器刺杀了他们,对从小是朋友的陆谦,用短兵器,是需要逼近对方来问个究竟。两种兵器比划的空间距离,对应着两种人际关系。引导学生发现、分析文本中的矛盾之处,能够较充分展开一个细节描写中蕴含的复杂关系,由此提升思维的批判性和独创性。

(三)假设求证法

对于文本既定事实,进行重新思考,形成新的见解,可以运用"假设求证法"设计问题。这一方法是指基于批判性思维的两个基本要素假设和实证,构建对作品深入探讨思维途径。假设不是无端的,而应当是有所依据的;实证自然要讲究逻辑。在真正运用批判性思维的过程中,教师应先引导学生有序假设,再引导学生基于逻辑推理去实证。

如《最后的常春藤叶》一课中,有学生提问:"苏艾事先是否知道贝尔曼的计划?"最后的结论是:苏艾并不知道。原因在于:其一,从贝尔曼与苏艾此前的对话看;其二,从苏艾拉上窗帘的神情看;其三,从苏艾向琼珊转述看。这是一个由严密的逻辑推理组成的论证过程,也是学生从假设到实证的经历过程,由此产生的认识其实已经超越了常规的理解,走向了一个新的境界。

---

① 余党绪.说理与思辨[M].上海:上海教育出版社,2017.

（四）丰富延伸法

对于单一的结论，通过重新阅读，建立新的体验，可以运用"丰富延伸法"设计问题。这一方法是指对作品的阅读由浅入深的、由单一维度到多项维度的感知、理解和分析，不是"降维"，而是"增维"的阅读作品，由此构建立体的思维图景。

如有学生提出《水浒传》中好汉武松滥杀无辜的问题，估计是站在现代的立场审视古人，总习惯于或指责其为残暴，或赞扬其为舍生取义，但问题并不这么简单。其实，这与古人对生命的态度有很大关系。由于许多人都持有生命轮回的观念，他们并不认为人只能存活一次，甚至认为早早结束这一生的苦难可以获得重新开始的机会。因而，不能草率地判断是非而忽视依托的文化背景。要引导学生重新梳理，把思考引向深处①。

的确，在高中语文课堂教学中的问题设计，要定位"核心问题"，设计"问题链"，同时明确问题设计的方法。这些途径和方法，我们在多所学校的实施中取得了显著的成效。总体而言，高一同学能大胆提问；高二同学能梳理问题，确定、分解"核心问题"；高三同学能不轻信、不盲从，能查阅资料，论述自己对问题的见解。在课堂实践中学生的"问题意识"更强了，学习的兴趣更浓厚了，阅读探究的学术性氛围逐渐形成。

当然，高中语文课堂教学的问题设计，还要进一步细化，如问题设置要适度、问题提炼要有高度、问题转换要变角度、问题移植要有新度等，需要在教学实践中逐步完善。

（上海市黄浦区教育学院　　杨　　勇）

---

① 詹丹.阅读教学与文本解读［M］.上海：上海教育出版社，2017.

如何接住学生的"怪"问题

当下,语文教学面临着巨大的变革,其中之一就是视角的变革。传统的语文教学多是以教师的角度去审察课文,去控制课堂,去了解学生。殊不知,学生才是学习的主体,"语文教学改革的主要努力,是凸显学生的主体性,倡导教师与学生的'对话'"①。教师只是一名引导者、辅助者。主次颠倒的结果,就是学生的学习提不起兴趣,课堂往往成了教师的独角戏。有鉴于此,我们应该转换视角,从学生的角度去进行语文教学,多"对话"。学生在阅读时遇到什么样的问题,和受过专业训练的教师所遇到的,肯定不一样。抓住了学生的问题,教师无论备课还是教学都会有的放矢,避免过高过深,师生也能成为学习的共同体。

语文教学讲究"预设"与"生成"。预设,也就是教师预先设计的内容,生成是课堂自然发生的内容。无论预设和生成,都必然涉及"问题"。然而,对于大多数教师来讲,向来是发问者很少关心学生的提问,甚至怕学生发问。这种淡漠和畏怯的心理,使得课堂的问题生成变得极其艰难,尤其是一些有质量的问题。其实,只要教师转换视角,明白自身的局限性,多站在学生的角度去思考,不把学生当对手,而是同志。这样,许多问题就自然生成。即使是一些怪问题,处理得当,不但不会影响教学,反而会激发学生的探求欲,产生惊人的教学效果。

例如学生们常常提出以下问题:

——为什么玛蒂尔德没有孩子?(莫泊桑《项链》)

——为什么沛公不多带点人?(司马迁《鸿门宴》)

——为什么作者用了这么多引号?烦不烦?(汪曾祺《胡同文化》)

——为什么老人几次说"我多么希望这是一场梦"?(海明威《老人与海》)

——为什么用"异爨"这么难写的词,而不用更简单的"分家"?(归有光《项脊轩志》)

——为什么为隆重的祭祀场合谱写的不是一曲得胜后的战歌,而是描写

---

① 王荣生.语文科课程论基础(第二版)[M].上海:上海教育出版社,2010.

　　了一次楚国惨烈的败仗呢？（屈原《国殇》）

　　这些只是笔者在教学中实际遇到的一部分问题。它们似乎怪头怪脑，超出了你的备课范畴和理解程度。然而，正是循着这些怪问题，学生找到了上课的乐趣，笔者也收获了崭新的认知，一堂堂精彩的课就这样产生了。

　　围绕"玛蒂尔德为什么没有孩子"这个问题，《项链》呈现出一种别样的哀愁。原本有些学生认为玛蒂尔德纯属咎由自取，但一想到为了还清巨额的债务，她不但牺牲了 10 年青春，连生育的权利也被剥夺了，铁石心肠也会感到一阵悸动。小说家掌握着一切大权，莫泊桑完全可以让玛蒂尔德和佛来思节夫人一样做妈妈，"领着一个孩子在散步"，但他没有。你能说他残忍吗？这恰是小说家匠心独运的地方。

　　"沛公旦日从百余骑来见项王"，可不可以是"千余骑"，或者"十余骑"？如果脱离文本，这样的比较是毫无意义的。联系文本来看，沛公和项羽的实力，正可谓"人为刀俎，我为鱼肉"。沛公迫于无奈赴鸿门，如果单人独骑，如戏剧里的关公一样，但他没那个本事，也没那个胆魄。十余骑太少，万一发生冲突，连挡一阵子的可能也没有。千余骑太多，容易激起项王的戒备与提防。百余骑正好，而且根据后文内容来看，樊哙、夏侯婴、靳强、纪信等人都是得力的武将，可见这百余骑人数虽少，但战斗力应该是很强的。即使发生最坏的情况，也可能为沛公逃命争取到机会和时间。这"百余骑"可以看出沛公集团对危机预案做得是多么细致。

　　汪曾祺的《胡同文化》全文中多达 38 处引号。和学生一起，我们先把这些引号一一标出，然后再根据引号的功能结合语境予以归类，最后发现这其实是作家故意为之。表面上看似乎很烦琐，但恰恰是极简省的笔法。这些引用大部分是北京人的家常话，作者经过处理，将它们嵌在自己的句子中，不作褒贬，又暗寓褒贬，把空白留给读者。

　　例如下面这段话——

　　　　"街坊里道"的，谁家有点事，婚丧嫁娶，都得"随"一点"份子"，道个喜或道
　　　　个恼，不这样就不合"礼数"。

　　"街坊里道""随份子"都是俗语，但作者似乎为了加进去"一点"，或者突出强调那个"随"字，而故意写得如此烦琐，根本上还是为了表明北京人"随"礼得不情不愿，以及不够大方。他们内心是不想出这个钱的，但碍于邻里的关系和面子，不得

不如此。"随"字若改成"出"或"凑"都表达不出这个意思。至于"礼数",毫无疑问是起强调作用。为什么要强调?说明北京人对礼数的崇尚,"处街坊"的态度比较认真,似乎又值得肯定与褒扬。

为什么说这些引号是作者深思熟虑而用的呢?还可以从文章的其他该用而不用的地方得出证明。像"拴马桩""下马石",像"西风残照",像"这话实在太精彩"的"精彩",都可以加引号,或解释,或标明引用,或表示反语。但汪曾祺一概不用,为什么?没意思。

《老人与海》中的桑提亚哥在与鲨鱼搏斗中几次三番说,或者想"我真希望这是一场梦"。放在小说的情节中来看,这表明了他与鲨鱼搏斗的辛苦,表现了他对大鱼被鲨鱼撕咬的痛恨与惋惜。更重要的是,他这样说过以后,当鲨鱼再次来袭,他立刻又投入搏斗,并没有放弃。这种适时的"软弱"恰好衬托了他的刚强,使得"一个人并不是生来要给打败的,你尽可把他消灭掉,可就是打不败他",不致沦为口号。所谓英雄,并不是刚强到底的,而是能够战胜自己的软弱。通过探讨这个问题,学生对硬汉的理解有了另一层意味。

《项脊轩志》里面的"异爨",为什么舍简就繁?其实也和"爨"这个字有密切的关系。陈炜湛先生的《爨说》一文说这个"爨"字最早见于小篆𤇾,可以说是一幅生火煮食图。𦥑代表甑,泛指锅镬一类炊具,𦥑代表将甑放在灶上的双手。中间的⌒是灶口的象形。下半部则是进柴烧火的缩影:双手把一根根柴火推进灶内,一把"火"在下面熊熊燃烧着①。

相较于"分家"的表述,"异爨"是复杂了些,但表达得更具体。一个大家庭的分崩离析首先是从分灶而食开始的。如果仅仅是分家,据实际的经验,为节约人力和物力的成本,有些是可以同在一口锅里吃饭的。非要"异爨",则表明"诸父"的关系已经比较紧张。由此而带来的就是,"内外多置小门""鸡栖于厅""东犬西吠""庭中始为篱,已为墙"等一连串的细节描写。身为晚辈,归有光看在眼里,痛在心里。所以,他屡试不中时那种坚持就很可理解了。因为他想要通过自己的力量来聚拢这个家族,恢复那种消失已久的敦睦和昌盛。

围绕"为什么描写了一次楚国惨烈的败仗"这个主问题,我们从文本、作者、历史、美学多重角度探究原因。正如学者汤炳正在《楚辞讲座》中说:"古代的宗教祭

---

① 陈炜湛.古文字趣谈[M].上海:上海古籍出版社,2011.

祀,其原始目的,是功利主义的,即不外'报德'与'祈福'两者。因此,从广义来讲,全部《九歌》都具有民富国强的祝愿在内的,不仅《国殇》一篇而已。"①屈原正是希望借着这样一首悲歌来揭一揭楚国的旧疮疤,以激起生者的报仇之心。另外,或许他还希望阵亡的楚将士阴魂不散,来助楚国取得胜利,扭转不利的局势。

所谓的"怪"问题其实一点也不"怪"。它们往往是学生认真阅读和思考的结果,也可能是他们天然的直觉。怪问题其实是好问题。有时它引着你不停地往文本里钻,串联情节、刻画人物、揭示主题等。有时它牵着你往广阔的天地飞,触类旁通,文字学、文学、历史、哲学,皆有关联。最关键的,你不是"独行侠",而是和学生一起去钻,一起去飞。

留心这些问题,接住这些问题,不但对课堂教学有益,对文本解读有益,也对教师的教学、科研能力提高大有好处。

"接住"这些怪问题的过程,从教师的角度来讲,就是"发现学的问题＋组织学的活动解决问题",从学生的角度来看,是"提出真实的问题＋参与真实的讨论解决问题"②。

当然,教师也要对问题进行甄别,或者让大家讨论选择,分清哪些问题是共同需要的,哪些是特殊需要的,哪些是个别需要的。只有这样,才能使得"接"这个动作更有针对性,更有效果。

经过这样的发问与接住,学生的学习成长的效果是明显的。一个个问题好比一个个小任务,为了解决这些问题,他们要去细读文本、要去查阅资料、要小组合作、要比较研究。在这个过程中,他们的阅读能力、思考能力,都得到了极大的提升。无论是就眼前还是长远来看,这些能力都是非常重要的。

（上海市大同中学　宋士广）

① 汤炳正.楚辞讲座[M].桂林:广西师范大学出版社,2006.
② 陈隆升.语文课堂"学情视角"重构[M].上海:上海教育出版社,2012.

以问叩开语言学习之门

一、借助提问，促进语言学习

尽管目前语文界对"语文学科性质是什么"仍存在争议，但在 1963 年到 2011 年共达十多次的语文教学大纲制定或修订中，我们都一致强调语文教学必须培养学生"正确理解和运用祖国的语言文字"的能力。随着语文教育的不断发展，"语文学习不是学习静态的语言学知识、文学知识、文章学知识等，不是学习关于'语言'陈述性知识，而是学习'言语'，学习如何运用语言的程序性知识、策略性知识"[①]已成为共识。引导学生在学习、运用语言中提升思维品质，提高鉴赏能力，不仅是学生个体成长生存的需要，还是传承弘扬民族文化的需要。

语文教学中的听、说、读、写都属于语言学习的范畴。在语文教材"以文选型"为主要形式，课堂教学依然作为教师和学生共同活动主阵地这一背景下，"书页捕捉住了流动的思维和言语"[②]，精选的文本为一线教师引导学生开展语言学习活动提供了丰富资源。因此，本文的"语言学习"主要聚焦于借助教材中的资源对学生的语言能力展开训练。围绕文本语言设计课堂提问就像搭建了一座桥梁，能让学生和文本之间发生深度对话，感受到语言表达的风格迥然和意蕴丰厚。

二、精心设问，依托文本特质

初中阶段对学生的身心发展、思维培养非常关键。这个阶段的学生阅读时，大多喜欢关注内容或情节，这种浅阅读在提升学生语言能力上效果颇微。要想改变这种现象，教师可依据文本核心内容设计相关问题，既能提升学生的语言感受力和表达力，也能让学生真正理解文本内容与文本表达的内在统一。

---

① 王荣生,宋冬生.语文科课程论基础[M].北京:高等教育出版社,2011.
② [加]埃里克·麦克卢汉.麦克卢汉精粹.[M].南京:南京大学出版社,2000.

提问这种看似传统、适用于所有学科的活动形式,因其指向明确,操作灵活,在当今课堂教学中依然发挥着重要作用。一篇文章的文体特征、语言特点、学生学情等,都对教师的问题设计提出了内在要求。比如散文(狭义)是最能展现作家语言个性的一种文体,品读其语言,可以体会作者性情,加强自我语感,建立起情感与语言的关联。说明类文本则通过简明的结构和准确的语言来介绍事物特点或事理,学习此类文章对学生思维的条理性和表达的严谨性大有裨益。结合文本语言特质合理设置问题,是对教师解读不同文体、确定教学目标、把握教学节奏、突破重难点等教学能力的一种考量。

三、实践探索,品味丰厚意蕴

教学实践中,指向文本语言的问题设置,不仅能够使学生准确领会字词句篇的含义,理解人物形象,把握中心主旨,还可以让学生体会、学习作者运用语言的方法技巧,提升对语言阅读、鉴赏、表达、运用的能力。

(一)以问激趣,体会用词之精

一篇文章从语言学习的角度展开教学的切入点可以有很多。如果抓住易被学生忽略或困惑的字词进行提问,很容易激起学生对语言学习的兴趣。

在王之涣的《凉州词》这首小诗的教学中,邓彤老师抓住一个字来精心设问:城,本来是高耸、宏伟的,似乎应该用"座"来修饰,但这里却用了"片"字,这是为什么?

这样的提问很容易激起学生的思考:"片"一般用来修饰比较平、比较薄的东西,比如一片糕、一片肉、一片云、一片花;城堡本来是高耸的,按说应该用"一座"来修饰。但这座城坐落于莽莽群山之中,周围都是万仞高山,相形之下,这座城就显得小得可怜,单薄得如同一张纸。城中的士兵呢? 就显得更加渺小、微不足道了。①

一个量词的解读竟然把整首诗的内容、情感、意蕴勾连起来,让学生在简洁的文字中感受到一种阔大、苍凉的意境,怎么不会提高学生语言的鉴赏水平和运用能力呢? 如果没有教师的匠心设问,又怎么会达到如此美好的教学境界呢? 此类用

---

① 邓彤.邓彤讲语文.[M].北京:语文出版社,2008.

词在文本中可谓信手拈来,如《散步》中"我的母亲又熬过了一个冬天"中的"熬"字,《孔乙己》中的"摸""排""大约""的确"等,巧妙设问,都是引导学生学习语言表达的好抓手。

(二)以问入情,理解表达之巧

朱自清先生曾强调:关注文本的语言形式,特别是某一篇中独特的言语形式,就是抓住了该作品独特的教学价值。这样的文章在初中语文课本中并不少见。

比如郑桂华老师对《安塞腰鼓》的教学内容定位于"词语和句式的选择与内容、情感表达的一致性"①,笔者颇认同。这篇"艺术散文",学生读一遍就能感受到其中的热烈奔放、豪迈大气,但很少会主动思考"怎么写"。所以,"都有哪些句子表达出这样的感觉? 它们在句式上有什么特征?"的提问引导着学生把思维重心从直观感受转向了语言特征。除了常见的排比、反复外,一些句子在句式上呈现出一种视觉美感。如"交织! 旋转! 凝聚! 奔突! 辐射! 翻飞! 升华!"一连串的短句均由动词构成,七个感叹号并在一起,传递出一种不可遏制的力量。这组句子不仅在读者脑海中展现出打鼓的后生们激情投入、急剧变换的画面,还能引发想象感受到万丈激情在天地间的急剧膨胀和蔓延。对类似这种陌生化的表达,只有在问题引领下,聚焦语言特征,揣摩表达效果,才能为理解这一篇中作者独特的情感奠定基础。

此类文章随处可遇。如《散步》《金黄的大斗笠》两篇文章,都叙写了家庭成员间的生活小事,但语言风格迥然,前者严肃、庄重,后者活泼、灵动。以问题来聚焦"怎么写",不仅让学生理解了不同言语形式下的情感表达,还为学生写作的个性化表达提供了借鉴。

(三)以问补白,感受人物之丰

关注人物形象是课堂教学的常见切入点之一。巧妙设问,会让学生通过有关人物相关的语言表达感受人物形象的立体丰满。

在感受《橘逾淮为枳》中晏子这一人物时,笔者曾提出这样一个问题:如何理解"得无楚之水土使民善盗耶"这句话? 看到学生大多停留于翻译和比喻,于是我又出示了两个句子:①此不为楚之水土使民善盗乎;②此可谓楚之水土使民善盗也。让学生和原句比较异同。

---

① 郑桂华.听郑桂华老师讲课[M].上海:华东师范大学出版社,2007.

这样做的目的在于,让学生通过语言表达来理解人物。原句带有一种不确定、猜测的口吻;而改句①的反问语气强烈,有咄咄逼人之感;改句②语气干脆、肯定,结论不容置辩。作为外交使臣的晏子采用委婉的语气,可谓绵里藏针,以退为进,既有力地回击了楚王的刁难,维护了自己和国家的尊严,又给楚王留有余地,心中狂怒却无计可施。通过句式比较能够活化人物语言,充分体现了晏子这一外交官的冷静与智慧。这样的学习过程,不仅使学生领略了语言运用在外交辞令中的非凡意义,也能意识到口语交际在生活中的实际作用,为更好地运用语言奠定基础。

四、加强反思,追求读写互促

语文教学中的读和写是相辅相成的。尝试针对文本的语言表达特征、结合学情设计问题,并坚持运用于教学之中,的确使一部分学生的语言表达和运用得到了提升。当然,一篇文章的核心教学价值可以从多个角度进行挖掘,不一定篇篇设计都全部指向语言训练。但有一点毋庸置疑,结合文本的语言表达特点进行提问,可以带领学生进入到"言语—语言—言语"的学习过程中,即通过听取或阅读他人的作品逐步掌握语言的特征和规律,然后又根据语言的特征与规律去进行说或写的活动以创造出新的语言作品。学生通过语言创作,可以更加熟悉语言的规律和特征,进而促进自己对他人语言作品的理解,使阅读和写作呈现相互作用、相互促进的良性循环。

语言能力的提升是一个长期的、潜移默化的过程,为人师者还需正视其中的一些问题。例如,指向语言学习的问题一般需提前预设,把控好预设和生成之间的转换,对教师来说是个不小的挑战;学生在问题导引下的被动思考如何转化为主动思考也值得思考。

艺无止境,课堂是变化的,文本的学习是多元的,这就给语文教师的教学带来了更多可能。而这,也许正是语文教学的魅力所在。

（上海市黄浦区教育学院附属中山学校　桑凤英）

第二节　思维教学法

思维教学主要是指通过对知识的教学去认识、理解、掌握和运用思维方法，以提高学生的思维能力与思维品质为宗旨的教学理念和教学行为。其核心是怎样思考问题，用什么样的思维方式（科学思维与非科学思维）思考问题。这需要在日常教学中发挥教师主动性、积极性、创造性，摒弃传统的知识教学，实现知识教学与思维教学的统一，真正提高学生的思维品质和思维能力。

实施"问题驱动"，激活数学思维
——以上教版《三角函数》一章为例

"问题驱动"是指在教学过程中，通过恰当的、对学生思维有适度启发作用的问题，引领学生积极思维和主动探索的一种教学策略。由于"问题是数学的心脏"，相应地，以问题来驱动学生的思维也就成了数学教学的必然选择。那么如何有效地实施"问题驱动"以激活数学思维呢？笔者就以上教版《三角函数》一章内容为例，谈一谈自己的一些实践与认识。

一、创设实际问题情境，展现数学学习的意义

数学在现实生活中具有广泛的应用，因此与学生的日常生活有着密切的联系。在数学教学中，若能创设贴近学生生活而又引人入胜的实际问题情境，不仅可以激发学生的好奇心与求知欲，使学生自然而然地进入最佳学习状态，而且可以使学生

进一步认识数学学习的意义与价值,从而增强应用意识。此外,这样做还可以促使学生充分运用生活经验来理解抽象的数学,从而提高数学学习的质量与效益。

【案例1】 如何建构三角函数概念?

在教材引言中指出:"三角函数也称为圆函数。它来自圆周运动,而圆周运动是一种周而复始的周期运动。"这席话道出了三角函数的本质与来源,但由于学生不了解三角函数到底是怎么来自圆周运动,所以也就无法理解三角函数与圆周运动之间的联系。

由于学生在此之前已经系统学习过三角比,在物理上又刚学过匀速圆周运动,因此学生在这里完全能够从匀速圆周运动出发,利用三角比的知识构建出三角函数的概念来。为了贴近学生实际,我们选用学生熟悉的摩天轮的运动来进行研究,探讨摩天轮乘坐者的相对高度如何随时间变化而变化。

设摩天轮的转动是匀速的,我们可以把摩天轮抽象成一个圆,把人抽象成一个点,这就是匀速圆周运动的问题了。为了降低难度与节省时间,我们可以考虑将圆周运动予以简化,取摩天轮的半径为 1 个单位长,匀速圆周运动的角速度为 1,设在 t 时刻点 P(关于平台 A)的相对高度为 h,若 $t=0$ 时,$h=0$,试求 h 与 t 的关系式(见图 2-1)。

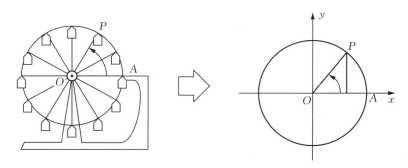

图 2-1 三角函数与圆周运动的关系

这里的 h,t 可取正数,也可取零与负数。以 Ox 为始边、OP 为终边的角 $\alpha = t$,由三角函数的定义,可得 $h = \sin t$。在这一问题中,当 t 确定之后,h 也唯一确定,那么 h 与 t 之间的这种关系是什么关系呢?学生容易得出这是函数关系。由于这种函数关系与正弦有关,故称为正弦函数。将此问题推广到一般,可以得出正弦函数的概念,然后类比正弦函数,即可得出余弦函数的概念。

这样的教学设计,实际上是让学生沿着三角函数形成与发展的历史轨迹,沿着数学家们曾经走过的路,"再发现"三角函数这一刻画周期性现象的重要数学模型。这样不仅可以深化对三角函数本质的理解、经历数学建模的过程,还能使学生切实感受到数学来自生活,数学是自然而然的。这里从摩天轮抽象出的单位圆还起到了承上启下的作用,既复习了三角比的内容,又为下面利用三角函数线来画三角函数图像埋下了伏笔。

二、提出策略指导类问题,促使学生学会学习

联合国教科文组织出版的《学会生存》一书中指出:"未来的文盲,不再是不识字的人,而是没有学会怎样学习的人。"要使学生学会学习,就应加强学习策略的指导。为此,我们可以设计策略指导类问题来引导学生的学习活动,让学生在潜移默化的过程中掌握学习策略。

【案例2】 如何研究三角函数的图像与性质?

在建立三角函数的概念之后,紧接着应该研究三角函数的图像与性质。那么如何研究呢? 是先研究图像还是先研究性质? 对此可以让学生思考或讨论,并让学生谈谈它们的想法或讨论结果。这样的设计有助于学生了解研究函数图像与性质的一般策略,并进一步领悟数形结合的思想。

那么,可以首先研究三角函数的什么性质呢? 在三角函数的基本性质中,对于画图像帮助最大的显然是周期性,它也是三角函数的最重要性质。在课本中将这一性质放到了图像之后,实际上也可以先研究这一性质,这样可以突出三角函数的周期性。学生在前面已经学习了诱导公式,知道终边相同角的同名三角函数值相等,另外还有三角函数线这一工具,这些都为学生理解三角函数的周期性创造了条件。

【案例3】 能不能利用转化思想呢?

研究完正弦函数的图像之后,接着提出问题:如何画余弦函数的图像? 学生可能会说出列表描点法、几何描点法。教师给予肯定评价之后,再提出问题:还有没有其他方法? 在解决问题时,人们通常是将陌生的问题转化为熟悉的问题,未知的问题转化为已知的问题,也就是运用转化思想。那么能不能利用转化思想来解决余弦函数图像的作图问题? 由于刚刚研究了正弦函数图像,学生容易将余弦与正

弦联系在一起,那么正弦与余弦之间有什么联系呢?能不能利用这些联系来由正弦函数的图像得出余弦函数的图像?这时可让学生思考或讨论,寻求解决问题的方案,然后让学生说出自己或小组得出的结论。从联系的角度学生容易想到:$\sin^2 x + \cos^2 x = 1$,$\cos x = \sin\left(\dfrac{\pi}{2} - x\right)$,$\cos x = \sin\left(x + \dfrac{\pi}{2}\right)$,然后选择第 3 个关系,利用图像的平移变换实现目标。

这里提出的"能不能利用转化思想来解决余弦函数图像的作图问题",就是一种策略指导类问题,它不仅为学生的思考指明了方向,而且也能够使学生学会数学研究的基本方法。在本章的许多内容的教学中,我们都可以采用数学研究的模式来呈现教学内容。即采用"提出问题—问题解决—提出新的问题"这样的模式,先要提出问题,然后来分析和解决所提出的问题,解决问题之后再提出新的问题。若在这一过程中,能适时地提出一些策略指导类问题,就可以使学生体会到数学研究的基本方法。另外,还应注意充分展现问题解决的全过程,特别是问题解决方法的探求过程。对此,最好采用"执果索因"的方式来寻求解决办法。这里的"执果索因"实际上就是一种非常重要的解决问题策略。

三、设计系列化"问题串",展现知识形成过程

为了让学生深入理解数学,最好的方式是让学生亲身经历知识的形成过程。只有亲身经历这一过程并通过自己的主动思考,学生才能不仅知其然,而且知其所以然,从而才能真正地理解数学。为此,我们可以设计系列化"问题串"来展现这一过程,并让"问题串"来引导学生的数学思维活动。

【案例 4】 **如何画 $y = \sin x$ 在 $[0, 2\pi]$ 上的图像?**

为解决这一问题,我们可设计如下问题串:

问题 1:可用什么方法来画这一图像?(学生容易想到描点法)

问题 2:如何描出图像上一点 $(x, \sin x)$?(根据 x 计算出 $\sin x$,根据坐标描点)

问题 3:除了上述方法之外,还有没有其他方法?

问题 4:能不能不通过代数计算来描点?(能不能从几何角度来考虑?)(可以通过几何作图来进行描点,联想到正弦线,然后具体做出图像)

问题 5:观察 $[0, 2\pi]$ 上的图像,图像中有哪几个关键点?$\big[$5 个关键点,它们的

坐标分别为 $(0，0)$，$\left(\dfrac{\pi}{2}，1\right)$，$(\pi，0)$，$\left(\dfrac{3}{2}\pi，-1\right)$，$(2\pi，0)$。由此导出画正弦函数图像简图的方法——"五点法"

问题 6：几种作图方法之间有什么联系？各有什么特点？

以上通过由六个问题组成的系列"问题串"，来引导学生研究"如何画 $y=\sin x$ 在 $[0，2\pi]$ 上的图像"这一问题，以此来引领思维进程，深化对数学的理解。

四、根据学情适时追问，启发学生进一步思考

在实际教学过程中，由于学生知识基础与能力状况差异较大，有的学生可能已经通过课前预习大致了解了相关内容，知道了有关结论。如果课堂上提问这些学生，可能学生一下子就会说出结果，这时若再回过头来一步步地去讲解过程，就显得过于死板，不够灵活；但若直接进入下一环节的话，学生又无法经历知识的生成过程，从而无法形成真正的数学理解。对于这样类似的情形，追问就是一种较为有效的解决办法，它可以引导学生纠正错误认识，深化对数学的理解。

【案例 5】　能从代数角度考虑吗？

在研究 $y=A\sin(\omega x+\varphi)$ 图像与 $y=\sin x$ 之间的关系时，课本是从具体的图像出发，观察出图像之间的关系，然后从具体到一般，采用归纳的方法得出结论。在得出图像之间的关系后，为深化学生对数学的理解，可设计如下追问：能不能不采用归纳的方法得出结论？能不能直接从函数表达式之间的内在联系这一角度来考虑问题？

从函数表达式之间的内在联系着手，从代数的角度去进行分析，这种方法更富有理性，也更科学、严谨。由于图像是点的集合，图像变换可看成是由点的变换所形成的，因此通过对应点之间的坐标来进行研究。这种方法体现了图像变换的本质。例如研究 $y=\sin(\omega x+\varphi)$ 与 $y=\sin\omega x$ 图像之间的关系，可以从图像上的对应点来考虑。$y=\sin\omega x$ 上的点 $(x_0，\sin\omega x_0)$ 可以与 $y=\sin(\omega x+\varphi)$ 上的点 $\left(x_0-\dfrac{\varphi}{\omega}，\sin\omega x_0\right)$ 对应，这两个对应点的纵坐标相同，横坐标之差为 $\dfrac{\varphi}{\omega}$，图像之间的关系就非常清楚了。画具体图像时，还可把对应点标出，这样既可以体现数学思维的严谨性，也可进一步加深学生的印象。将两种方法结合在一起进行教学，可以

相得益彰,取得更好的教学效果。

五、通过反思提出问题,将学习活动继续延伸

提出问题是创新的源泉。爱因斯坦也有句名言:"提出一个问题往往比解决一个问题更为重要。"但从现实的情况来看,由于许多教师不重视提问能力的培养,导致许多学生的问题意识与提问能力严重缺乏。为此,我们应加强指导,提供锻炼机会,让学生学会提问。在本章的一些内容的教学中,我们可以引导学生通过课堂反思提出新的问题。这种做法既培养了学生的提问能力,又将课堂学习活动向课外延伸,从而拓展了学生的思维空间;既不会影响课堂效率,也为优秀生的课外拓展指明了方向,有利于落实因材施教的原则。

【案例6】 你能提出值得进一步研究的问题吗?

在研究完函数 $y = A\sin(\omega x + \varphi)$ 图像与 $y = \sin x$ 图像之间的关系之后,可引导学生提出有待进一步研究的问题:函数 $y = A\cos(\omega x + \varphi)$ 图像与 $y = \cos x$ 图像之间有什么关系? 函数 $y = A\tan(\omega x + \varphi)$ 图像与 $y = \tan x$ 图像之间有什么关系? 函数 $y = A\log_a(bx + c)$ 图像与 $y = \log_a x$ 图像之间有什么关系? $y = Af(ax + b) + c$ 与 $y = f(x)$ 的图像之间有什么关系? 等等。

我们知道,提"好的问题"与设计"好的过程"是数学教学取得成功的关键。但"好的过程"又可通过好的"问题串"(它由问题组成)予以体现,因此"好的问题"就显得尤为重要了。为此,我们应加强问题研究与设计,充分利用"问题驱动"来拨动学生思维之弦,扬起学生智慧之帆,引领学生一步步走向成功。

(上海市黄浦区教育学院　寇恒清)

玩转"方格"发展思维、培育素养

一、游戏活动的缘起

对于刚入学的一年级新生而言,教师都有这样的烦恼:在课上经常会出现有的孩子离开座位随意走动,有的孩子随时打断老师或其他同学的讲话,有的孩子坐得东倒西歪,有的孩子经常走神,外加小动作不断。这样的情景一幕一幕真实发生在课堂上,让执教一年级的老师们尴尬无比,哭笑不得。

"老师,1—10 我都会数,也会写,早学过了!"

"老师,我能一下子数到 100 呢!"

"老师,我都会做 20 以内的加减法了,数数简直太简单了!"

"老师,什么时候下课呀?"

"老师,……"

确实,教师普遍发现:一些孩子行为随意,情绪不稳定,上课时不专心;一些孩子控制力薄弱,往往想着 6,落笔却写成了 9;一些孩子注意力时间短,容易在外界干扰下分神,思维容易游离……让刚入学的一年级学生能坐着上完 35 分钟的课不是件容易的事,而且就目前的学生生源来看,呈现多元化复杂的态势。

另外,不少家长对幼小衔接十分焦虑,觉得自己的孩子在起步阶段不能落后于别人的孩子,所以除了自己单独教授,还会送孩子上各种各样的"学前辅导班"。孩子们在家长的"抢跑"中似乎掌握了很多知识,就"数数"这一项,入学前能从 1 数到 100 的比比皆是。但是,家长们在看重自己的孩子这些所谓入学必备知识习得的同时,往往忽视了对孩子学习兴趣和良好学习习惯的培养。

这些实际现象给执教一年级数学的老师带来了教学上的困惑和思考:如何在遵循一年级刚入学学生的年龄和心理特征的基础上,在学习知识的同时,既能激发学生的学习兴趣,提高他们的注意力,又能发展潜在学习能力,使得基本的学习素养得以真正的培育?

基于这样的现象,黄浦区教育学院教研室专门成立了"基于标准的小学一年级教学公平行动研究"项目组,把研究的目光聚焦到了一年级的准备期阶段的"数数"学习,提出了变革"数数"的学习形式的设想,从"舒尔特方格游戏法"着手①,对如何在一年级数学课堂教学中激发学生学习兴趣,有效提高学生的注意力进行了一些实践性的探索。

二、游戏活动的背景

来自上海师范专科学校附属小学(以下简称师专附小)的曹扬老师在区教研员俞靖老师的指导下,从"舒尔特方格游戏法"(以下简称"方格游戏")着手,设计了相关的数学活动方案。"方格游戏"是一项以游戏形式呈现的教学行为,通过实施过程,训练学生在规定时间内有序地找出正方形方格内任意填写的阿拉伯数字,并能用手指按顺序正确指出其位置的"数数"活动。此方法运用不但能帮助学生建立数的概念、积累数感,而且对于激发学生学习兴趣起到积极的作用,关键是对提高学生的注意力水平起到有效的作用。

另外,曹老师和她的同伴们,在具体开展"方格游戏"这个数学活动的过程中,又借鉴了学校专门针对一年级学生而开发的"壹课程"项目的实施路径和评价体系。"方格游戏"不仅引用了"壹课程"项目建设的理念和要求,而且在遵循一年级学生身心发展特点和实际认知水平的基础上,跳出了教材文本,设计了"方格游戏"活动,通过游戏的形式让学生经历有序数数的过程,以"壹课程"中提供的"学生任务卡"的评价形式来关注学生在"数数"学习过程中的学习兴趣、学习习惯、学业成果的习得,对于建立数感,培养学生的注意力,养成良好的学习素养有一定的帮助。

---

① 舒尔特方格(Schulte Grid)是在一张方形卡片上画上 25 个方格(如下图),格子内任意填写上阿拉伯数字 1—25 等共 25 个数。训练时,要求被测用手指按 1—25 的顺序依次指出其位置,同时诵读出声,施测者一旁记录所用时间。数完 25 个数字所用时间越短,注意力水平越高。

11	18	24	12	5
23	4	8	22	16
17	6	13	3	9
10	15	25	7	1
21	2	19	14	20

三、游戏活动的案例

数学课正进行到后半部分,师专附小一(2)班教室里的孩子似乎已经有些坐不住了。就在这时,执教一年级数学的曹老师一边出示了一幅方格图,一边说道:"刚才我们认识了一些数宝宝,那我们一起来做一个'数数'游戏吧!"一听到要做游戏,孩子们个个精神抖擞,坐得直直的,瞪圆了小眼睛看着老师。于是,曹老师介绍了"舒尔特方格游戏"的规则和奖励措施:按 1 到 25 排列顺序依次指出位置。老师记录时间,时间越短数数成绩越好。成绩优秀者将奖励一面小红旗。

小男孩小斌不以为然地说:"老师,这太容易了,我来!"当老师一声令下,只见这位男生很快指出 1、2、3,但到了 4,他手停在半空中不断地打转,底下的同学也着急了,一个劲地喊:"在那里! 在 5 的旁边……"就这样这位男生断断续续地完成了任务。他低着头,灰着脸回到了座位上,其他同学也一语不发,似乎在思考什么。

这时曹老师适时地说道:"刚才,小斌虽然数数的时间有点长,但他坚持完成了任务,这样的精神值得表扬!"小斌紧锁的双眉顿时舒展了,"看来,这个舒尔特方格的数数游戏可没有这么简单呢,有什么好办法可以数得快呢?"孩子们你一言,我一语地讨论开了。

聪明的小骏说:"老师,这些数在方格里都是打乱的,可以在开始前先看一会儿吗? 这样可以记住这些数分别在哪里,然后就会数得快了。"

曹老师点了点头:"这是个不错的主意,可以依靠记忆数的位置来提高数数的速度。"

丽丽说:"我觉得可以用两只手交替,边点边数,这样比一只手数得快。"

辉辉说:"我可以在一只眼睛看一个数的时候,另一只眼睛找另一个数了。"

曹老师微笑着点头,赞扬这些聪明的孩子:"你们真厉害! 数数就得提高注意力,这些都是提高注意力的好方法。先观察,再数数;用两只手帮忙,边点边数;用眼睛的余光看下一个数……大家可以用你喜欢的方法试一试! 回家还可以和爸爸妈妈一起玩呢!"

曹老师把准备好的"舒尔特方格游戏"发给了每一位同学,教室里欢欣鼓舞,孩子们都想来尝试这样的"数数"游戏。

"本来以为'舒尔特方格游戏'纯粹是个数数游戏,没有多大的价值,但通过这周与孩子的互动,发现里面的学问真是不少。不仅对训练孩子的注意力帮助很多,而且对提高孩子的记忆力也有一定的作用,激发了孩子的潜能。"一位家长在家长微信群中这样写道。

"在孩子入学前,我一直很担心自己的孩子会不会因为"零基础"而跟不上,现在从孩子对学习的兴趣中,我发现担心完全是多余的,感谢老师的用心,让我们家长也学到很多。"小斌的爸爸高兴地回复道。

"方格游戏"的开展基础是建立在学生已有的"数数"经验基础上,游戏形式一改以往单一的"数数"练习模式,采取学生乐于参与而且能激发学生学习兴趣的互动形式,有利于培养数感,开发潜能,为学生的后继学习奠定基础。

另外,该方法在认知心理学方面具有一些功效,它能有效地训练儿童的注意力再分配及自控能力,所以这也是目前全世界最简单、最有效也最科学的注意力训练方法。在一年级数学课堂教学活动中引入此游戏法,不但可以提高学生的注意力,而且有助于养成良好的学习习惯,更是提高教学效率的手段之一。

四、游戏活动的实施

开展"方格游戏"活动一般可以分三个方面进行:

(一)掌握方法,"玩"转游戏,培养规则意识

在进行"方格游戏"活动教学的初期,教师需考虑刚入学一年级新生的实际上课情况和学前教育基础,并根据教学任务的需要,以插入式教学法引进"方格游戏",既调动了学生学习注意力,又要使其掌握游戏方法,让他们充分地"玩"起来。并设计如9格和16格入门级的游戏在课上进行练习,每一位学生在遵循游戏规则前提下进行"数数"练习,在游戏中不仅感受到"数数"的趣味性,同时感悟到遵守规则的重要性。

(二)组织多样,有效互动,提高注意力

"方格游戏"活动的开展并不只局限于课堂教学,可以延伸至课余时间进行,可以借助家校互动平台,鼓励学生与家长在家共同完成此项活动。家长们在明确了"方格游戏"活动意义和价值之后,能根据要求不断加大难度(方格数不断增加)的同时,一起参与其中,并观测学生注意力的变化、记录及反馈。对于学生而言,经过了不同平台、不同时段、不同难度的高密度的练习后,有助于提高他们的"数数"技

能,培养数感,提升注意力。

（三）注重评价,发展能力,培育学习素养

任何一项有效的数学活动持续开展都离不开合理的学习评价,所以设计有关"方格游戏"活动的评价标准是十分必要的。评价内容标准可根据课程标准对于"数数"技能的要求、学生年龄特征和实际的认知水平为准;评价形式以采用游戏及计时的方式为佳;评价角度以关注学生"有序数数"的速度、学习兴趣、学习注意力、学习习惯等综合方面为宜。采用评价的目的主要是从客观和科学的角度了解学生的学习规律,捕捉学习心理,即时调整活动的方式,从而提高活动的有效性,激发学生的学习兴趣,提高学习能力,使学生的学习素养得以培育。

（上海市黄浦区教育学院　俞　靖、上海师范专科学校附属小学　曹　扬）

深度学习视域下小学数学学习活动实践

思维教学的意义在于促进学生思维能力的发展、学科核心素养的提升。深度学习理论倡导学习者能够批判性地学习新的思想和事实,并把它们融入原来的认知结构中,能够在众多思想间进行联系,并能够将已有的知识迁移到新的情境中,做出决策和解决问题。这些理念对促进小学生数学学科核心能力的培养具有积极意义。可见,深度学习可以作为一种教学理解,需要教师在教学过程中设计体现学科的本质特点,有助于学生深度思考的小学数学学习活动,从而有效地促进小学生高阶思维的培养,落实数学学科核心素养的培育。

因此,我们借鉴深度学习的理念,以小学数学学习活动为载体,开展相应的学习活动设计与实施策略、方法的探索,旨在推动学生思维的发展和素养的提升。

一、驱动型任务为学生思维发展提供载体

学习者主动的、有意义的学习是深度学习发生的表现之一,需要以问题解决为导向,因此驱动型任务可以为深度学习发生提供载体,促进学生思维的发展。

驱动型任务可以是外显的操作活动,如一个需要动手完成的任务,也可以是内隐的思维活动,如师生之间、生生之间围绕某个主题的讨论、思辨等。驱动型任务的设计需要关注以下几点。

(一)提供的任务需要富有挑战性

具有挑战性的驱动型任务有利于激发小学生数学学习的积极性,促进师生之间、生生之间通过合作交流解决具有挑战性的任务。

(二)提出的任务需要具有递进性

逐步递进的任务如闯关游戏,解决较小难度任务的过程可以为更大难度任务的解决提供铺垫,从而引导学生积极思考、主动学习。

(三)提出的任务需要指向学科核心能力

深度学习提倡学生掌握、理解、运用学科知识解决现在和未来的问题,因此任

务不能仅仅指向学科知识,还应该指向学科的核心能力。

以沪教版三年级第二学期第六单元"几何小实践"为例,学习内容是"求长方形、正方形的周长",我们设计了如下的驱动型任务。

【任务一】 "六一"儿童节快要到了,学校准备在操场上召开庆祝儿童节联欢互动,下面是操场的平面图,联欢会表演的舞台是一个长方形,如果舞台上要铺地毯,周围要绕彩带,那么需要多大的地毯? 多长的彩带?(可以同桌讨论)

● **设计意图** 学生在三年级第一学期已经学习了长方形、正方形面积,在本学习内容之前学习了周长,因此通过驱动任务一,学生需要先从具体的铺地毯、绕彩带这些生活情境中抽象出地毯有多大就是求面积、算彩带有多长就是求周长。在此基础上再自主探究求长方形周长的方法,可以从周长的含义出发,四条边的长度累加;也可以从长方形对边相等的特征出发,求得周长。在求出彩带长度的同时,要求学生算出舞台地毯的面积,复习了长方形面积求解的学科知识,更是进一步帮助学生抽象,形成周长与面积的表象,加深学生对于周长与面积的理解,推动思维的发展。

【任务二】 如果把三年级全体学生安排在观众席 A 处,那么需要多长的隔离绳才能围出观众席 A 的面积?

● **设计意图** 学生在理解长方形周长计算方法的基础上,可以把长方形周长求解的思路(从周长定义出发、从图形特征出发)迁移到探究正方形周长计算的方法,指向推理能力的培养。

【任务三】 如果把其余年级学生分别安排在观众席的 B、C、D、E 位置,各年级学生人数如表 2-1 所示,你觉得各年级观众席所占大小如何安排比较合理? 分别需要多长的隔离绳?

表 2-1 各年级人数统计

年 级	人 数
一年级	160 人
二年级	160 人
三年级	120 人
四年级	110 人
五年级	105 人

● **设计意图** 具体情境中数学知识和能力的运用：学生可以以三年级学生人数与观众席大小之间关系为依据，规划其余年级观众席的大小，培养建模能力。同时巩固周长、面积的区别以及计算方法，发展学生思维。

二、学习工具为思维发展提供"脚手架"

学习工具是指学生完成驱动型任务所需要的资源，包括数射线、点子图、线段图等，也包括小棒、双色片、三角尺、几何模型等。

鉴于小学生的年龄特点和认知规律，为了帮助小学生在数学学习过程深度参与学习活动、发展思维能力，更好地理解、掌握课时目标的重点和难点，因此考虑选择与运用学习工具，为学生思维发展提供"脚手架"。学习工具运用需要关注以下几点。

（一）学习工具运用要有助于思维过程的可视化

小学数学有不少的概念、法则、数量关系等，具有一定的抽象性，因此借助学习工具的直观演示、动手操作，可以为学生搭建"脚手架"，帮助学生厘清问题解决的思维过程，从而提高学习的有效性。例如，行程问题的数量关系，我们可以借助"线段图"这一学习工具，帮助学生理解相应的数量关系。

（二）学习工具运用时要关注从具体到抽象的过程

学习工具使用过程中，需要有意识地关注学生符号意识、模型思想等数学学科核心能力的培养，不仅仅停留在具体形象阶段。在运用学具帮助学生理解小学数学学科知识中的重点、难点基础上对所学内容逐步抽象、建模。

（三）学习工具运用时要倡导运用数学语言表达问题解决过程

数学语言包括文字语言、图形语言和符号语言，学习工具运用时要倡导学生运用数学的语言表达解决数学问题的过程，可以是操作的步骤，也可以是思考的路径等。

以沪教版三年级第一学期第四单元"用一位数除"呈现的 $71 \div 4$ 为例。教学过程中学生三次运用学习工具开展学习活动：第一次学具运用主要理解取出多少个10来分配比较合理；第二次学具运用主要理解余下的整十数不够分，怎么办；第三次学具运用主要理解除法计算结果出现余数，怎么处理。

运用学具厘清了"两位数被一位数除"算理的思维过程，突破了计数单位转化的疑难点(把 1 个十转化为 10 个一),这是解决除法计算问题的关键点。同时要求学生先说一说学具的操作思路,再用数学算式写一写每一步学具操作的过程,从具体逐步抽象。此时学具的运用为学生理解和掌握"两位数被一位数除"的算理搭建了"脚手架",也为今后学生类似内容的学习提供了学习方法上的样式,促进了深度学习的发生。

三、学习评价让思维发展成效"可视"

数学核心能力包括运算求解、推理论证、空间想象、数学表达、数据处理、数学建模六个方面①,结合深度学习的能力框架以及小学生认知特点,逐步构建小学生数学"深度学习"的观测点(见表 2-2),使思维发展成效"可视"。

表 2-2　小学生数学"深度学习"观测表

核心能力	深度学习观测点
运算求解	(1) 自觉合理选择算法 (2) 计算体现灵活性(如一题多解)……
推理论证	(1) 能借助已有的知识学习新的数学内容 (2) 能回顾解决问题的过程,初步判断结果的合理性……
空间想象	(1) 能抽象出几何图形基本特征,描述图形变化及图形间关系 (2) 能借助数形结合的方法尝试解决问题……
数学表达	(1) 能说出解决数学问题的过程 (2) 能阐明自身数学观点、见解……
数据处理	(1) 能利用数据分析问题 (2) 能借助分析数据的方法做出决策……
数学建模	(1) 从具体情境中得出数学问题,并能尝试寻找和表征蕴含的规律 (2) 能在新的场景中运用数学学习积累的经验坚持解决问题……

学习过程中开展评价活动,需要关注以下几点:①体现评价的导向性:导向性是指对学习行为和结果的一种价值判断,可以引导被评价者关注哪方面的学习结果。②体现评价的诊断性:诊断性是指通过评价使学生知道自己在应学知识、应会能力、情感态度等方面存在的优势与不足,从而明白自己今后努力的方向。③体现

① 上海市教育委员会教学研究室.上海市小学数学学科教学基本要求(试验本)[M].上海:上海教育出版社,2017.

评价的激励性:脑科学研究成果表明:和平、挑战、快乐、满意对脑产生积极影响。因此教师要注重激发学生内在的学习动力。

以沪教版三年级第二学期第六单元"几何小实践"为例,学习内容是"求长方形、正方形的周长",我们设计了如表 2-3 所示的学习活动评价表。

表 2-3 "求长方形、正方形的周长"学习活动评价表

学习活动	核心能力	深度学习的观测点	评价要求	评价形式	评价方式	
					达成程度	评价主体
任务一	空间想象	能抽象出几何图形基本特征,描述图形变化及图形间关系	能说出面积与周长的区别	语言描述	☆☆☆☆☆	教师评价
			理解掌握长方形周长计算公式	语言描述及书面解答	☆☆☆☆☆	学生自评
任务二	推理论证	能借助已有的知识学习新的数学内容	理解掌握正方形周长计算公式	语言描述及书面解答	☆☆☆☆☆	学生自评
任务三	数学建模	能在新的场景中运用数学学习积累的经验坚持解决问题	以三年级为参照,能合理规划其他年级观众席的大小	语言描述及书面解答	☆☆☆☆☆	教师评价

学习评价伴随学习任务逐层递进而随之跟进,通过深度学习观测点和细化的评价要求了解学生关于长方形、正方形周长学习的变化情况体现评价的诊断性,学生自评有利于其进一步把握自身学习情况,促进元认知水平发展。通过随堂评价体现评价的激励功能,如:学生能从周长的含义(封闭图形一周的长度之和)出发,得出长方形周长计算的方法,教师同样给予语言、动作方面的肯定性评价,同时鼓励其再从长方形的特征出发思考周长计算的方法。所有这些学习活动评价要求、形式等最终都指向数学核心能力发展,体现评价的导向性。

在深度学习理论指导下,小学数学学习活动以驱动型任务为引导,以学习工具为支架,通过学习评价使深度学习活动效果可视,提高了学生的思维能力,促进了小学生数学核心能力的发展。

(上海市黄浦区北京东路小学　林雁平)

第三节　主题教学法

在主题教学的课堂中,可以实现以下的教学目的:第一,主题教学构建的学习情境,立足于学生的知识水平和生活实际,打通了学生书本世界和生活世界的界限;第二,主题教学要求学生在学习情境中进行自主探讨和学习,充分重视了学生的主体作用的发挥;第三,主题教学让学生以自有的文化去解读情境,从而实现了学生的个性化发展。

基于"以读促写"的中学英语写作教学研究

一、背景与意义

教育部制定的《普通高中英语课程标准(2017 年版)》中提出:听、读、看是理解性技能,说和写是表达性技能。理解性技能和表达性技能在语言学习过程中相辅相成、相互促进。[①]在阅读教学过程中,教师不仅要引导学生感知、理解、欣赏文本的语言,还应注重文本内部之间的衔接,指导学生对文本的语言进行加工、整合,增强学生学英语、用英语的意识,把阅读中积累的语言、感悟、技巧等运用到写作中,从而达到"以读促写"的目的。

日常教学中阅读与写作往往割裂。阅读教学充斥着单一的语法词汇讲解,缺

---

① 中华人民共和国教育部.普通高中英语课程标准(2017 年版)[M].北京:人民教育出版社,2018.

少有效的语言输出。写作教学缺乏过程性指导,学生机械操练句型或只背诵范文而不写作。教师批阅关注的是语言错误,写作教学效果往往不理想。

本研究旨在通过"以读促写"教学模式的研究,提炼相关教学策略,以提高英语写作教学的有效性。

二、思考与认识

(一)核心概念界定

"以读促写"教学模式(Reading-to-write Model)要求学生在阅读的基础上进行写作。这种模式需要学生在写前阅读各种与写作任务相关的文章,教师把写作训练融入阅读教学中,读的过程也是指导写的过程。学生通过阅读不同体裁的文章,吸收语言、文化知识,把握语篇结构特征和语言特点,学习衔接连贯的方法,进行仿写或创作。

(二)文献综述

"以读促写"的理论依据主要是基于"输入与输出假设"。Krashen 提出的输入假设认为,只要人们接收足够的输入性知识,同时这些输入性知识又是可理解的,人们就能习得语言。可理解性输入(Comprehensible Input)是二语习得的必要条件。Krashen 还提出输入变成内化的前提是理解,当学生现有语言水平略低于所学习的语言形式时,就能理解该语言形式,从而内化产生语言习得。①只要有充足的可理解的输入,就可以确保学习者在适当的时候使用所需要的目标语。

针对 Krashen 提出的关于可理解性输入的观点,Swain 认为可理解性输出(Comprehensible Output)是语言习得过程中必不可少的重要环节。语言输入是语言习得的必要条件,但不是充分条件。要使学习者成功地习得语言,只依靠语言输入是完全不够的,还需要迫使学习者进行大量的语言输出活动。②Swain 认为,输出活动有利于学习者检验目标语的语法结构和词汇以及语用的规范性,促进语用自动化,从而更有效地促进二语习得。

---

① Krashen S D. The input hypothesis:Issues and implications[M]. *Addison-Wesley Longman Ltd*,1985.
② Swain M. The output hypothesis, focus on form and second language learning[J]. *Applying linguistics:Insights into language in education*,1997:1—21.

近年来,我国关于"以读促写"教学方法在英语写作教学当中的应用问题尤其值得关注。金怡(2016)提出,概要写作是读写结合的重要教学手段,读写结合的方式使阅读者在忠于原文的前提下,用自己简洁、精练的语言,概括主旨大意和重要内容。①朱美玲(2018)和管鹏雎(2018)指出,教师应在教学中将英语阅读、英语写作有机结合,以读促写,创新教学模式。②③检索知网优秀论文(2017—2019),共有75篇以"以读促写"为主题的优秀论文,其中高中段39篇,初中段35篇,大学1篇。71篇论文用实证证明"以读促写"的有效性。邱精文(2017)证实了"以读促写"符合语言规律,可激发学生写作兴趣,是一种有效的写作教学方法。④刘佳(2018)总结了应用文写作中"以读促写"的教学策略。⑤张吉萍、张余(2019)开展"以读促写"教学后发现,语法和词汇不再是写作中最困难的部分,学生在内容、语法和结构上有显著的进步。⑥⑦

三、实践与探索

（一）中学英语写作教学现状

2017年11月,课题组在黄浦区6所中学3137名学生和82位英语教师中开展了关于"中学英语写作现状"的问卷调查,旨在了解目前中学英语教师开展写作教学时运用的方法及学生在写作时所碰到的困难。

学生调查数据显示:关于"写作过程中遇到的最大困难",54.5%的学生选择了不知道如何用英语表达自己的想法,33.7%感到文章难有新意,近9%感觉无从下手。对"最希望教师指导的方面",47.5%的学生希望给予语言指导,20.3%希望关注文章结构,16.2%希望选材指导。82.2%的学生认为阅读对写作有影响,11.5%的学生认为影响不大。

---

① 金怡.中学生英语概要写作研究:问题与对策[J].外语测试与教学,2016(4).
② 朱美玲.浅谈初中英语阅读和写作整合的有效性[J].现代交际,2018(24).
③ 管鹏雎.模因论视阈下的读写交互学习模式对写作能力提升的有效性研究[J].安徽文学,2018(12).
④ 邱精文.以读促写在高中英语写作教学中的应用研究[D].上海师范大学.2017.
⑤ 刘佳.初中英语应用文写作"以读促写"教学策略设计与实施[D].东北师范大学,2018.
⑥ 张吉萍."以读促写"法在初中英语写作教学中的实验研究[D].西安外国语大学,2019.
⑦ 张余.以读促写模式对初中英语写作教学的有效性研究[D].陕西师范大学,2019.

教师调查数据显示:有关"学生写作过程中遇到的最大困难",43%的教师认为是语言表达的准确性和丰富性,近42%的教师认为是文章的逻辑性和连贯性,近14%的教师认为学生文章内容的丰富性问题最大。近62%的教师认为自己经常通过文本阅读指导学生写作,约38%的教师认为自己很少利用文本阅读促进学生写作能力的提升。

调查结果表明,学生认同阅读对于写作的积极作用,部分教师也会在日常写作教学中通过阅读指导学生写作。师生都关注写作中语言的运用,却较少关注文章内容和选材,这往往造成了学生习作内容空洞、语言程式化。由此可见,进行有效的阅读输入,指导学生如何谋篇布局、遣词造句,表达真实情感是非常必要的。

(二)"以读促写"教学方法的使用误区

课题组通过调查、访谈以及近百节中学写作教学的课堂观察,发现部分教师在通过阅读指导学生写作的具体操作中存在一定误区。

1. 误区一——"以读促写"的"读"等同于阅读课的"读"

在阅读教学过程,教师设计的阅读活动围绕某项阅读技能的培养,通过练习把握文章大意和关键细节。阅读设计和写作教学活动没有关联,学生难以将学到的知识迁移到写作中,无法实现高质量的输出。

2. 误区二——"以读促写"的"写"缺乏与"读"的关联

在写作环节,部分教师对写前指导缺乏重视,经常让学生阅读范文,完成一些指向理解性的练习后,直接开始写作。教师设计的写作任务和阅读语篇只是话题相关,对于篇章结构、文章内容及语言表达缺乏挖掘与品读,忽略了"以读促写"中的"写"是"读"的产出。

(三)"以读促写"的运用策略

1. "以读促写"的教学重点

"以读促写"的教学重点是教师以文本阅读为切入点,引导学生提取文本篇章结构、内容素材、语言表达等可借鉴运用于未来写作的信息,通过情境创设,将阅读中所学迁移到写作中,使文章内容充实、详略得当、语言多样、结构紧凑。

2. "以读促写"的教学活动设计

"以读促写"教学活动的设计关键是"读"为"写"服务,通过有针对性的"读"促成有效的"写"。

阅读活动的设计要为写作活动作铺垫。通过文本的深层解读,教师引导学生对文本进行观察、分析、比较、概括,指导学生理解语篇所传递的信息、观点和情感,学习文章的谋篇布局,品味文中的遣词造句,并能利用所学语言知识、文化知识等,根据不同目的,仿写或创造新语篇。

写作任务的设计要充分利用阅读文本。教师应紧扣阅读文本设计写作任务,引导学生运用阅读中提炼的写作内容、语言或结构,进行创作。写作任务要使学生有话可写,言之有物,言之有理,从而建立信心。同时,也需关注写作任务是否基于学生的认知水平,活动设计是否合理。

教学活动的设计要着眼支架搭建与多元评价。为了实现有效的语言输出,教师应搭建支架,在阅读阶段,有意识地引导学生关注文本内容、语言、结构等,为写作积累素材。在写的过程,逐步引导学生充分运用文本所学内容,进行创作。整个教学过程,教师可以组织学生自评、互评,写作完成后引导学生借助 checklist 审读文章、明晰思路、充实内容、润饰语言。

3.“以读促写”的选材原则

阅读材料能为学生提供大量的可理解性语言输入,但没有一篇阅读材料能解决所有写作问题,教师需在课内外阅读材料中筛选,根据学情,有针对性地选材。选材应注意以下几点。

(1)选择内容丰富的阅读材料。学生的写作内容往往空洞乏床,无话可说,因而选择作为仿写范本的阅读材料必须具备丰富的内容,语言生动具体,便于学生学习模仿。

(2)选择结构清晰的阅读材料。学生在写作过程中,往往缺乏谋篇布局。脉络清晰的文本可帮助学生学习理解不同文体的写作框架与手法。通过解读不同语篇的特定结构、文本特征,帮助学生理解并运用于未来写作的谋篇布局。

(3)选择逻辑严密的阅读材料。教师要有意识地选择短小精悍,行文连贯,逻辑性强的阅读材料。在教学中引导学生关注全文、段落间、观点间、论点与论据之间的逻辑关系,在提升学生思维品质的同时,提高其谋篇布局的能力。

“以读促写”的教学方法是以读为基础,以写为目的,兼顾素材积累、信息获取和写作练习。教师引导学生阅读,帮助其积累写作素材,指导写作技巧,组织学生随文练笔,强化实践。有效的写作教学需要教师始终关注学生难点,抓住教学关键,加强教学实践研究,最终达成学生语言综合运用能力的提升。

(课题组:金怡、金敏、毛彬彬、蒋新莲、吴一雩)

多元智能整合在高中英语情境式词汇教学中的实践研究

一、背景

英语词汇教学是高中英语教学中的重要组成部分。缺乏词汇，英语的听、说、读、写就无法进行。词汇是学好英语的基础，是提高英语听、说、读、写各项能力的必要保证。《普通高中英语课程标准》①中对高中英语词汇量的要求较高，词汇的缺乏渐渐成为高中生英语学习的绊脚石。学生们普遍反映词汇枯燥、难记，学生学习词汇在大多数情况下脱离情境，效率较低，单调、枯燥的词汇教学方法已难以满足学生的需求。"语言是用来在情境中表达其意义的，脱离了情境，语言就难以恰当地表述意义，发挥其表情达意进行交际活动的本质功能"。②词汇教学的情境化是必然的，如何提高情境式词汇教学的有效性亟待研究。

美国发展心理学家霍华德·加德纳教授在《多元智能——7种智能改变命运》③一书中提出："人脑拥有视觉—空间智能、肢体—运动智能、音乐智能、人际交往智能等多种智能，且这些智能经过组合或整合可以在某个方面表现得很突出。"多元智能理论让笔者得到了很大的启发，为笔者举步维艰的情境式英语词汇教学点亮了一盏明灯，促使笔者尝试着将多元智能整合在高中英语情境式词汇教学中实践探索。笔者希望通过在教学设计中融合视觉—空间智能、肢体—运动智能、音乐智能、人际交往智能等多元智能元素，充分开发大脑的潜能，实现教与学的高效性。

二、实践过程

在情境式词汇教学中，我们可以运用歌曲、电影、报纸、杂志等形象化工具辅助

① 中华人民共和国教育部.普通高中英语课程标准(实验)[M].北京：人民教育出版社,2003.
② 赵晓强.情景在语言教学中的运用[EB/OL]. http://wuxizazhi. cnki. net/Article/ZY-CC201005017.html.
③ [美]霍华德·加德纳.多元智能——7种智能改变命运[M].北京：新华出版社,1999.

教学,也可以进行一些演示和活动来创设情境,通过刺激视觉——空间智能、肢体——运动智能、音乐智能、人际交往智能,从而使学生加深对词形、词音、词义的记忆,这就是多元智能整合在情境式词汇教学中的实践。

(一)英语歌曲的运用——刺激听觉感官,激发音乐智能

通过英语歌曲教授词汇的情境化词汇教学,与音乐智能相整合,激发学生学习兴趣,提高学生学习信心。

首先,英语歌曲有很强的节奏感,朗朗上口,能刺激学生的听觉,在枯燥的句子当中消化不了的词汇,在优美的旋律当中增加了节奏感,更容易被记忆。这些歌曲的韵律对他们来说耳熟能详,一些单词的发音自然长期(long-term)地储存在脑子里;相反,通过枯燥的课文句子来记忆的词汇往往只是短暂记忆(short-term),容易遗忘。歌曲中旋律的重复使得词汇在歌曲当中被反复吟唱,也是强化词汇记忆的因素。当学生反复吟唱这些富有感情色彩和节奏的歌词时也不会觉得烦躁,更多的是享受。其次,歌曲当中纯正的发音更能帮助学生矫正错误的读音,完善学生的语音语调,正确的发音也是帮助记忆的一大因素。此外,有研究表明,唱歌能够改变一个人的心境和精神面貌,缓解压力,愉悦身心,所以边唱边学的方式能刺激感官,让学生以快乐的心态学习词汇。当然,在学习的同时也增强了自己的语感、节奏感、旋律感,开发了自己的音乐智能。

通过英语歌曲来学习掌握词汇可以有多种形式,如把英语歌曲作为每节课前的 warming-up exercise,作为每日课后的小练习,也可以把英语歌曲设计在课堂中间进行来调节课堂气氛。此外,英语歌曲也可以成为学生展示自己的小平台。如在讲解完 no matter what/where/when/who/how 这些词及它们引导的让步状语的用法后,笔者要求学生在课后寻找与这些词相关的英语歌曲进行巩固练习。结果一位男生演唱的来自 Boyzone 的 *No matter what* 成为大家公认的能巩固这些词汇的最贴切的歌曲,部分歌词如下:No matter what they tell us, no matter what they do, no matter what they teach us, what we believe is true. 课堂上讲解的词汇在这首歌的文本里渗透到了极致。这首歌的意境对让步状语从句的诠释也达到了极致,朗朗上口的韵律很快被大家接受并吟唱,而且这首歌也帮助这位男生找到了学习词汇的自信。

(二)原声电影的运用——刺激视听感官,感受半真实语境

英语原声电影作为另一种地道的英语学习素材,能刺激视听多感官,帮助学生

理解和记忆词汇。单纯从课文中理解词汇过于抽象，电影的辅助可以通过画面、人物的表情、着装、手势帮助学生理解。这种半真实的情境可以刺激学生的视觉、听觉，激发他们的情感，激活他们的思维，进入电影的意境能促进他们对语言的接受。原声电影还为学生提供了很好的语音学习环境，耳濡目染之下，学生能改善自身的语音。此外，电影的画面和背景音乐能让学生更真实地感受异域文化。

新世纪版英语教材有几章内容主题是 literature，课文的内容包括一些经典的短篇小说、长篇小说节选以及改编自著名短长篇小说的戏剧片段。理解这些语言材料对于学生来说有一定难度，篇幅长，背景陌生，文字偏难。因为是经典，这些作品基本上都有相应的电影和电视剧，在教授这些课文的词汇时，就可以结合电影、电视片段帮助学生理解和记忆。如在教授新世纪英语高二下 Unit 7 Oliver wants more 这一单元时，笔者下载了名作 Oliver Twist 的电影版，并截取了课文相应的视频片段。在教授第一个单词 severe 时，笔者播放了贫民窟里孩子们恶劣的生活环境，生动的画面和单词相结合比任何解释都有效。之后笔者又利用这段视频，让同学们进行一次配音活动。这是课文中 C 段的内容"Oliver Twist and his companions suffered terrible hunger in silence for three months; so desperate did they become in the end that one boy, who was tall for his age, told the others that unless he had another bowl of soup every day, he was afraid he might some night eat the boy who slept next to him."描述了 Oliver 和同伴在贫民窟感到极度饥饿时的心情，在电影中这是一段非常生动的对话，除了变成第一人称以外，内容与课文几乎相同。配音活动中，笔者首先播放两遍需要配音部分的原版语音，然后要求学生以四人一组的形式来模仿原版主人公的对话，包括台词、语音、语调。结果同学们都做得非常出色，简直与原版相差无几。在这个过程中，同学们非常高效地把对话里面的内容全部记住，语音语调也非常好。这样的词汇教学对学生来说既是一场视觉盛宴，又可以身临其境"过把瘾"。

（三）情境式游戏的运用——激发视觉—空间智能、肢体—运动智能，边动边记趣味多

在高中英语词汇表中，笔者将一些词汇整理出来，进行一些演示，运用一些游戏，通过整合视觉—空间智能、肢体—运动智能来记忆词汇，提高词汇教学的有效性。

可具体展示的动词：如笔者在教授 look、gaze、glance、glare、stare 这几个关

于看的动词时,首先演示了各种看的神情,让学生猜测每个神情分别代表哪个看的动词。丰富的表情立即引起大家的兴趣,在热烈的气氛中迅速把五个关于看的单词与表情一一对应起来。

表情绪的形容词:在讲解表情绪类的形容词时,笔者给学生几个场景,如When you are waiting for the result of the college entrance examination, how will you feel? 要求学生做出相应表情,通过学生的表情,引出单词"anxious"。当所有的表情绪类形容词都输入之后,由一位学生随机做表情,其他学生根据表情来复习这些形容词,实现自由输出与巩固。在这个过程中,做表情的学生有一个脸部运动感官的刺激,满足了他的表演欲;猜词的学生则受到了强烈的视觉冲击,从场景叙述到正确的表情表达,其中就有一个思维过程,再将这个思维结果与词汇对应起来,就实现了呈现—探究—操练三个完整的学习步骤。

除了这几类词以外,运动类词汇、乐器类词汇都可运用这种直观、形象的演示及游戏来完成教学。

(四)报纸、杂志等课外读物的运用——运用合作学习策略,激发人际交往智能

通过报纸、杂志等课外读物进行词汇教学的过程中,笔者运用合作学习策略,激发学生的人际交往智能。合作式学习是学生在明确的任务分工下,为了完成共同的任务所进行的互助性学习,这种学习方式能促进学生之间的交流与理解,从而激发学生的人际交往智能,降低学生的焦虑感,改善学习困难者的学习态度,提高学生的自信心。

新世纪教材每一个章节都有一个主题,在掌握了课本的相关词汇后,笔者要求学生以小组为单位,在报纸、杂志或其他课外读物上寻找与该章节主题相关的文章,并把好词、好句划下来,使课堂内容有延伸及拓展。由于文章主题与课文相关,学生读起来不吃力,有些在课文上出现过的类似的词再一次出现可以起到巩固的作用,没有出现过但与主题有关的词可以积累起来,为写作打基础。这个常规的小组合作学习活动,充分体现了学生互助学习、取长补短、共同进步的小组合作精神。

在这个活动当中,小组成员充分发挥自己的智能特长,由人际交往智能比较突出的同学组织,由语言智能比较突出的同学进行摘要、归纳,由空间智能也就是绘画能力比较突出的同学负责排版、剪报,由身体运动智能比较突出的同学负责汇报、演讲。活动最后,学生对自己在小组当中的表现进行自我评价及组内互评,通

过自我评价及互评能增强自信心,并学会客观地认识自己的缺点。在发挥各自特长的情况下,同学们可以自由交流,从而激发了人际智能,在和谐、融洽的氛围中轻松地学习,积累词汇自然不是痛苦的事情。

三、结论

通过一年的实践研究,笔者发现,多元智能整合的英语情境式词汇教学能够在较大程度上引起并维持学生的注意,使学生产生并维持对学习词汇的自信心,能够在一定程度上激发学生学习词汇的动机,大大提高学生对学习词汇的兴趣;并在教师与学生的互动中,提高教师的教学有效性及学生的学习效率。学生在多元智能激发下轻松、自然地接触吸收词汇的同时,也能开发各种潜能。

（上海市格致中学　　缪　英）

高中生英语原著阅读实践初探

一、高中生英语阅读现状

教育部制定的《普通高中英语课程标准（2017 年版）》对高中英语学业质量设置了三个水平。在水平三的 14 条质量描述中，有这样一条：能理解和欣赏经典演讲、文学名著、名人传记、电影、电视等，分析评价语篇所包含的宜美元素。①

但实际情况如何？

笔者在执教的上海市光明中学（市实验性、示范性学校）2017 届 234 名学生中曾做过一次"高中学生英语原著阅读情况问卷"调查。英语课外阅读主要来源于英语原著的只有 17 人，只占参与调查问卷总人数的 7.26%；学生对于英语原著的知晓、了解主要是来源于根据原著拍摄的影视剧和根据原著翻译的中文读本，两项人数占参与调查问卷的总人数的 88.9%。

从调查中不难发现，中学生英语原著阅读的现状是令人担忧的。语言固然是一个障碍，但是其他因素也是不容小觑的。"不喜欢看课外书，也没有时间看"的解释比比皆是。课业的负担使许多中学生疲于应付作业、考试，很少有时间来阅读原著。即使看书，绝大部分也是与课程有关的辅导书或一些消遣类的图书，如校园爱情、武侠、漫画卡通。同时，随着电脑和智能手机的普及，网游、微信成了学生休闲活动的主要方式。

二、高中生英语原著阅读的理论依据和意义

（一）高中生英语原著阅读的理论依据

二语习得泰斗 Stephen D.Krashen 在他的著作 *Principles and Practice in*

---

① 中华人民共和国教育部.普通高中英语课程标准（2017 年版）[M].北京：人民教育出版社，2018.

Second Language Acquisition 中指出：只要提供足够的、与真实语言环境相匹配的输入，学习者就能够自然地从现有的语言能力进步到略高一层次的语言能力①。英语原著阅读就是真实语言环境的输入。学习者在跌宕起伏的故事情节中，品味着优雅的语言，体会着作者的思想情感，在潜移默化中提高了语言运用能力。

（二）高中生英语原著阅读的意义

1. 激发英语学习的兴趣

笔者还记得自己在高中时看完第一本英语原著 *Desiree* 后欣喜的心情，并在以后的每个暑假陆续看完了 *Return to Native*、*Pride and Prejudice* 等英语原著。现在的英语教学很多时候围绕着课文进行，教师大量地讲授语言点，使得英语学习变得枯燥乏味。阅读英语原著不仅仅能给学生带来成功的喜悦，更重要的是，能提高学生学习英语的积极性，想读英语，乐读英语。

根据 Krashen 的"情感过滤假说"，在二语习得过程中，三种情感态度直接和习得有关：学习动力、自信和焦虑。那些对二语习得动力强、更自信的习得者不但会寻求并获得更多的输入，而且他们对输入更加开放，输入的影响也"更深远"。

2. 提升语言学习的能力

今天有许多学生的英语阅读局限于碎片阅读：考试阅读和课文理解。要想通过这两类阅读来提高语言学习能力谈何容易。有研究表明，进行书报等课外读物广泛阅读的学生和仅接受课文教学的学生相比，前者的阅读能力六个月后有显著的进步②。以词汇学习能力一项来说，在英语原著阅读过程中，学生处于一种不断温习已知词汇，逐渐认识未知词汇的过程。这个过程不仅扩展了学生的词汇量，还教会了学生通过上下文语境推测词义的能力。

英语原著阅读对提升学生的英语听力也是很有帮助的。阅读英语原著后观看根据原著改编的电影，学生既加深了对原著的理解，也提高了听力能力。

英语原著阅读对提高学生的英语写作能力也是显而易见的。在原著阅读后，学生可以通过 summary writing 来概括原著内容，提升自己的理解，也可以通过写读后感分享阅读原著的感受。

---

① Krashen，Stephen D.Principles and Practice in Second Language Acquisition[M]. *Prentice-Hall International*，1988.

② 徐菲.高中生英语阅读新境界——英语短篇小说指要[J]，考试周刊，2011(54).

3. 培养跨文化意识

由于不同民族所处的自然、社会、宗教环境不同,各自的语言习惯、生活方式、风土人情也相差甚远。英语原著阅读是了解一个国家文化的有效的方式。通过阅读,学生可以了解当时当地的社会文化,增加对不同民族、不同国家的文化感受与认知①。

三、高中生英语原著阅读的实践

（一）选择合适的阅读材料

在选择供学生阅读的读物时,笔者坚持循序渐进、水平适度、教材关联的原则。

在英语原著阅读的起始阶段,笔者挑选的是学生熟悉的一些短篇小说,如欧·亨利的短篇小说《警察与赞美诗》《麦琪的礼物》《最后一片树叶》《竞选州长》等。这几篇小说都被收入了初、高中语文教科书,所以学生对内容很熟悉、感觉亲切。在阅读时,即使遇上有不认识的单词或较长的句子,也不会有焦虑、畏难的情绪。此外,马克·吐温的短篇小说也是笔者选择的对象,如《竞选州长》,全文短短几千字,句式简洁,语言幽默风趣。在学生对英语原著阅读产生了兴趣以后再向长篇小说、经典名著拓展。在选择长篇小说和经典名著时,也是先选一些学生在内容上比较熟悉的作品,如《傲慢与偏见》《老人与海》《哈利·波特》等。

在选择供学生阅读的读物时,语言难度、生词量也是教师要考虑的因素之一。根据在光明中学 2017 届学生中开展的"高中学生英语原著阅读情况调查问卷"反馈,在阅读英语原著时最大的困难是生词量太大的学生有 184 人,占整个参与调查问卷人数的 78.6%。语句偏难,生词量偏多的作品会使学生在阅读过程中产生焦虑、不耐烦的情绪,最终使学生失去了继续阅读的动力;然而,过易的作品又不利于提高语言学习能力。

英语原著阅读和课文教学并不冲突,而是相辅相成的。《英语(新世纪版)高中二年级第一学期(试用本)》就有一篇课文改编自杰克·伦敦的小说《墨西哥人》,在《英语(新世纪版)高中二年级第二学期(试用本)》中有两篇课文分别节选了查尔斯·狄更斯的《雾都孤儿》和马克·吐温的《王子与贫儿》。在暑假时间充裕的前提

---

① 严俊龙.浅议英语文学作品欣赏与中学英语学习[J],基础英语教育,2004(12).

下,由学生自行选读其中的一本。通过课文激发了学生阅读原著的兴趣,通过原著阅读延伸拓展了学生的课堂知识。

(二)读前指导

这个阶段的指导包括背景知识介绍、内容预测等。

背景知识介绍就是扫除学生在阅读过程中可能出现的一些英语文化背景障碍,提高学生对原著的理解,如在学生读《双城记》之前,教师先简要地介绍故事发生的背景。

预测是阅读过程的重要环节。在拿到阅读材料后,笔者要求学生先不要急着去读,而是先根据题目来猜测会写些什么内容。这样做,既可以激发学生的好奇心和想象力,又能调动他们的阅读兴趣。下面是笔者在和学生解释了"麦琪"这个名词后,就《麦琪的礼物》设计的读前预测题:

(1) When does this story happen?

(2) What is this story about?

(3) Are people in the story pleased with their given presents?

(三)读中指导

在课时紧缺的现实情况下,英语原著阅读,只能作为学生课外阅读的一种手段,但这并不意味着教师就可以放任学生自己去读。如果没有教师的指导、检查,学生的阅读就可能流于形式。为了对学生的阅读状态、阅读理解有清晰的了解,教师在学生阅读过程中的指导应侧重于对词汇、对内容理解的指导和检测。

1. 词汇理解

对高中学生来说,英语原著阅读过程中不可避免地会遇到大量的生词,如果不停地查字典,会扼杀学生阅读的兴趣。因此,在英语原著阅读时,一定要让学生知道课外阅读不需要百分百地理解,只要读懂大概的意思,无须知道每个单词、每个词组的确切意思。在遇到不认识的单词时,可以根据上下文的内容进行推测,这样会更快地理解阅读材料的内容,加快阅读速度。

2. 语篇理解

语篇理解可分为浅层性、深层性、评价性理解三种。

浅层性理解即能懂得字面的信息。在英语原著阅读实践中,教师选择的阅读材料多为情节小说。教师要引导学生快速抓住作品的主要脉络,即人物关系、故事的引子、进展、高潮和结尾。

深层性理解,即学生要充分利用阅读材料中所给的条件对有关事实进行正确推理,从字里行间理解作者或文中人物没有说明的态度和想法。

评价性理解,即对作者表达的内容和思想做出评价。

在英语原著阅读,特别是长篇小说或经典名著过程中,一开始,教师的指导主要侧重于浅层理解。随着学生逐步理清了作品中人物之间的关系、故事的来龙去脉,教师的指导可以逐步地向深层次和评价性理解延伸。下面是笔者在指导学生阅读《傲慢与偏见》时设置的一组问题。这部小说共 60 章。笔者以每 20 章为一个单元设置两三个问题。

Chapter 1-20

Question 1. To identify the relationship between Elizabeth and the following people.

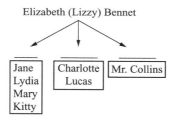

Question 2. Why did Mrs. Bennet want Elizabeth to marry Mr. Collins so much?

Question 3. Why was Mrs. Bennet unwilling to arrange for a carriage to sent Jane to Netherfield?

Chapter 21-40

Question 1. To identify the relationship between Elizabeth and the following people.

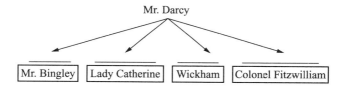

Question 2. Why did Mr. Darcy want to separate Mr. Bingley and Jane?

Question 3. From the Chapter that describes Elizabeth's paying a visit to Lady Catherine，what do you think Lady Catherine was? List an example to support your opinion.

Chapter 41-60

Question 1. Who persuaded Wickham to marry Lydia? What offer did he give to Wickham?

Question 2. Of 4 couples in the novel：Jane and Mr.Bingley，Elizabeth and Mr. Darcy，Charlotte and Mr. Collins，Lydia and Mr. Wickham，who do you think is the happiest? Why?

（四）读后巩固

如果说引导学生理解欣赏英语原著是语言的输入过程，那么接下来的读后巩固就是语言的输出过程。说和写是这个过程的两个主要表现形式。①

1. 说

读后说的形式是多种多样的，可以是学生对阅读材料进行概括后的复述，也可以是以看图将故事的形式对阅读材料进行浓缩，还可以是阅读材料中的某个现象或观点发表自己的看法。

2. 写

在理解了阅读材料的基础上，学生可以以书面形式对阅读材料中的某个现象或观点发表自己的观点，也可以对材料的内容进行概括并写成一篇 summary，还可以是一篇读后感。

四、英语原著阅读实践中的反思和启示

（一）反思

在开展了为期一学年的英语原著课外阅读后，笔者明显感到学生的英语词汇量扩大了，对英语句子，尤其是长句的语感也相应得到了增强。但遗憾的是，由于课程设置的关系，英语原著阅读实践仅仅停留在课外阅读层面，没有引入到课堂教学中来。如果能成为课堂教学的一部分，笔者相信会有更多的学生从英语原著阅

---

① 邓永静.高中英语课外名著阅读实践初探[J]，中学生英语，2012(7、8).

读实践中受益。

此外，学生因为性别、个性和喜好的差异，对英语原著作品的选择和期待是不同的。如在布置学生读《傲慢与偏见》的时候，就有男生提出想阅读《老人与海》这样的充满阳刚的作品。因此，下一部作品我就选择了《老人与海》。在后来的作品选择时我尽量兼顾不同学生的需求。

学生的个性差异、能力的差异和性别的差异促使教师在选择作品和指导学生等方面还有许多值得改进的空间。如何进一步激发所有学生的兴趣是笔者要继续研究的问题。

（二）启示

一学年的教学实践给笔者带来了很多的启示。

1. 教师自身要具备一定的文学素养

作为一名语言教师，我们自身必须要阅读大量的英语原著作品，以提高文学素养，具备相当的文学欣赏力。只有教师具备了深厚的文学修养，才能在英语原著阅读实践过程中更有效地指导学生。

2. 向语文教学学习、借鉴

英语原著阅读实践侧重于对阅读文本的整体理解，这完全不同于传统的强调句读、语法的英语教学，反而和语文教学相通。我们英语教师不妨听一听语文教师的文学欣赏课，学习他们如何从整体上引导学生进行语篇理解。他山之石，可以攻玉。

总之，英语原著阅读不仅提高了学生的英语语言能力，而且培养了学生的人文素养，把英语教学和学习提高到了一个新的境界和高度。

（上海市光明中学　施　翎）

第四节　实验教学法

实验教学法,是指学生在教师的指导下,使用一定的设备和材料,通过控制条件的操作过程,引起实验对象的某些变化,从观察这些现象的变化中获取新知识或验证知识的教学方法。实验教学法,不仅可以使学生把一定的直接知识同书本知识联系起来,以获得较完全的知识,还能够培养他们的独立探索能力、实验操作能力和科学研究兴趣。它是提高自然科学有关学科教学质量不可缺少的条件。

"牛顿第二定律"实验教学的思考与创新实践

"牛顿第二定律"的教学,主要围绕探究物体运动的加速度与所受外力、物体质量三者之间的定量关系,进而获得 $a = \dfrac{F}{m}$ 的表达式。实验装置如图2-2所示。一般

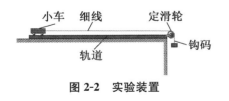

采用控制变量法,实验关键是小车的质量 m、受到的拉力 F 和运动的加速度 a 的测量。随着测量技术的不断进步,质量、加速度、拉力的测量手段也逐步优化、便捷,同时也使本实验的原理有了变化。

图2-2　实验装置

一、本实验常用的测量方法和实验原理

（一）加速度 a 的测量

1. 用打点计时器测量加速度 a

在小车后拖纸带,小车运动时打点计时器在纸带上打出点,在纸带上选择适当

的点,利用公式 $a = \dfrac{\Delta s}{\Delta T^2}$ 计算出小车的加速度 a 的大小。

　　这种做法中,通过一张纸带获得一个加速度的数值,需要花费大量烦琐的测量、计算时间,实验中至少要获取 10 组加速度的数值,使得实验时间相当长,并且每次的测量、计算都是重复性的工作,不利于学习效率的提高。

　　2. 用位移传感器测量加速度 a

　　在小车上固定位移传感器。以"朗威"开发的位移传感器为例,将位移传感器的"接收端"固定在轨道的最左端,将"发射端"固定在小车上。小车做匀加速运动的过程中,在计算机的显示屏上获得小车运动的 $v\text{-}t$ 图像。在图像上选取合适的区域,便可获得这段图像对应的小车的加速度 a 的大小。

　　(二)拉力 F 的测量

　　1. 将钩码的重力大小 mg 视为细绳的拉力大小 F

　　由于钩码重力的作用,小车在轨道上做匀加速直线运动。设小车的质量为 m_0,钩码的质量为 m,经过理论推导,只有当 $m < m_0$ 时,才有 $F \approx mg$。于是产生了如下的教学困难:

　　实验中要求钩码质量 m 要远小于小车的质量 m_0。对这个要求的解释需要用到牛顿第二定律,教师无法向学生说明这样做的理由,只能提出硬性规定。这种做法与"知其然还要知其所以然"的学习理念相违背,给学生的学习带来困惑。

　　控制小车质量不变,随着拉力的增大,实验的系统误差会越来越大;在控制拉力不变的过程中,小车质量越小,实验的系统误差会越大。不同组数据规律性的误差变化,对加速度与力、质量关系相关结论的得出会产生干扰。

　　2. 用力传感器直接测量细绳的拉力大小 F

　　将无线力传感器固定在小车上,拉小车的细绳直接拴在力传感器上,在小车运动的过程中,计算机上给出力 F 随时间 t 变化的图像。在图像上取适当的区域,便可得到该区域内细绳拉力的平均值。为消除由于细绳弹性造成的力出现的波动,可选取较大的区域,取力的平均值。

二、教学改进案例

　　(一)实验装置

　　长直轨道(末端装有定滑轮),数码小车,其上装有位移传感器和力传感器,可通过配重片来改变小车的质量,钩码多组,细绳。

实验中由于细绳拉力 F 有波动,如果拉力大些,可减小波动带来的影响,所以选择质量较大的钩码,但同时又希望小车的运动时间 t 尽量长些,因此小车的质量 m_0 也尽量大一些。

(二)实验原理

小车在绳子拉力 F 作用下运动时,通过无线传输信号的方式,计算机上可同时获得 $v\text{-}t$ 图像和 $F\text{-}t$ 图像,界面如图 2-3 所示。

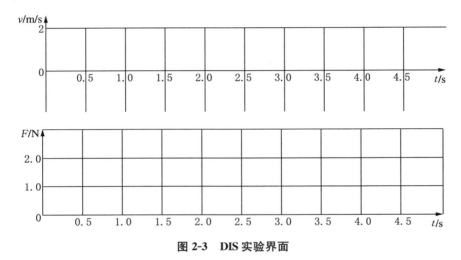

图 2-3 DIS 实验界面

(三)实验步骤

笔者将学生分为 5 个小组,以小组为单位进行实验研究。

1. 控制小车质量 m_0 不变,研究 a 与 F 的定量关系

操作实验:每个实验小组拥有一辆小车,在实验中保持小车质量 m_0 不变。小组同学合作,分别承担点击鼠标、释放小车、控制小车停止运动、控制钩码防止其晃动等任务,并且相互之间要协调好动作次序。

收集数据:重复操作实验,做 5 次实验,获得 5 组 a、F 数据,记录在表 2-4 中。

表 2-4 $a\text{-}F$ 数据记录表

序号	1	2	3	4	5
$a/\mathrm{ms^{-2}}$					
F/N					

处理数据:根据上述数据,在如图 2-4 的 *a-F* 坐标系中描点作图。

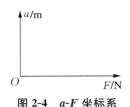

图 2-4 *a-F* 坐标系

得出结论:根据获得的图像得出,在质量不变的情况下,运动物体的 *a* 与 *F* 的定量关系:$a \propto F$。

2. 控制细绳拉力不变,研究 *a* 与 *m* 之间的定量关系

采用本装置进行实验,由于力传感器测量的是细绳上的拉力,其数值并不等于钩码的重力,其大小不仅与钩码重力有关,还与小车质量有关。在不改变钩码重力的情况下,仅改变小车质量也会引起细绳拉力的改变。理论上可以通过同时调整小车质量和钩码质量来控制细绳拉力不变,但操作起来比较困难,而且难以向学生解释。

为了解决这一问题,笔者采用了如下的创新实践。

收集数据:在上述控制小车质量不变,研究 *a* 与 *F* 的定量关系的实验中,5 个小组所用的小车质量各不相同,于是将 5 个小组的实验数据进行汇总,如表 2-5 所示。

表 2-5 5 组 *a-F* 数据汇总表

组别	$m_1=0.486$ kg		$m_2=0.580$ kg		$m_3=0.690$ kg		$m_4=0.778$ kg		$m_5=0.984$ kg	
	a_1	F_1	a_2	F_2	a_3	F_3	a_4	F_4	a_5	F_5
1	0.84	0.38	0.75	0.38	0.63	0.41	0.60	0.41	0.48	0.45
2	1.28	0.56	1.07	0.57	0.91	0.63	0.84	0.62	0.71	0.66
3	1.66	0.71	1.42	0.74	1.15	0.79	1.09	0.79	1.10	1.06
4	1.98	0.87	1.67	0.89	1.40	0.97	1.36	0.96	1.12	1.10
5	2.22	1.00	1.93	1.04	1.62	1.11	1.57	1.10	1.13	1.22

然后在同一张 *a-F* 坐标系中将 5 个不同质量小车的 *a* 与 *F* 的图像绘制出来,如图 2-5 所示。

然后,请每个小组的同学自行在图上作一根平行于纵轴的直线,与 5 个图线各有一个交点。读出每个交点的纵坐标,即可获得 5 组相同拉力作用下的 *a* 与 *m* 的数据,填入表格 2-6(表 2-6 中的加速度的数据是取 $F=1.0$ N 读出的)。

处理数据:将数据输入 Excel 表格中,在事先设计好的坐标图像中可直接获得 *a-m* 和 *a-1/m* 图像,如图 2-6 所示。

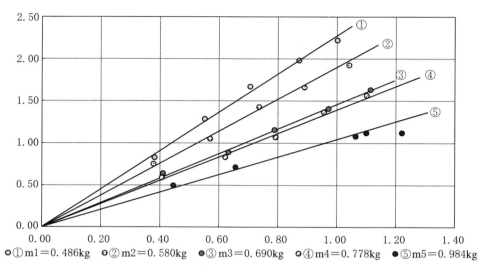

图 2-5　5 个不同质量小车的 a-F 图像

表 2-6　5 组相同拉力作用下的 a-m 数据

组别	m/kg	a/ms^{-2}	$1/m/\text{kg}^{-1}$
1	0.486	2.36	2.06
2	0.580	1.90	1.72
3	0.690	1.46	1.45
4	0.778	1.40	1.29
5	0.984	1.04	1.02

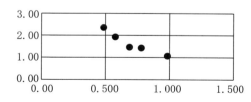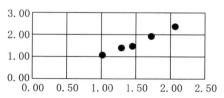

图 2-6　a-m 图像和 a-1/m 图像

得出关系:根据获得的图像得出在拉力不变的情况下,运动物体的 a 与 m 的定量关系:加速度 a 与质量 m 成反比,即 $a \propto 1/m$。

（四）实验结论

根据上述实验步骤 1、2，可得：在拉力不变的情况下 $a \propto F$；在质量不变的情况下 $a \propto F/m$，所以可以得出 $a \propto F/m$。当进一步引入国际单位之后，即得牛顿第二定律的表达式 $a = F/m$ 或 $F = ma$。

三、实验教学反思

（一）减少了系统误差，有利于实验结论的获得

用力传感器直接测量小车受到的细绳拉力 F，避免了将钩码重力 G 视为细绳拉力带来的系统误差。位移和力传感器的数据同步进入计算机，小车每完成一次匀加速的直线运动，即可获得一组数据，快速、便捷，提高了教学效率。整合 5 组实验数据，并在此基础上搜集新数据的方法，解决了难以控制细绳拉力不变的问题。这是笔者教学实践中的一种创新之举。

（二）在落实科学态度与责任方面取得的成效

在用 Excel 表格呈现数据、软件处理数据的过程中，使学生学会并感悟应用计算机技术处理数据的方法，这对学生未来的终身发展影响极大。在本实验教学中，学生在分组实验、搜集数据的过程中，小组内成员分工合作、齐心协力，为学生将来成人后，处理社会事务中的"合作共赢"做出示范。整合数据，再次搜集证据的过程中，所有小组的数据都成为获得新证据的基础，学生体会到分享与共享，感受当今社会在大数据背景下，学习与研究方法的转变。

（三）存在的问题

由于细绳存在着弹性，小车运动过程中力传感器测得的细绳拉力有波动，目前采用的处理方法是取一段时间的平均值，若区域选择得不恰当，力的测量就会产生较大的误差。所以期待在技术上或实验方法上能有更好的处理方法。获得相同细绳拉力作用下 5 组 a 和 m 数据的处理方法，对学生而言，是首次接触。如果能有更充裕的时间让学生参与处理数据方法的产生过程，将会引起学生更深的感悟。

（上海市黄浦区教育学院　杨鸣华）

定性与定量实验融合，培养学生科学思维能力

　　化学表象与内涵的特质就在于对"化学变化"科学认知。作为一门以实验为基础的自然科学，"传统的中学化学实验多侧重于定性实验，较少有定量实验"①。随着科学技术发展，应用信息技术在实验教学中辅助定量实验，通过定性与定量实验的融合，在学生直观感受实验现象中，引领学生科学探究"化学变化"本质，不仅可以触发"能动的化学实验教学②"实现，也可以形成培养学生学科核心素养和提高科学思维能力的重要途径，还可以促进学生深度学习。

　　本文以"弱电解质的电离平衡"实验教学改进为例，重点阐述如何应用信息技术优势，创造新型实验教学设计，实施定性与定量实验融合的教学实践。

一、教学内容的再研究

　　沪教版高一化学基础型课程第二学期（试用本）中的第七章第一节"弱电解质的电离平衡"、高三化学拓展型课程（试用本）中的第三章第三节"电离平衡"以及人教版高中化学选修4"化学反应原理"③中的第三章第一节"弱电解质的电离"，主要内容均涉及弱电解质概念、电离平衡移动和电离常数。这既是学生研究电解质溶液、学习电化学知识的重要基础，也是对所学化学平衡理论的再一次延伸和拓展。因此，这部分教学内容是中学化学的重难点之一。

　　（一）学科核心素养的体现

　　由于教学内容涉及分类、微粒、转化、定量等众多化学核心观念，并覆盖了所有化学学科核心素养的具体内容。因此，教学中如何体现出"宏观辨识与微观探析的宏微结合，变化观念与平衡思想的变与不变，证据推理与模型认知的化学学

---

① 吾颖.定量实验与定性实验的完美结合[J].化学教与学,2010(11).
② 郑长龙.化学实验及其教学改革——能动的化学实验教学[J].中学化学教学,2018(9).
③ 人民教育出版社课程教学研究所.普通高中课程标准实验教科书·化学(选修4)[M].北京：人民教育出版社,2007.

科思维方法,科学探究与创新意识的化学科学实践,科学态度与社会责任的化学科学价值"①,是依托教学内容实施定性与定量实验相互融合补充,形成培养学生科学思维能力教学设计的根本。

（二）教学中实验的设计思考

以人教版"弱电解质的电离"教学内容为例。基于学生已有的化学平衡理论知识,教材中为使学生形成"电解质有强弱之分"认识,一是安排了实验 3-1（等体积等浓度的盐酸、醋酸溶液与等量镁条反应,以及测定这两种酸的 pH 如表 2-7 所示）,是想从定性实验到定量实验,回答课文开头提出的"不同电解质的电离程度是否有区别"并提供事实依据,进而判断"HCl 在水溶液中全部电离生成 H^+ 和 Cl^-；CH_3COOH 在水溶液中只有部分电离生成 CH_3COO^- 和 H^+"等引出强、弱电解质的定义。二是安排实验 3-2（稀醋酸与饱和硼酸溶液分别滴加等浓度碳酸钠溶液时的反应）,是想根据实验现象引导学生"推测醋酸、碳酸和硼酸 3 种弱酸的相对强弱,及其与电离常数大小的关系",强化"不同弱电解质的电离程度也有区别"的认识。但是,对于学生如何能在实验的基础上深刻认识理解"弱电解质的电离平衡",则需要教师对教材内容实施二次开发,尤其是对现有实验加以改进创新,拓展实验空间,以适应学生科学思维能力提高和学科核心素养发展的需要。如此,学生的学习也就不再是仅仅停留在记忆表层。

表 2-7　实验 3-1

	1 mol/L HCl	1 mol/L CH₃COOH
与镁条反应的现象		
溶液的 pH		

二、实验改进的教学实践

在上述对人教版"弱电解质的电离"内容教学实验设计思考的基础上,教师依据教材原有的两个实验设置,在教学实践中再一次明确教学目标,实施了定性与定量融合的教学设计,极大地帮助了学生学习和理解"弱电解质电离平衡"的本质所在。

① 郑长龙.2017 年版普通高中化学课程标准的重大变化及解析[J].化学教育,2018(9).

（一）实验的补充完善

在实验 3-1 的基础上，添加了另外两种不同浓度的盐酸与醋酸以及同浓度的未知酸溶液。不仅能从定性角度引出强、弱电解质的概念，还能从定量角度根据实验所得数据比较弱电解质的电离程度，从而在分析和探究影响弱电解质电离因素的学习进程中发展学生思维能力。

表 2-8　A-F 组

组别	酸 1	酸 2	酸 3
A 组	1 mol/L 的盐酸	1 mol/L 的醋酸	1 mol/L 的未知酸
B 组	0.1 mol/L 的盐酸	0.1 mol/L 的醋酸	0.1 mol/L 的未知酸
C 组	0.01 mol/L 的盐酸	0.01 mol/L 的醋酸	0.01 mol/L 的未知酸
D 组	1 mol/L 的盐酸	0.1 mol/L 的盐酸	0.01 mol/L 的盐酸
E 组	1 mol/L 的醋酸	0.1 mol/L 的醋酸	0.01 mol/L 的醋酸
F 组	1 mol/L 的未知酸	0.1 mol/L 的未知酸	0.01 mol/L 的未知酸

具体实验做法是将 9 种溶液根据不同的共性分为 A-F 6 个组别，学生分为 12 组（见表 2-8）。各组别实验由 2 组学生完成，每种溶液有 4 组学生同时测定，以排除个别测定可能受失误影响，保证测定结果都有较高的可信度。分组测定结束后，学生即可结合实验数据对"电解质的强弱之分、强弱电解质的差异、同为弱电解质的醋酸与未知酸的差异"加以定量分析。

（二）网络信息化技术的应用

实验中教师利用多媒体网络信息技术，让学生将实验获取的数据通过平板电脑即时传输到教师数据处理终端，由软件对数据加以处理转化为氢离子浓度后，快速地将实验数据通过大屏幕呈现给学生（见图 2-7），为后续的深度学习"弱电解质的电离平衡"奠定了坚实基础同时，有利于提升学生的思维能力。

（三）数字化实验下的深度学习

针对"温度对弱电解质电离平衡的影响"，若只是让学生测定两三个温度下溶液的 pH 加以判断是不科学的。因此，教师将应用 pH 计测定溶液 pH 简单实验改进为了更加可视化的数字化实验，不仅辅助了学生对 pH 变化趋势的科学认知，也有效地促使学生在对实验数据定量分析中转入深度学习。

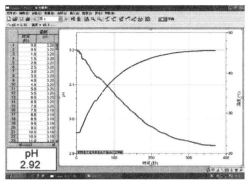

图 2-7　网络信息化技术的应用

　　针对"浓度对弱电解质电离平衡的影响",由于中学化学实验很难采取定量实验方法帮助学生科学理解,传统教学中教师往往运用平衡理论进行定性层面说明或采取三维动画模拟微观粒子数目变动,进行所谓的定量解释,这无疑都不利于学生科学素养的培育。因此,教师教学中在学生普遍回答使用 pH 计进行实验测定的基础上,向学生指出,"如果向 100 mL 0.1 mol/L 的醋酸溶液中滴加 1 mL 的浓盐酸,最终溶液中由盐酸电离产生的氢离子浓度约为 0.12 mol/L,而由醋酸电离产生的氢离子浓度约为 1.5×10^{-7} mol/L,前者是后者的八万倍,醋酸电离产生的氢离子此时小到忽略不计,根本无法用仪器测量",进而启发学生思考:能否用某一有色的弱电解质替代醋酸,利用其分子、离子颜色不同的特性,观察向其中滴加浓盐酸时体系颜色变化情况来进行验证? 在此基础上,举例"甲基红"这一有机弱酸,如

用 HR 表示甲基红分子,在一定的 pH 条件下电离产生 H^+ 离子和黄色的 R^- 离子($HR \rightleftharpoons H^+ + R^-$)。溶液中 R^- 离子和 HR 分子浓度的比值($[R^-]/[HR]$)的大小可以反映它在溶液中电离的程度。

　　图 2-8 中是在 27 ℃时用分光光度计测得不同 pH 条件下甲基红溶液中 $[R^-]/[HR]$ 数据绘制成的曲线图。变化曲线表明,溶液中 H^+ 离子浓度减小,R^- 离子浓度相应增大,甲基红电离平衡向正方向移动,溶液颜色由红

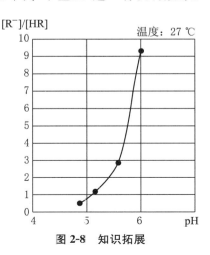

图 2-8　知识拓展

色逐步变为黄色。当 pH 大于 6 时,甲基红几乎完全电离。①

这一拓展至酸碱指示剂变色原理与弱电解质电离平衡移动关系的教学补充内容,较好地解决了弱电解质电离平衡中定性实验无法解决的定量问题,再结合学生自身对文献资料的查阅学习分析,定性与定量实验的融合,让学生思维能力得以进一步培养,深度学习下的学科核心也得以有效培育。

三、实验教学改进后的思考

本文借助电子信息技术优势、创造新型实验教学方案,将定性与定量实验融合的"弱电解质的电离"实验教学改进,实践证明确能较好地培养学生"分类观基础上的宏观辨识与微观探析、转变观基础上的变化观念与平衡思想以及证据推理与模型认知、定量观基础上的科学探究与创新意识、实验观基础上的科学态度与社会责任"学科核心素养和科学思维能力。但是,实验教学中学生所观察到的诸如小气泡、溶液颜色变化、pH 计读数变化等这些宏观现象,并不能代表直接观察到了"弱电解质分子离解成粒子"的微观情景,还需配以"假说—验证"科学方法指导,教学中不能一味地让学生做实验求证,要重视引导学生对电离过程微观解释的深度讨论探究。

综上所述,如何利用技术升级,将"定性与定量实验融合"实施中学化学实验教学,让学生结合一系列的定性、定量实验事实,在思维的碰撞中学科核心素养和科学能力得以有效培养,终究是我们广大一线教师要不断实践与探索的课题。

（上海市市南中学　吕　宁）

---

① 吴子生,严忠.东北师范大学文库　物理化学实验指导书[M].长春:东北师范大学出版社,1995.

中学生命科学实验教学的创新与实践

2014年《上海市深化高等学校考试招生综合改革实施方案》中明确要求：全面贯彻党的教育方针，引导学生践行社会主义核心价值观，增强社会责任感，培养创新精神和实践能力①，并将"创新精神与实践能力"作为高等学校自主招生的参考。2017年版《普通高中生物学课程标准》强调培养学生的核心素养。学科核心素养是学科育人价值的集中体现，生命科学核心素养包括生命观念、科学思维、科学探究、社会责任。②

在此背景下，生物实验教学作为生物教学活动中最经典、最生动的教学形式，无疑成为培养学生核心素养的重要渠道。但在实际教学中特别是新高考背景下，由于课时紧张、实验条件欠缺等各种因素的影响，再加上目前教材实验中的学生实验、演示实验、拓展实验，虽然基本涵盖了显微观察、生化测试、实践调查等基本技能、方法的训练，但从立足于学生学科素养培养的角度出发，有些实验的设计、手段、效果不甚理想。所以，实验教学仍是教学改革中相对薄弱的环节，开展实验教学创新与实践的研究就显得尤为重要。

一、思考与认识

（一）对"实验教学创新"的认识

课改背景下的中学生命科学"实验教学创新"一定是基于教材实验、指向学科素养，有助于学生生命观念的形成、科学探究科学思维的培养，最终落实对学生核心素养的培养和学科育人的根本目标。其主要包含三个方面：一是指创新实验，创新实验的材料器具，或创新有助于学生生物概念建构的新实验；二是指实验设计创新，不拘泥课本现成的实验安排，而是根据学生已有的知识经验设计新的实验方案，培养科学思维和创新意识；三是指实验教学方法创新，就是教师构建开放性的教学体系，使

---

① 上海市教委.上海市深化高等学校考试招生综合改革实施方案[J].上海教育,2014(10).
② 中华人民共和国教育部.普通高中生物学课程标准(2017年版)[M].北京:人民教育出版社,2018.

实验教学向学生生活空间延伸,落实新课标"注重与现实生活相联系"的理念。

(二)对目前教材实验类型功能定位及不足的分析

实验教学的基础是教材实验,对沪科版高中"生命科学"四册教材 33 个实验,包括演示实验、学生必做实验、学生选做实验及学生小课题进行梳理归类,一般可分为:①验证类实验,侧重于观察、操作为主,着重培养学生观察和操作能力。②探究类实验,不但侧重于基本知识原理基本方法技能,同时培养学生提出问题、研究问题并解决问题的能力。但目前教材探究类实验学生自主探究的空间不大。③模型建构类,就是要学生体验生物研究的另一种方法,主要是引导学生能够寻找替代物和途径模拟生物形态结构或生理活动。④调查类实验,明确调查对象、调查范围、调查方法、统计方法,体现学生联系社会实际,亲近自然和环境保护特点,但由于该类实验时间相对较长,大多数学校对该类实验很少开展。

二、方法与途径

基于对"实验教学创新"的认识和教材中实验类型功能定位分析及存在的不足,对照"课标"提出的学科核心素养,我们主要通过以下方法途径来开展创新实验教学的探索。①

(一)基于"科学探究"改编实验

首先可以变验证性实验为探究性实验。例如,"植物细胞质壁分离的观察"实验,同样是利用植物细胞渗透吸水的原理,改变实验目的如"探究不同浓度溶液对植物细胞的影响""探究不同溶质对植物细胞的影响""探究不同植物细胞液浓度"等,将教材中一些观察验证性实验改为探究性实验,这样的改变既是内容上创新,也是教学形式上的创新,可以培养学生探究能力。

其次将定性实验改编为定量实验。"定性实验"探讨的是"有没有""是不是",而定量实验是研究对象的组成和性质与影响因素之间的数据关系。它是通过数字、图标等直观数据来精确反映试验的结果,进而说明生物学问题,例"探究酵母菌的呼吸方式""探究酶活性因素""探究环境因素对光合作用的影响"等实验结果检测,都可以用传感器来获取数据,计算机自动生成数据,学生可以分析数据、用数据

---

① 郭琪琦.基于核心素养的中学生物实验创新趋势[J].中学生物教学,2017(7).

表达实验结果,有利于学生逻辑思维的培养,提高实验的准确性和效率。

（二）围绕"学科概念"自创探究实验

"生命观念"是经过实证后的想法或观点,相对抽象。对生物概念的理解是形成生命观念的基础,而概念又要通过事实来建立。所以我们是否能考虑创设一些教材中没有但对学生概念构建有帮助的创新实验,使学生通过实验获得感性的体验,再通过理性的思考来加深对概念的理解。例如,使用 TI 图形计算器等设备搭建人工心脏实物模型,设计实验,并处理、分析数据来探究影响血压的因素,帮助学生对"血压"概念的理解。

（三）以现实生活为背景开展实验项目研究

学生会在生活中遇到很多与生物学相关的问题,涵盖医药卫生、食品安全、环境保护、社会伦理等各个方面,教师可适时将现实问题作为情景结合实验开展STEM 教育,引导学生关注生活,经历像科学家一样的思考探索过程。例如,大同中学开设的"生命科学实验探究"课程,鼓励学生在平日里细心观察生活,要求学生从生活中提出疑问、做出假设,设计并实施实验、分析实验数据、得出结论,完整经历整个课题的研究过程。通过这样的完整体验,激发学生从事生命科学探究的志趣,养成科学精神和态度。

三、实践与案例

近年来,黄浦区生命科学教师通过上述途径,围绕改进实验设计、优化实验步骤、运用现代信息技术及开发创新实验课题等方面,积极开展创新实践探索,并积累了一些成功的实践案例。

【案例1】　格致中学鲍晓云执教的"细胞的选择"

本课最重要的部分是"探究植物细胞外界溶液浓度与质壁分离的关系"实验。该实验是结合显微测量技术完成的定量探究实验。该实验的主要创新点是:自主开发应用软件,测量原生质层围成的液泡的截面积在细胞失水前后的比值来替代教材中的长径比值。这种测量方法更精确,适应范围更广。另外,利用技术手段进一步拓展探究,例如,在某种外界溶液浓度下测量出不同时间段植物质壁分离的程度,计算细胞失水的速率,构建出植物细胞液浓度随时间变化的曲线模型,确定导致植物细胞失水过度死亡的外界溶液浓度临界点等。该实验教学运用信息技术,开阔了显微定量探究实验的思路,拓展了学生解决问题的思路,培养了学生的问题意识,提高了学生的思维品质,培养了学生科学思维和科学探究能力。

【案例2】　格致中学姚鹏程执教的"植物物种多样性调查与比较"

这是高中教材中唯一一个生态调查类实验。该实验主要创新点是:利用经典的植物分类学工具自制植物检索表,帮助学生进行植物鉴别,较好地做到初高中知识相衔接,让学生知道植物检索方法;利用信息技术如拍照识花软件及校园植物挂牌,结合二维码进行植物识别,简化节约了时间;利用计算机事先编好的程序,只要输入样方数据即可获得辛普森多样性指数,并能随着样方内数据的改变而改变,很好地帮助学生理解了影响物种多样性的两个因素,即物种丰富度和物种分布均匀度。此外,此程序还可以模拟生态入侵导致的物种多样性的变化,形象、直观地让学生理解生物入侵的危害及保护环境的重要性。本节课突破了现有教材的实验方法,将探究能力培养落到实处。

【案例3】　向明初级中学张超执教的"酒精对水蚤心率的影响"

本实验是初中教材中比较重要的探究性实验,重点是培养学生自主设计对照实验和重复实验,记录并分析实验数据的能力。本节课教学设计的创新点在于:通过智能手机和普通显微镜自制的"数码显微镜",利用手机高速摄像、播放的手段,解决了学生找不准水蚤心脏以及因水蚤心跳过快,计数不准的难题;充分发挥学生主体性,引导学生设计实验方案,并通过图示排序等活动使实验步骤更加明确,学生更容易操作落实;散点图的巧妙应用,让学生对实验数据的汇总和分析不再烦琐,显得更加直观、清晰,帮助学生利用数据很快得出实验结论。

【案例4】　大同中学汪正华开设的实验课程"生命科学实验探究"

汪正华老师开设的"生命科学实验探究"是大同中学 CIE(创意 Creativity、创造 Innovation、创业 Entrepreneurship)课程的重要组成部分。这门课程针对的是对生命科学富有兴趣且具有一定探究能力的学生。在高一上学期,主要学做教材中基础型实验,培养基本的实验操作技能。高一下学期,开始尝试创新型课题研究。课题来源于学生平日生活中的观察和实践,将生活中的现象作为选题内容,从中提出疑问、做出假设,设计并实施实验、分析实验数据、得出结论,完整经历整个课题的研究过程。通过这样的完整体验,激发学生从事生命科学探究的志趣,有利于学生科学素养、创新意识培养。

(上海市黄浦区教育学院　李　君　上海市大同中学　汪正华)

基于实验,凝练素养

　　物理学是一门以实验为基础的科学。实验有利于实验技能、动手能力的培养,有利于概念的建构和规律的发现,有利于思维的训练和方法的习得,有利于科学态度和责任的养成,有利于学生兴趣的培养。当前,在各级教研部门及广大物理教师的不断努力下,已积累和开发了大量优秀的实验资源。如何用好实验资源落实学科核心素养,是目前物理课堂教学中需要进一步探索实践和提炼感悟的。

　　本文通过对初中物理实验教学(片段)案例的分析和改进,尝试在实验教学中,为如何落实学科核心素养提供可参考的操作和一般途径。

【案例】　初中物理"物体间相互作用力"实验教学设计

（黄浦区教育学院附属中山学校孙唯宸老师提供）

一、教学流程

1.教学流程图（见图2-9）

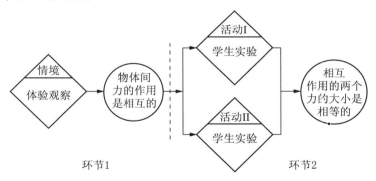

图 2-9　教学流程图

2.流程图说明

（1）情境　体验观察

　　生活中力的作用是相互的实例（见图2-10）：①向上拎书包,手同时感觉到包在向下拽人。②一个气球压另一只气球,两球都扁了。③两个有磁性的金属圆柱体,A滚过B面前时,A的行径路线变化,B从静止变为运动。

手⟷书包　　　　　　气球甲⟷气球乙　　　　　　磁极甲⟷磁极乙

图 2-10　力的相互作用

（2）活动Ⅰ　学生实验

介绍 DIS 力传感器，尝试使用，观察施加力的大小随时间变化关系的图像（$F\text{-}t$ 图像）。

（3）活动Ⅱ　学生实验

实验要求两位同学反向拉动两只传感器。两位同学，两套 DIS 实验装置同时开始。截取两台电脑上的 $F\text{-}t$ 图像并进行拼接，发现相互作用力大小相等。

二、教学设计说明

先让学生从日常生活的现象感受相互作用力的存在，再介绍力学 DIS 传感器，让学生尝试使用，观察施加力的大小随时间变化关系的图像（$F\text{-}t$ 图像），知道如何从图像获取信息，最后提出要求两位同学反向拉动两只传感器，截取两台电脑上的 $F\text{-}t$ 图像，进行拼接，由图像证据发现相互作用力大小相等。

整个设计想达成两点目标：

一是培养学生科学素养，会使用现代科技手段收集信息，会分析、处理信息，能基于证据和逻辑发表自己观点以及培养与他人合作的能力。

二是注重现代技术在课堂中的渗透，利用现代信息技术学习物理知识，增强学习物理的兴趣。

在环节 1"物体间力的作用是相互的"的教学设计中，孙老师通过对生活实例的体验和观察，让学生知道物理与生活是相互联系的，认识到物理学是对自然现象的描述与解释，在此基础上形成相互作用观。

观点一：物理观念的教学应基于实验，打好基础，适时提升，优化结构，联系实际

物理观念是从物理学视角形成的关于物质、运动与相互作用、能量等的基本认

识,是物理概念和规律等在头脑中的提炼和升华,是从物理学视角解释自然现象和解决实际问题的基础。因此,笔者认为此环节的设计还可增加一些体验和观察,如图 2-11 所示。

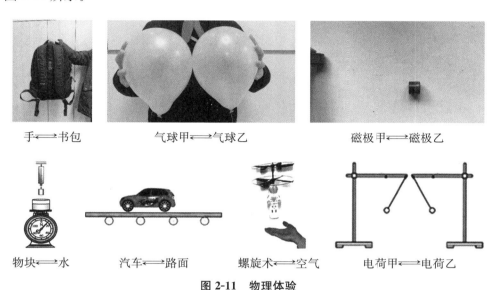

手⟷书包　　　　气球甲⟷气球乙　　　　磁极甲⟷磁极乙

物块⟷水　　　汽车⟷路面　　　螺旋术⟷空气　　　电荷甲⟷电荷乙

图 2-11　物理体验

这样教学的意图何在? 教师通过体验和观察,安排交流与表达,引导学生对实例进行分类和归纳,发现不论是固体、液体还是气体(不同物体),不论是重力、弹力、摩擦力还是电磁力(不同性质),不论是直接接触的物体还是不直接接触的物体间都存在着相互作用力。这些不仅加深了对知识的理解,更有助于物理观念的形成。

在环节 2"探究相互作用力的大小"的教学设计中,孙老师通过 DIS 力传感器,观察施加力的大小随时间变化关系的图像($F\text{-}t$ 图像),进而由图像证据发现相互作用力大小相等。

观点二:科学探究应体现在整个的学习过程中,通过科学探究落实学科核心素养

科学探究是学习科学知识、发展科学思维、形成科学态度的手段和途径,科学探究是一种精神,是一种思维方式、一种研究手段。孙老师的设计在探究者通过自身主动参与、发现问题、解决问题的过程中略显不足。因此,笔者认为此环节的设

计还可做以下改进:在方案设计时,先用传统实验测量工具(学生较熟悉,操作便捷)安排交流、表达与倾听,认识到应从不同方向进行验证,提高用多种方案收集信息并获得证据的能力和意识(见图 2-12)。

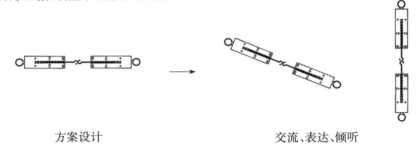

方案设计　　　　　　　　　　　　交流、表达、倾听

图 2-12　探究学习过程

通过实验情况交流,发现两只弹簧测力计示数不相等,从而培养坚持实事求是,彰显科学态度;自主分析原因,提出相应改进实验的方法,从而培养质疑、批判、检验、修正,进而提出创造性见解的能力与品格。

通过师生对话"解决上述问题后,至此就可以得出结论了吗?"引导学生发现,上述实验都是在平衡状态下做的,那么非平衡状态是否还会如此,强化学生的证据意识,以及对科学本质的体会。学生在做非平衡状态下的实验时发现传统工具读数困难,改用传感器做非平衡状态时的实验,认识到科学技术与物理学习间的联系。最后,尝试总结规律,并进行展示交流,培养分析、论证、准确表述结果的能力。

加强科学探究的设计,尤其注意情境、问题的设计,要善于倾听、增加等待的时间,通过真实情境激发思维、有效问题引导思维、对话展现思维过程、质疑提高思维品质。

几点体会

实验方案设计的开放程度影响学生探究的深入程度和多样化程度,方案设计与实施、倾听与表达是教师需要重点关注的,展示小组探究结果是达成目标必不可少的关键环节,分组合作学习能够支持探究的深入程度和多样化程度,也能提高操作性(在有限的教学时间内实现)。

(上海市黄浦区教育学院　成晓俊)

第五节　史料教学法

史料教学法是指在历史教学过程中,教师指导学生对相关的史料进行处理,使学生自主地从材料中获取历史信息,并利用这种信息完成对历史探究的一种教学模式。在历史课程改革过程中,史料教学的重要性将越来越突出。可以说,几乎每一节历史课,都会有史料教学的环节。在实际教学过程中,必须加强对史料教学方法的应用,以丰富教学内容,关注学习方式的转变。

关注史料的效度和信度　培养学生的历史证据意识

——以"中国民主革命的转折"单元为例

在历史课程的"过程与方法"目标中,史料的效度和信度问题是其中的一个组成部分。该目标指向的是学生开展搜集整理史料、辨析史料真伪、提取有效信息时,寻找历史证据的过程中应该掌握的基本的思维过程与思维方法。本文试图从培养学生历史证据意识的角度,谈谈一些认识和探索。

一、思考与认识

（一）历史材料有效、可靠的重要性

历史是从史料所提供的"证据"中构建关于过去人和事的论述,可以说是一种推理学问。教师是通过史料为已有的历史事实提供例证,传输历史事件的真实感,从而使学生真实地、近距离地感知历史,把握历史的本质。教师也是通过推动学生运用史料作为证据来进行历史的研究活动,从而使学生掌握了解研究历史的一般方法。

"证据"原本是法律术语,是法官在司法裁判中认定过去发生事实存在的重要依据。在法律上,作为有效的证据必须具备三点:即客观真实、证据关联和证据合法。历史研究的目的是探索人类社会发展规律,求真求实是前提和基础。因此,作为认知史实的证据,有价值的史料首先应该真实反映历史事件,其次也应该与我们要证明的史实之间存在逻辑上的联系,即所谓真实性和可靠性。

(二)影响历史材料的有效性和可靠性的主要因素

按照来源途径,史料一般可以分为原始资料与非原始资料、一手资料与转手资料。当然,按照史料与结论之间的关系,史料又有直接证据与间接证据、有效证据与无效证据等分类。但从根本来说,任何一种史料都是带有主观色彩的诠释。

两个方面因素会影响历史材料的有效性和可靠性:一方面,记录者个人立场、视野、道德品性、所处的时代局限,会影响史料的客观性,会制约史料的全面性。另一方面,史料与史实如果建立不起客观、实质的关联,围绕史实,形成不了相互印证的证据链,即便是真实的材料,同样也会影响史料的价值。

(三)确保历史材料的有效性和可靠性的主要方法

杜维运在《史学方法论》一书中指出,史料考证通常分为"外部考证"和"内部考证"两个方面。所谓"外部考证",就是从"史料外表衡量史料,以决定其真伪及其产生的时间、空间等问题"。所谓"内部考证",就是考证史料的内容,从内容衡量其是否与客观的史实相符合,或它们间符合的程度。具体做法上,可以从以下几方面着手:①查询史料的来源判断真伪;②围绕同一个问题,查询同时代其他著作或者人物言论中是否提到或引用过,辨其真伪;③后世人的著述或言论中是否提到或引用过;④所用文字、语词是否当时文体;⑤所叙述的史实是否合于历史实际。

二、探索与实践

以"中国民主革命的转折"单元为例,教师通过三个实例,引导学生关注史料的效度与信度。

【案例1】 启发学生关注史料的有效性和可靠性

新文化运动倡导民主与科学,陈独秀、李大钊、鲁迅是新文化运动的主要代表。教学中,我们可以引入以下三个材料,这些材料都是来源于陈独秀、李大钊等人的主要代表作。学生通过阅读这些史料，来领会他们的思想，从而认识他们在新文化运动中的重要地位。

材料一："近代欧洲之所以优越他族者，科学之兴，其功不在人权说下，若舟车之有两轮焉"……

——陈独秀《敬告青年》

材料二："我翻开历史一查，这历史没有年代，歪歪斜斜的每页上都写着'仁义道德'几个字。我横竖睡不着，仔细看了半夜，才从字缝里看出字来，满本都写着两个字是'吃人'！"

——鲁迅《狂人日记》

材料三："民主主义劳工主义既然占了胜利，今后世界的人人都成了庶民，也就都成了工人。"

——李大钊《庶民的胜利》

【案例 2】　引导学生认识影响历史材料的有效性和可靠性的主要因素

1920 年 1 月，孙中山先生有一个关于五四运动的讲话。他说："自北京大学发动五四运动以来，一般爱国青年无不以革新思想为将来革新事业之预备。国内各界舆论，一致同倡。各种新出版物，为热心青年所举办者，纷纷应时而出。"

据考证，这是一段真实的史料，作为五四运动的一位旁观者，孙中山先生目睹了运动的整个过程，因此这也是一手史料。那么它究竟具不具有证史价值呢？

从材料中我们可以看到，孙中山认为，青年的热情和媒体的觉悟是推动五四运动发展的主要原因。因此如果要把它作为研究五四运动深入发展的史料，显然不具备权威性。这种有所偏颇的观点和孙中山所处的地位、对事件的参与度都有着密切关系。由此我们可以看到，即便是当时人的一手材料，也不一定具有证史价值。

但是，这并不等于说它一点价值都没有。众所周知，孙中山一生致力于改造中国，晚年更是完成了一生的转变，实行"联俄、联共、扶助农工"三大政策，推动了国民革命高潮的到来，"五四"期间，正是孙中山晚年思想转变的关键时期。把以上这段史料和下面三段材料相综合，可以看到俄国革命的军事经验以及重视舆论宣传的工作经验，给予孙中山很大影响，五四运动中青年学生的热情和人民大众的力量，更推动他决心把国民党由一个封闭型的精英政党，转变为一个以大众为基础的现代动员型政党。

材料一："盖俄国革命之能成功，全由于党员之奋斗，一方面党员奋斗，一方面又有兵力帮助，故能成功。故吾等欲革命成功，要学俄国的方法组织及训练，方有成功的希望。"

——《孙中山全集》第 8 卷，中华书局 1986 年

材料二：1923 年 5 月 23 日，孙中山致函达夫谦、越飞："我将立即开始改组党，在广州、上海、哈尔滨办日报；在北京、上海办周报；在上海设立通讯社，在广州办月

刊;在北方士兵中尽快开展宣传。"

——《孙中山集外集补编》,上海人民出版社,1994 年

材料三:孙中山到上海后:"审查当时国际之局势,本党革命失败之症结,国内青年思想之变动,与民众对于政治改革之要求,八月间苏俄代表越飞亦派员(引者注:指马林)来沪晋谒,商讨中俄新关系,遂下改组本党决心。"

——《中国国民党十三年改组史料》,(台北)《革命文献》第 8 辑

由此可见,在分析"五四运动不断扩大的原因是什么"这个问题时,孙中山关于"五四运动讲话"的史料价值并不高,但在分析"是什么因素推动孙中山晚年实现伟大转变?"时,它又具备了一定的史料价值。这告诉我们:在历史研究过程中,因研究的对象和问题不同,历史材料的有效性与可靠性会发生变化。

【案例3】 习得确认历史材料的有效性和可靠性的主要方法

火烧赵家楼是"五四"期间非常重要的一个历史事件,以下四段材料都是当事人关于这一事件的回忆。

材料一:"匡济(即匡互生)从西院窗口将铁栅扭弯了两根,打开了一个缺口,他从缺口爬进去,摔开守卫的警察,将大门打开,群众便蜂拥而入。"

——夏明钢《五四运动亲历记》

材料二:"我身材较高,就踩在高师同学匡互生的肩上,爬上墙头,打破天窗,第一批跳入曹贼院内。我和同学把大门门锁砸碎,打开大门,于是,外面的同学一拥而入。"
——陈荩民《回忆我在五四运动的战斗行列里》

材料三:"当时与警察争执之际,竟将电灯打碎,电线走火,遂肇焚如。"

——《字林西报周刊》,1919 年 5 月 10 日

材料四:"群众找不着曹汝霖更加气愤,有人在汽车房里找到一桶汽油,大家高喊'烧掉这个贼窝'。汽油泼在小火炉上,当时火就烧起来了。"   ——范云《五四那天》

以上四段材料都是当事人记载,都属于一手史料,但由于当事人记忆能力不尽相同,对事件参与程度不一,所处的立场更不同,因此对谁第一个进入曹宅和赵家楼着火原因的记载截然不同。因此,我们要进一步了解这一事件、厘清这些不同,就必须尽可能运用一手材料,尽可能选取叙述态度较为客观的材料,占尽可能多的材料,并且对材料的真实性和可靠性进行鉴别。

(上海外国语大学附属大境中学 邵 清)

中国古代史图像史料教学探研

一、研究背景

随着高考制度的改革,中学历史教学面临着新的压力和挑战。传统的教学方法在名称上虽未发生根本性的变更,但其内涵却已经随着时代的变革而发生了演变。本文要讨论的就是传统中学历史教学中的图像史料教学法,在新环境下重新考察其新的内涵及发展模式。

在中学历史教学中,对于图像史料教学的评价一直都颇多争议。在早期阶段,图像史料主要的作用体现在教学的辅助功能上,作为一和"辅证"而存在。近些年来,图像史料的大量引用使原本的教学出现了新的变化。由于图像史料具有易于解读、表现灵活、使用方便等特点,图像在教学中深受学生的喜爱,并大幅度提升了教学的效果。本文要讨论的是图像史料在中国古代史教学中的运用。

二、思考认识

面对浩如烟海的图像史料,应该如何选择这些图像进行教学运用是一个技术性的难题。其应具备以下三大原则,即代表性、广泛性、前沿性。

首先是代表性,图像史料选择的代表性分为四个部分:①时代性。这里的时代性分为两个层面,一是图像史料本身的时代特征,二是图像史料在教学运用中的当代特征。②典型性。这里所说的典型,指非"单一性"。在搜寻图像史料的过程中,往往会遇到相当少见,甚至是带有"唯一性"的图像史料。③可读性。作为史料的图像有两种,一类信息量巨大,内容涵盖广,对阅读者的专业知识要求极高;另一类浅显易懂,可读性很强。④多元性。图像史料的解释可以是多元的,可进行多重解读的尝试。图像是可以进行多重解读的。

其次是广泛性。所谓广泛性,指图像史料的选择范围要既精又广。在浩如烟海的古代典籍中,图像史料的数量相比较少,这与传统对文字的重视密切相关。随着近年来考古成果的大量涌现,出土文物成为图像史料的重要来源。且由于出土墓葬数量的增长和各类特征文物的出现,我们在教学中的选择面日益扩大。

再次是前沿性。图像史料的选取要具前沿性。何为前沿性? 就是要不断关注新出现的图像史料。要经常关注新出土的图像史料,同步更新更具代表性的史料。当然,以上诸多原则的工作量巨大,并非依靠个人之力所能做到。且出土材料每年都在以惊人的速度增长,仅靠个人进行阅读和采集是不现实的,需要教师所在的教研组中的每个人为积累图像史料做出一定的贡献,只有集众人之力,才有可能将图像史料的数字库建立起来,为教学需要的史料提供资料。

三、研究探索

在大量图像史料的使用中,如何与教材结合是图像史料教学的关键。史料的运用既要结合书本的情况,又要补充书本之不足。如华师大版高中历史第二分册"中华文明的起源"一课中共出现了五张图像史料,它们分别是《新石器时代的磨制石器穿孔玉石斧》《姜寨遗址复原图》《汉代画像石上的黄帝像拓片》《中国早期农业遗址分布图》和《良渚玉琮》。从教学而言,这些图像可以满足教学的基本要求,但对于历史的"通史感"就显得略微不足。众所周知,人类早期历史发展中工具材料的演变经历了木质工具、打制石器、磨制石器、金石并用、金属工具五个阶段,教材中所展示的磨制石器仅是其中的一个阶段,所以并不能反映远古时期工具材料的基本演变。同样,磨制石器的照片是否能够让学生对其产生较深刻的解读呢? 回答是否定的。石器的大小、形状从一张单一角度的照片上是不能够被完整展示的,但如果教师在授课中将其替换成考古发掘报告的截面图和剖面图,其比例和大小就能够让学生有较清晰的认识了。从这个例子中,我们可以看到,大量图像史料的综合运用,可以大幅度地提升教学的"通透感",让学生在比较中更清晰地认识历史发展的主线和变化,以提升学生对该问题的认识。

除了选取合适的图像史料,综合性的分析和"深度挖掘"也是图像史料教学中需要重点关注的内容。这里我们举汉武帝时期的案例来进行说明。汉武帝时代经济富庶,国力日强。即"至今上即位、数岁,汉兴七十余年之间,国家无事,非遇水旱之灾,民则人给家足,都鄙廪庾皆满,而府库余货财。京师之钱累巨万,贯朽而不可校。大仓之粟陈陈相因,充溢露积于外,至腐败不可食。众庶街巷有马,阡陌之间成群,而乘字牝者傧而不得聚会"。这则材料作为介绍汉武帝即位初期经济情况的常用材料,经常被引用。从上述的内容汇总可以看到用传统的文字史料进行教学基本上可以做到对这个环节进行有效的讲解,学生也基本可以读懂材料。图像史料在历史教学中大多是作为辅助材料来进行"辅证"的。其实这是一种误区,每一种材料都是史料,都具有独立性,可能只是在运用中的效果存在一定的差别,但并不应该影响其史料的基本地位。笔者选取了《牛耕图》《农作图》(见图 2-13)、《冶铁图》《纺织图》(见图 2-14)、《酒楼图》《酿酒图》(见图 2-15)、汉代《日利千万图》(见图 2-16)。这些图像史料的载体分别为瓦当和画像石。这两种材料是研究汉代社会的基本史料,具备极强的说服力。它们数量庞大,目前在全国范围内都大量出土,而且大部分图像仍较清晰,能够解读,也非常适用于教学。所以,这些图像史料是基本具备前文所述的代表性、广泛性和前沿性三大特点。其次,对这七幅图像史料进行分类。牛耕和农作属于农业领域,冶铁和纺织属于手工业领域,酒楼和酿酒属于商业领域,可见这七幅图像涵盖了汉代社会经济中的农业、手工业和商业,即全领域,完全可以作为说明汉代社会经济的基本史料。再次,七幅图像史料之间具备极强的关联性。中国古代是以农业为主要生产方式的国家,从画像石中的农业发展情况来看,值得我们注意的是"牛耕的使用"和"田地的划分"。从图中我们可以分析出其恰巧代表了汉代先进的农业技术的"二牛抬杠"和"代田法",说明汉代农业技术的提升和广泛使用。冶铁和纺织在人数和工具上都表现了当时这两项行业的重要性。酒楼和酿酒这两项本身是相关联的,再结合农业发展的进步,大规模

图 2-13　《牛耕图》与《农作图》

图 2-14　《冶铁图》与《纺织图》

图 2-15　《酒楼图》与《酿酒图》

图 2-16　《日利千万图》

的酿酒事业也顺理成章了。反过来，我们不禁要问，行业的收入如何呢？恰恰"日利千万"正说明了当时交易的庞大和收益。由此可见，图像史料不仅可以作为单独材料使用，图像史料互相之间的联系也可以"互证"，从而大大提升了教学中的设计感和效果。可见，一方面，通过教师对图像史料的选择、挖掘和设计，可以将图像史料本身的信息、史料间的关系充分挖掘，以达到有效教学的目的。另一方面，学生在课堂上通过质疑、分析、思考、推理、对比等方式，也在另一个层面上挖掘了图像史料深层次的信息，其中虽然可能会出现一些"偏差"，但这是由于学生的认知结构和年龄特征所造成的。通过学生间互相的讨论，可以带来互相间思维的碰撞，最终达到有效训练学生思维的作用。

四、未来展望

随着"读图时代"的出现，图像史料的价值被进一步挖掘出来。图像史料在教学中对于学生上课的专注度、教学效果、记忆程度、兴趣感都有了明显提升。但图像史料的教学还需要进一步研究。大量的尝试有利于教师不断积累图像史料教学的经验，这种积累可以反过来指导教师在未来教学中选择图像史料的教学方法。伴随着未来图像史料运用的不断增加，相信图像史料的教学在中学历史中的运用会变得越来越普遍和常用。

本着对学生整体、全面发展的需要，对突破传统教学基本模式的需要，大量利用图像史料的整合和运用，最终达到既能补充现有教材的不足，又能开拓新的教学模式。这正符合了未来教学的期望，对于历史教学的发展是一种推进，要求我们既要有新的尝试，也更应有新的创造。

（上海市向明中学　张　斌）

图像史料在初中历史教学中的运用与实践

图像史料,亦可称为可视史料或影像史料,主要是指适用于历史教学与研究的视觉图像,一般指地图、图片等传媒对象。图像史料在历史教学中的运用,包含两个更深层次的指向:一是史料的鉴别;二是史事的说明与诠释。目前,初中历史教学中图像史料的主要来源是部编义务教育教科书(五·四学制)《中国历史》和《世界历史》,共计 818 幅。如此丰富的资源为初中历史教学中图像史料的运用提供了基础。

一、图像是史

教师首先要告诉学生的是:图像史料本身就是历史,而不是可有可无的附属品。图像史料在历史教学中的运用,不仅仅是直观教学中经常使用的一种方法,还具有更重要的意义。荷兰历史学家古斯塔夫·雷尼埃在 50 多年前就指出,可以用"遗迹"的观念取代"史料"的观念。"遗迹"一词"不仅指手稿、刊印的书籍、建筑物、家具、(因人类的利用而发生变化的)地貌,也指各种不同类型的图像,包括绘画、雕像、版画、摄影照片"。

图 2-17 《北魏帝王出御图》

"北魏政治和北方民族大交融"一课中有一幅《北魏帝王出御图》的图像史料。这幅图像史料出自河南洛阳龙门石窟,本身就是珍贵的文物。图中的孝文帝及其侍从所穿服装的样式均为汉服。孝文帝在迁都洛阳后实施改革,其中一条就是改服装,禁止鲜卑人穿胡服,改穿汉服。这幅图像说明孝文帝在学习汉文化方面身体力行,有很大决心。

诸如此类的图像史料数不胜数,本身蕴含极其丰富的历史信息,具有极高的史学价值。

二、图像表史

图像是一种表达历史的符号。图像史料作为"理解世界的独特方式,它所传递的视觉语言是一种理解世界和历史的认知模式。"

图 2-18　《步辇图》

"盛唐气象"中的《步辇图》在教材中出现的只是局部图像。这幅图像是如何表达历史的?教师可以继续向学生展示其全貌(见图 2-18)。学生们会发现图像的左侧还有北宋章伯益书写的《题记》。题记明确指出:《步辇图》展现的是公元 641 年,唐太宗李世民为吐蕃使者禄东赞举行授册右卫大将军仪式的历史场面。这幅名画见证了唐朝与吐蕃友好交往的历史。

人类记录历史的方式,经历了"物传—言传—文传—音传—像传"的过程。图像史料中包含的历史信息,记录了当时的一些重大社会事件,反映了时代风俗风貌,间接地反映了当时那一代人的精神面貌和内心世界。

三、图像学史

初中学生的心理认知规律决定了他们对图像的兴趣远高于文字,眩目的图像史料从感官上强烈地吸引着学生,使他们有兴趣走近历史,有利于教材、教法和学法的统一,也有利于初中学生在学习中产生问题,激发其兴趣。

(一)图像知史

知,通晓天地之道。图像史料包含并传递着历史信息,具有文字无法替代的功能。我们可以通过它传授历史知识,让学生知道、认识历史。

在进行专题课"从法德(普鲁士)关系看近现代世界风云变幻"教学时,教师要讲明白法国与德国(普鲁士)之间的历史渊源,可以出示一组图像。首先,结合《古代亚非欧区域文明》图,学生回顾了古罗马文明是古希腊文明的继承者,同时在继承中有创新,形成自己的特色。接着,教师出示两幅图,分别为《罗马帝国的分裂和西罗马帝国的灭亡》和《查理曼帝国的分裂》。学生简述:在昔日西罗马帝国疆域上,其中,法兰克王国在查理统治时期,建立了查理曼帝国。843 年,查理的三个孙子缔结《凡尔登条约》,奠定了近代法、德、意三国的疆域基础。师生们借助历史地图中的文字、符号等一下子就明白了"法德两国,同宗同源"的史实。

正如文化史学家库尔特·塔科尔斯基先生所说:"一幅画所说的话何止千言万语。"就初中历史教学而言,一幅具有史料价值的图画如果能正确运用于课堂教学,较之教师苍白无力的言语,价值何止百倍!

(二)图像证史

证:据实以明真伪。教材《青铜器与甲骨文》一课中出现了一幅图像史料(见图 2-22)。这幅图像下面还有一段注释:"这是已发现的最早的西周青铜器之一。腹内铭文记述了周武王在牧野伐纣的过程,有非常重要的史料价值。"

于是,在"夏商周的更替"中设计了如下的教学环节。

珷伐商

"时甲子昧爽,王朝至
于商郊牧野,乃誓。"
——《尚书·牧誓》

尚书

图 2-19　利簋　　　　　　　图 2-20　《尚书·牧誓》

师:现藏于中国国家博物馆的利簋(图 2-19),是周武王时官吏利所作,故名。因其铭文 32 个字中有"珷伐商"字样,又被称为"武王伐商簋"。

利簋中铭文记载的史实印证了《尚书·牧誓》中"时甲子日昧爽,王朝至于商郊牧野,乃誓"(见图 2-20)的记录,与古代文献互相印证了"周武王于甲子日灭商"的历史史实。"铜"证如山。具有非常重要的史料价值。

在这一教学过程中,潜移默化地培养学生史学思想——图文互证法,即用金石文字为证据,与文献记载互相印证,探索在初中历史课堂教学中培养学生"史由证来,证史一致;史论结合,论从史出"的史学意识。

(三)图像思史

思是心智对意向的加工。学习历史知识的重要目的就是,让学生经过思考建立起自己对历史的认识。在复习中国近现代史的过程中,教师利用四幅地图进行专题小结。

中华民族从"危机"到"振兴"

一、列强侵略与民族危机

观察鸦片战争、第二次鸦片战争、甲午中日战争、侵华战争后的形势图(图略),回答:

帝国主义对中国的侵略在一步步加深。

二、改革开放与民族振兴

请观察右图(省略),回答:

中国共产党十一届三中全会后,中国迈出了对外开放的步伐。

……

中国逐步形成了_____方位、_____层次、_____领域的对外开放格局。

学生根据不同时期的历史地图进行纵向分析、思考中华民族从"危机"到"振兴"的奋斗历程。不同时代,民族的兴衰存亡都可根据"地图"一一还原。从地图切入,能更立体掌握民族的历史图像。初中学生的思维在表象的基础上进行分析、综合、判断、推理。学生不仅需要品析图像本身的内容,更要思考蕴含的时代感怀、历史情愫和思想沉淀。

(四)图像探史

探,远取犹深取。一段时间,师生对历史教材的教授和理解,倾向于逻辑性的知识结构和抽象化的概念解释。以图像史料为载体的探究性学习,目的在于在激发初中学生"发现"和"探究"的欲望,能够在以往知识性传授、接受性学习的基础上,增加主动探究的学习方式。

教师在全面落实统编教材的教学过程中,有意识地将"图像探史"引入初中历史探究性学习,并给予指导性方案。部编教材将图像史料中可以进行探究的具体内容编入"读图指要"和"看图识史"栏目。这些图像所指的具体内容,大家可以清晰地看到:有遗址遗貌、出土文物、政治区域分布、民族区域分布、水利工程、建筑、器械、市容、镇貌、历史人物、名作绘画等。丰富的图像史料为初中学生多角度、多层面地开展探究学习提供资源。

图像探史最终指向的问题是:历史是什么? 历史从哪里来? 初中学生们可以通过探寻历史的真相、考证事实、推理结论,体验探究的过程,从而掌握史学的基本方法,感悟历史的博大精深,历史教育逐渐由被动接受上升为主动探究。

在初中历史教学中开发和运用图像史料,可以按照"知—证—思—疑—探"五个方面循序渐进,也可以是相辅相成、互相渗透的,帮助学生提高历史思维和理解的水平。

四、结语

陈寅恪先生曾言,"一代之学术,必有新材料与新问题。取用此新材料,以研求问题,则为此时代之新潮流"。初中历史教学中图像史料的运用与实践旨在教学实践中根据不同的教学目标和内容,选择适合的图像史料,采用不同的教学方法,创设历史情境,尽量让已逝的历史"真实再现",取得更好的教学效果,提高教学质量。

(上海外国语大学附属大境初级中学　陆瑞琪　上海市黄浦区教育学院　任　珣)

第六节　活动教学法

　　活动教学法，一般是指教师根据教学要求和学生获取知识的过程，为学生提供适当的教学情境，根据学生身心发展的程度和特点，让学生凭自己的能力参与阅读、讨论、实验、游戏、学具操作等去学习知识的课堂教学方法或过程。这种教学方法的特点是学生参与活动，通过大脑指挥下听觉、视觉、空间知觉、触觉等协同活动而获取知识。

大艺术　小活动

——高中阶段艺术学科"实践中学习"研究述要

　　艺术课程不以培养艺术家为目标，而是培养具有较高艺术素养、热爱艺术的公民，让每一位学生充分体验艺术学习的快乐与成功。

　　在上海艺术课程推进的 20 年间，艺术教师们用其智慧与韧性，积极探索，勇于实践，不断转变教学观念，变革教学方式，使上海的艺术课程从"步履维艰"走到全国艺术综合课程建设的前列，为艺术教育打开了一片天地。

　　为了实现艺术课程的育人目标，教学设计需要立足于学生实际，着眼于学生发展，树立"大艺术、小活动"的视角，践行"实践中学习"的方式。通过多样的情境创设、体验活动、探究活动等，尝试开展艺术表达，改变单纯的知识与技能的学习，改变单一不变的学习方式，鼓励合作与分享，关注学习经历的丰富，关注核心素养的培育，造就热爱艺术的公民。

一、思考与认识

艺术是一种很重要、很普遍的文化形式,包含非常复杂而丰富的内容,种类繁多,范畴非常宽泛,与人的实际生活密切相关。中学艺术课程是一门综合课程,包含了音乐、美术、影视、戏剧、雕塑、建筑等艺术门类,而整个高中阶段只有 108 节艺术课,即 72 小时。如何在较短时间内,让学生收获更多,关键需要树立"大艺术、小活动"的视角,精心设计各种艺术实践活动,在实践中感悟艺术、构建知识,积累艺术经验,解决实际问题。

《普通高中艺术课程标准》的基本理念指出:"通过参与各种形式的艺术实践活动,提高表现与创造能力;强调整体性和关联性,提高学生的综合艺术能力;开展情景化教学,提高学生解决实际问题的能力。"①美国等一些国家已经从"探究性学习"转为"实践中学习",核心落实到活动的设计,与本项目研究的主旨是一致的。

艺术课程通过"大艺术、小活动"的设计,关注"实践中学习"的艺术实践形式,关注以美育人,构建课内、课外,校内、校外,"线上""线下"等相结合的一体化模式,实现"一体化"的共融,从而落实核心素养的培养。这在国内的艺术课程中没有先例,我们借鉴国内外的研究经验,在上海市开展单元教学设计的基础上,创新活动设计形式,并以此为切入口,在区域统筹的基础上开展实践、反思、研究、再实践等几回合的研究,面向全体学生,以美育人,培育学生的艺术学科核心素养,促进学生全面发展,达到立德树人的根本任务。

二、实践与探索

通过创设情境,指出问题,设计活动,学生在视、听、画、演、创等艺术实践活动中获得对艺术形式的审美认知,重视相关经验的获得,引导学生思维迁移,做到内容与形式并举,让艺术教育留下痕迹。

活动设计注重学生多感官艺术体验,活用教材,挖掘文化内涵,形成文化理解。活动设计包含无拘无束的课堂即兴活动、关联课内课外"一体化"等整体构建,多层

---

① 中华人民共和国教育部.普通高中艺术课程标准[M].北京:人民教育出版社,2017.

次、多维度的设计,促使艺术实践活动真正成为达成教学目标,落实艺术育人的重要途径。

（一）"无拘束"即兴活动,面向全体,精心设计

基于高中阶段学生的学情,比如,他们好面子,部分还很拘谨,虽各有不同的兴趣与特长,但较少有机会在大众面前展现才华,且学生间艺术素养差异较大。在课堂教学中,能积极参与艺术实践活动的往往是小部分,因此需要面向全体学生,精心设计更丰富、更多样的无拘无束课堂即兴活动,丰富体验感受,增加学生间的互动,激发"沉默"的学生积极主动地参与。

如"踢踏·踢踏——超越与回归"一课,由听舞、赏舞、品舞、跳舞、评舞、编舞6个大小不一的"小活动"串联而成,层层深入,处处从学生出发,关注学生的艺术体验与感悟。

形式自由、节奏复杂、技巧高超的踢踏舞给人特别眩目、特别花的感觉,广受大众喜爱,然而对于缺乏舞蹈基础的高中生而言,常常止步于踢踏舞前。

笔者在设计"跳舞"这一课堂即兴活动时,首先分析学生的基础与积累,了解学习起点;其次,依据"No maps on the taps"的特点,给出"会走路就会跳踢踏"的心理暗示,引导学生放下包袱;再次,为了吸引缺乏表达技术而徘徊于舞蹈门槛外的学生,精心设计提示语:"将双脚当作鼓槌,让地面作为鼓面,尝试用脚在地面打击出不同的节奏,形成一段打击乐。"给学生的舞动搭建了"脚手架",提供接地气的练习方法。在赏析的基础上,在提示语的启示下,依据对踢踏舞舞姿特征、身体形态、文化内涵的理解,学生自主、自由地探究踢踏舞步。开放的活动设计,使每位学生都能从中找到自己力所能及的表达,感悟踢踏舞在肢体上的超越、对生活的回归,体会舞蹈最真实形式的回归——手之舞之、足之蹈之。

（二）"一体化"活动,丰富经历,灵动创意

艺术学科单元作业是学生通过艺术课程的学习,运用所学艺术知识技能、艺术手法等开展艺术体验、艺术实践的有效途径。基于艺术课程的特点,结合高中生的学情,艺术课程的单元作业主要以"小活动"的形式呈现,大多需要通过小组合作携手完成。

在不增加学生学习负担的基础上,单元作业的"小活动"以课内为主,走向课外,结合校园文化,与课外的资料搜集、编排、演练、制作等相结合;以校内活动为主,走向场馆,走向社区,拓宽眼界,开阔思路,校内、校外相结合;以"线下"为主,充

分利用信息技术,改变"线下"有余,"线上""线下"结合不足的局面。

学习方式与学习空间的转变,是实现课程价值的基本途径,是"实践中学习"的具体体现,"小活动"便是最好的经历。教师需要突破原有的教学固化思路,改变依赖经验的习惯,打通课内、课外、校内、校外、"线上""线下",关联艺术与社会、自然、科技、文化等,充分利用身边的优质资源,实现跨越时空"一体化"、与学校特色"一体化"、与学校活动"一体化"、与综合评价"一体化"等整体沟建,始终贯彻以学生发展为本的思想,学生投放的点滴精力,都能在学校、社会大舞台中寻找到展示的舞台,张扬个性,收获经历。

三、成效与反思

上海市教研室原主任孙元清提出"大艺术、小活动"的设想,很好地诠释了以学生发展为本,综合艺术课程与学生活动设计相呼应,实现"一体化"共融,建立开放、兼容的"实践中学习"的形式。

在市教研室对黄浦区课程与教学调研活动中,高中阶段推荐了三节关于中国戏曲的课:"格致学子品越剧""当一回京剧票友——唱·念""当一回京剧票友——做·打",透过课题名称,"大艺术、小活动"的设计理念便呼之欲出。如何在短时间内收获高效率,感悟中国戏曲的博大精深,唯有在实践中学习,边感悟、边体验,"纸上得来终觉浅,绝知此事要躬行"。

格致奉贤校区"格致学子品越剧"一课,设计了丰富多彩的课堂"小活动",如演绎活动——我们的"宝黛初会"等,分享活动——"格致戏迷在行动"等。在课后的访谈中,学生纷纷表示非常喜欢这些实践活动,并表达了希望有更多活动的强烈愿望。因为活动,学习小组相互协作,各展所长;因为活动,学生收获了丰富的艺术体验。

光明中学艺术教研组推出了"品不尽的'国粹'京剧"单元设计,除了"当一回京剧票友——唱·念""当一回京剧票友——做·打"两课中的即兴活动,尝试用韵白来念光明中学学生誓言等,单元作业"知识大比拼和京剧展演"均充分体现了"大艺术、小活动"的精心设计。在一系列学习、竞赛、展示、表演等"小活动"过程中,每一位学生都有机会接触和了解国粹艺术,尝试京剧表演实践,领略国粹的精华,感悟"台上一分钟,台下十年功"的精神真谛,培养积极的人生态度,争当京剧艺术的爱好者和传播者。

实践活动是艺术学习的重要途径,在教学环节设计中,需要精心设计多样化的艺术学习活动,增加互动性、体验性环节。在视、听、画、演、创等过程中,促进学生的感知,搭建探究、合作、交流、评价等艺术实践平台,丰富学生艺术学习经历,发展艺术素养,促成终身学习的情趣①。

"实践中学习"是艺术课程本体的要求,也是高中阶段学生自身发展的内在要求,是提高学生艺术素养的有效途径。本项目研究旨在进一步探索艺术学习的内涵,彰显艺术课程育人价值,促进学生艺术素养的形成和发展,体现艺术课程教学方式的转变。

"大艺术、小活动"从"单一"走向"综合",从"知识点"走向"审美实践",其核心落实到了活动的设计,回归到了艺术教育的功能。

(上海市黄浦区教育学院　王朝红)

---

① 上海市教育委员会教学研究室.上海课改 30 年学科类成果丛书·跨域体验　融合创意——上海市中学艺术学科课改经验总结[M].上海:华东师范大学出版社,2018.

应用信息技术优化体育课教学环节的实践与探索

随着信息技术日新月异的发展,当今已然是信息技术遍布各个领域的新时代。信息技术带来教学手段的现代化也早已改变了传统课堂的教学模式,体育课堂也不例外。尤其是继上海市实施"高中体育专项化、初中体育多样化、小学体育兴趣化"课程改革以来,以多媒体技术和网络技术为核心的现代信息技术成为体育教学改革中的新型催化剂,正以其最快捷的方式、最新颖的内容和最丰富的表现展现出它的优势①。这无疑将是新时代体育教学现代化发展的趋势。如何解决信息技术在体育课堂教学环节中的合理运用,优化体育课堂结构,提高"教"与"学"的实效,是面向新时代教育的体育教师必须思考的问题。

一、正确认识信息技术和传统体育课的关系

作为体育教师,我们都深有体会,体育课与其他课程相比有其特殊性,学生必须通过身体练习,结合思维活动来掌握体育的知识与技能。在体育教材中有很多类似体操项目的滚翻、田径跳跃项目的腾空、投掷项目的最后发力顺序、球类项目的技战术配合等,学生很难通过教师的一个示范和讲解,就把这些瞬间完成的动作看清楚,也很难快速建立一个完整、正确的动作表象。如按照传统的教学方法,教师只能是不断的讲解、反复的示范,这不仅影响了教学的进程,教师过多地讲解和示范也占据了学生练习的时间,但合理有效地应用信息技术来辅助体育课的教与学,无疑可以解决这些问题。比如利用多媒体播放世界优秀运动员的规范技术动作视频,必要时采用慢动作回放,有助于学生快速清晰地建立完整规范的技术动作表象②。现代信息技术的介入正在改变着传统体育课教与学的模式,让技战术的学

---

① 陆伟刚.运用现代信息技术实现体育教学优化[A].国家教师科研专项基金科研成果(八)[C],2012.
② 黄刚,肖雪武.浅谈信息技术在学校体育教学中的优化作用[J].科技视界,2012(30).

练化难为易、化繁为简,优化了体育课教学的环节,提高了课堂学练实效。

二、应用信息技术优化体育课教学环节的实践与探索

(一)信息技术在体育课开始部分应用的实践与探索

1. 体育课的导入

①情境创设。课程一开始,教师用多媒体播放一段教材相关的视频,可以是一粒精彩的进球、一套惊险高难度的动作等,创设生动、形象、直观的情境,激起学生情感上的共鸣,从而激发学生学习本课教学内容的强烈愿望。②课前预习。课前让学生结合相关教材,通过多媒体网络等多种途径搜集有关的知识,自主学习、提炼有效信息。开始上课时教师进行提问,学生抢答,自然导入新课,达到"先学后教,当堂学练"的效果。

2. 重要知识点的提示

应用多媒体课件,以图文并茂的形式呈现学习目标、内容与学练要求以及教学的重难点等,将这些原本由教师单一口头讲解的内容,直接呈现给学生,学生在听觉记忆的基础上增加了视觉记忆,在多感官刺激下快速获取重要知识点。

(二)信息技术在体育课准备部分应用的实践与探索

1. 动感音乐的伴奏

播放节奏鲜明、旋律优美的乐曲,教师带领学生跟着音乐的动感节奏一起进行热身,既活跃了课堂气氛,又可快速调动学生的积极性。

2. 热身微视频

播放准备好的热身微视频,教师带领学生跟着视频演示一起热身,节省了老师既示范又讲解的时间,同时也保证了练习的连续性。

(三)信息技术在体育课基本部分应用的实践与探索

1. 动作技术的演示

教师可以在课堂中为学生播放一些专业运动员的训练视频、动作细节演示,教师结合视频进行示范和讲解,图、文、声并茂对学生的多个器官进行刺激,让学生从形象、具体的实例与情境中建立正确的动作表象。①

---

① 温伟鹏.如何运用信息技术提高初中体育教学的实效性[J].信息素养,2019(8).

2. 利用多媒体的交互式学习

①利用交互白板现场互动。类似武术动作套路、健美操创编等项目,教师可以将整套动作分解成"组件",利用交互白板,让学生现场完成创编拼接。教师无须多花时间演示、讲解,给学生更多的时间和精力真正参与到创编学练中来。②近在眼前的人机交互式学习。在某项战术的教学中,可利用多媒体演示相关战术配合的视频,教师再利用战术板现场演练,便能够将战术配合过程十分清晰地演示给学生。学生也可以通过战术板像玩游戏一样讨论演练战术配合,提高战术学习的灵活性。

3. 信息技术在反馈与评价中的应用

①运动负荷的实时监测。现阶段对于运动负荷的监测已经有了一套非常成熟的设备和系统,如每个学生佩戴一块"心率手表",运动场配两块大型电子显示屏,借助校园局域网就可以将每个孩子的心率、血氧饱和度、运动量、疲劳度等指标实时呈现。学练过程中,一旦当某个学生的某项指标超标,系统都会立即发出警报,提醒教师在最短的时间内发现学生的状况并调整其运动强度,做到运动负荷的实时监控。②基于实时拍摄、及时反馈的自主学练。学练过程中学生借助平板电脑互相进行实时拍摄,轮流回看自己的动作录像,获取最及时、最直接有效的反馈,借以自我分析动作完成情况,明显优化了技术的学练环节,提高了学习效率。③无线同屏技术。教师可以利用移动摄像机,捕捉课堂教学活动的瞬间,用无线同屏技术投放在多媒体设备上,还原教学场景,当场点评,及时诊断学习状况,快速解决问题。此项技术为游泳教学带了颠覆性的变化。教师手持水下移动摄像机,随时拍摄学生学练情况,用无线同屏技术投放到大屏幕上,现场及时反馈评价动作技术的完成情况,使得原本看不见的水下动作实时呈现在眼前,便于教师及时指导。

（四）信息技术在体育课体能练习应用的实践与探索

1. 动感音乐的伴奏

体能练习时,可配上相应节奏的动感音乐,学生根据音乐的节奏一起练习,能够有效地调动学生的积极性,提高练习效果。

2. 体能板块微视频的应用

现在网上非常流行的 3～5 分钟的体能练习微视频,教师可选取或自制与教学内容相关的体能板块练习视频,让学生跟着视频一起做,既节省了教师的讲解示范时间,又有一定的节奏和时间次数限制,保证了体能练习的连续性和实效性。

（五）信息技术在体育课结束部分应用的实践与探索

1. 信息技术在放松整理活动中的应用

配上一段优雅轻松的音乐和舒心的视频画面，想象自己置身于优美的自然环境，配以柔和的放松动作，达到身心的放松。

2. 信息技术在课后小结中的应用

教师在课的结束部分利用多媒体课件再次呈现本节课的学习目标、教学重点难点，引导学生做好自评和互评；也可利用录像视频回看，再现练习过程中具有代表性的学生学练情境，引导学生进行过程性评价。

三、应用信息技术优化体育课教学环节的成效与反思

信息技术在体育课堂的应用可以有效地激发学生体育学习的兴趣，有利于动作技术的演示，突出教材的重点、难点，有利于学生更好地建立动作表象，掌握体育知识与技能，同时拓展了学生的体育知识面、提高了自主学习能力。这些足以说明在体育课堂中合理地应用信息技术可以优化体育课的教学环节，切实提高体育课的教学质量。

信息技术在体育教学中的应用并不能仅仅是简单的技术应用，既要遵循体育课堂特殊的授课环境与授课方式，又要为促进学生掌握体育知识、技能与方法服务，不能完全替代教师的讲解、示范、交流、评价等主导作用，更不能取代学生以身体练习为主的学习形式。因此，教师应当熟知信息技术相关操作流程，科学、合理、适时、适量把信息技术与体育课的各个教学环节有机结合，发挥现代信息技术教学的优势，合理、正确地构建"活而不乱"的高效信息技术体育课堂，优化传统的体育课教学环节，从而真正实现体育教学的现代化。

（上海外国语大学附属大境中学　于生德　俞定智　翁春燕

上海市黄浦区教育学院　夏　昕）

"五育融合"在初中布艺课堂中的教学实践探索

习近平总书记在全国教育大会上指出,要把培养德、智、体、美、劳全面发展的社会主义建设者和接班人作为教育的根本任务。中共中央、国务院提出坚持"五育"并举,全面发展素质教育。《关于全面加强新时代大中小学劳动教育的意见》中强调劳动教育是中国特色社会主义教育制度的重要内容。《黄浦区推进创新教育三年行动计划(2019—2021年)》中提出了"深入五育并举,聚力创新教育"的育人目标。

新时代背景下,围绕黄浦劳技中心 DECIT 课程体系的构建,我们在初中布艺项目的劳技课堂中进行"五育融合"的德育教学实践。三段课堂实录片段串起了劳技课堂的"认识—学习—应用"三部曲,展现了"五育"的互融、互通。

一、思考与认识

蔡元培于 1912 年提出"五育",在《对于新教育之意见》中首次表达了"五育并举"的主张。"五育"现指德育、智育、体育、美育、劳育。在对"五育"关系的研究中,学者普遍认为"五育"之间的联系密不可分。李政涛指出"五育"并举强调德、智、体、美、劳缺一不可,是对教育的整体性和其完整性的倡导,"五育融合"则着重于实践方式或落实方式,致力于在贯通融合中实现"五育"并举[1]。

在对于劳动教育的研究中,孙震谈道,新时代背景下劳动教育的发展思路应深度挖掘传统劳动中的内在精神价值,重视兴趣的培养与角色的锻炼[2]。新时代的劳动教育既要体现传统劳动的特点,也要充分考虑劳动形态变迁对劳动素养的新要求,自觉融入体现现代科技生产的创意设计和创新性劳动的内容[3]。

---

[1]　李政涛."五育融合",提升育人质量[N].中国教师报,2020-01-0:(3).

[2]　孙震.浅谈新时代背景下劳动教育发展思路[J].教育现代化,2019,11(88).

[3]　谢凡,陈锁明.赋能·综合·质量:中国小学校长的年度关注——来自中国教育学会小学教育专业委员会 2019 年学术年会的讨论[J].中小学管理,2020(1).

综上研究,"五育"之间的关联互相渗透,在教育中是一个整体的概念。"五育融合"作为一种落实方式,如何体现于初中布艺项目的课堂是笔者要着重思考的。带着这个问题,笔者重新梳理了布艺项目的单元框架,聚焦于手工缝纫单元,以"五育融合"串起劳技课堂的"认识—学习—应用"三部曲。

二、实践与探索

三段教学实录片段均来自初中布艺项目的劳技课堂,围绕手工缝纫展开,以"初识手缝—学习手缝—手缝应用"为主要的脉络,教学对象是初二年级学生。

(一)教学片段一:初识手缝

1. 德育目标

通过观看黄道婆的数字故事,了解纺织技术革新的内容,产生民族自豪感;参与趣味竞答,知道"中国四大名绣"及典型作品,产生手工缝纫的兴趣。

2. 德育教学策略

在布艺项目初始学习阶段,学生对于整个课程充满好奇,学习兴趣浓郁。借此导入中华民族传统技艺的内容,在赏析过程中提升学生的民族自豪感。

3. 教学实践实录

导入部分以上海纺织代表人物黄道婆的事迹展开。学生通过数字故事了解"错纱配色、综线挈花"的技术,产生民族自豪感。随后,教师组织趣味知识竞答,师生互动后播放 PPT 介绍"中国四大名绣"的典型作品(见图 2-21、图 2-22),巩固所学内容。

图 2-21　PPT 展示苏绣典型作品　　图 2-22　PPT 展示湘绣典型作品

（二）教学片段二：学习手缝

1. 德育目标

通过平针缝的基础练习、柳叶绣的迁移练习，能够感知技术语言的魅力，初步形成规范使用技术语言的意识。

2. 德育教学策略

这节课是技术学习的基础课。依托前面课程的铺垫，学生的学习兴趣依旧十分浓厚。从最基础的穿针引线开始，教师以科学规范的技术语言进行教学，既提高了学生的学习效率，又为后面的实践打下基础。规范的板书和精准的技术名词，能让学生逐步形成规范使用技术语言的意识，不仅培养了学生的技术表达能力，也让学生感受到劳动加工时需要具备严谨的工作作风。

3. 教学实践实录

教师以讲解、示范演示的方式教授手缝的基本步骤：穿针引线、起针、运针、止针。以平针缝作为基础针法学习的起点，通过板书图示（见图 2-23）结合示范演示进行教学。当大部分的学生初步学会平针缝之后，引导学生进行知识与技能的迁移，配合教材的阅读，进行柳叶绣针法的实践操作，鼓励同学之间互助协作，共同习得本节课的知识与技能。

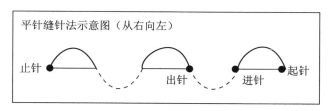

图 2-23　平针缝针法示意图

（三）教学片段三：手缝应用

1. 德育目标

结合生活实例进行暗针缝的学习，能够运用所学的技术解决生活中的问题，感知技术改变生活的强大作用。

2. 德育教学策略

这节课是技术应用课，围绕生活真实情境展开，学生对针法作用的理解非常直观，对最终需要达到的技术要求也非常明确。通过生活实例，可以让学生主动思考技术改变生活的方方面面,与质量效益联系起来,产生质量意识。随着作品的完成,学生提高了审美情趣,树立了技术学习的自信,学会利用技术解决生活中的问题,进一步提升技术素养。

3. 教学实践实录

教师展示生活中的一件破损衣物,引导学生思考如何去缝补,如何使缝补的线迹不明显外露。带着思考,教师出示暗针缝作品,使学生理解暗针缝针法的作用。以板书图示 + 视频的方式,学生进行暗针缝的技能学习。通过案例辨析(见图 2-24、图 2-25)来点评操作中存在的问题,及时纠错,学生初步学会暗针缝的操作方法。在教师进一步的启发下,学生能够联系生活实际,进行暗针缝技能的生活应用。

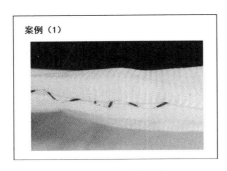

图 2-24 暗针缝案例

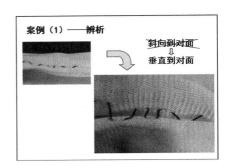

图 2-25 暗针缝案例辨析

三、成效与反思

(一)成效

以手工缝纫单元作为"五育融合"的切入点,开展课堂实践是非常成功的。利用手缝技能的优势,以劳育作为主轴,寻找与其他"四育"的融合。三节课的德育目标层层递进,以民族自豪感带动知识与技能的学习,规范精准的技术语言促成技术表达意识,运用所学解决生活中的问题,树立技术学习的自信。

这样的"五育融合"课堂无疑"点燃"和"激发"了学生内在的成长驱动力和创新活力。除了课堂中的踊跃发言之外,衣物修补术——"暗针缝"也成了学生争相学习的新技能。教学预期效果的达成度不仅显现在学生的作品中,还洋溢在学生的笑脸上。

（二）反思

笔者原先对整个单元在实现"五育融合"教学策略方面的思考是比较薄弱的。有了这样良好的开端后，今后的布艺课堂还能挖掘更多的切入点，以下列举两个初步的构想。

1. 围绕生活情境，"五育融合"再梳理

结合时代背景，围绕生活实际情境，例如"便当袋的设计与制作""旅行用眼罩的设计与制作"等，对布艺课堂的教学单元进行再梳理，学生习得知识与技能的同时，在情感态度价值观上有更多"五育"上的融合渗透。

2. "五育融合"渗透劳技中心DECIT课程体系构建下的探究型课程开发

在对初中探究型课程的开发中，思考建立STEAM小组，进行多学科合作式探究。例如"基于人工智能的创意缝纫""隔离服的巧妙设计"等，学生在完成任务的同时，能够真正感受到"五育融合"之下的创新教育魅力。

以上的反思及构想为今后"五育融合"在初中布艺项目课堂的实践探索奠定了基础。在黄浦劳技中心DECIT课程体系的构建下，初中布艺项目不仅在知识与技能层面上为高中课程作好衔接，还将在"五育融合"上作好延伸，将综合育人的要求真正落实在课堂。

（上海市黄浦区劳动技术教育中心　方　健）

恰当运用唱动结合，丰富小学音乐歌唱教学

在小学的音乐课堂教学中，歌唱教学是培养学生音乐审美能力、提升学生表现能力和核心素养能力的最直接手段。歌唱教学的方式灵活多样，其中唱动结合是一种有效的教学手段。这种方式的运用，可以激发学生学习歌唱的兴趣，提高学生的歌唱能力。但目前看来，唱动结合的方式在小学音乐歌唱教学中的运用并不是很理想。部分教师的教学手段依旧比较单一，更多还是注重歌唱知识和技能的培养，对激发学生的兴趣爱好，鼓励学生参与音乐实践方面依然有待提高。

一、思考与认识

唱动结合就是在音乐歌唱教学中加入律动、舞蹈等简单的肢体动作，将歌唱教学和律动教学有机地融合起来，使学生能够边唱边跳，营造出轻松活泼的音乐教学氛围的教学方式。学生更多的是一种内心审美愉悦的体验、一种全员参与、互相合作的体验。学生自我表现的形式越多，自我发展的潜力也就越大。唱动结合在课堂中恰当运用，能够帮助学生更好地感受音乐风格、表现歌曲音乐的韵律特点、浅化教学难点、提高学习效率。

通过大量的听课和教师访谈，笔者认为唱动结合没有在课堂中较好运用的原因主要有以下几方面。

（一）教师把握歌曲特征的能力不够，设计的动作无法很好兼顾学生特点

唱动结合中的动是要根据不同的歌曲特征和学生的年龄特点来设计与之相匹配的动作。把握歌曲的特征就是把握音乐的语言，教师要帮助学生从音乐的语言中去了解音乐，有的教师不能很好地把握歌曲的旋律、速度、力度等，有的教师则忽视了学生年龄特点，对一、二年级的学生设计的动作有时过难，而对中、高年级的学生设计的动作却比较简单。

（二）坐着唱歌易成为一种常态，学生缺乏"唱动结合"学唱歌曲的习惯和能力基础

长期的音乐教学中，坐着唱歌容易成为一种常态。主要原因是部分教师出于

对课堂纪律失控的担心,也有的教师自己在歌唱时就不愿意通过肢体表达,长此以往,学生就缺少肢体的表达。还有的教师喜欢"一言堂",不习惯留给学生大量的空间去想、去动、去体验。

(三)教师自身能力比较欠缺

唱动结合运用于课堂教学,对教师的自身能力是有一定要求的。它不仅有表演的要求,对动作的设计也是有要求的。如果教师自身不能很好地通过唱动结合的方式来表现歌曲,也就较难感染学生,难以激发学生学习的兴趣。

二、实践与探索

(一)要深刻理解唱动结合是在学习歌曲时的一种有效手段和途径,应贯穿于整个教学环节

唱动结合学唱歌曲,教师们一定要树立一种意识,那就是唱动结合是在学习歌曲时的一种有效手段和途径,不能割裂开来。唱和动始终伴随着整个教学过程。要使学生从低年级开始就养成良好的唱动结合的习惯。

(二)要精心设计既符合学情又能够表现歌曲基本特征的动作

教师在设计动作的时候,一定要清楚设计动作的意图是什么,为什么要设计这些动作,难易程度应如何把控。要根据歌曲的实际特征、学生的年龄特征和歌唱学习的需求去设计动作。

以下为相应的案例呈现。

【案例1】 火车开啦(一年级)

● **作品分析** 歌曲旋律轻快。歌词描述了火车奔驰的场景。歌曲结构不复杂,一共四句,前两句乐句是相同的。第一乐句的第一、第二小节的气息是断开的,而第三、第四小节旋律向下呈阶梯状,气息是连贯的。第三乐句旋律像是鸣火车汽笛一声短、一声长。

● **设计思路** 抓住歌曲的旋律特点和歌词内容场景。3个场景分别是用象声词"咔嚓咔嚓"代表车轮转动、手握方向盘左右摆动、拉响汽笛的长音。

● **课后效果** 学生很喜欢模仿火车开动的动作,也很愿意做一位自豪的火车驾驶员,并表现出了极大的学习兴趣。因为动作的设计非常具有节奏感和场景感,所以学生边唱边动时的节奏稳定,同时加深了对歌曲旋律走向的印象和对歌词的

记忆,较好地演唱了歌曲,表现了歌曲的情景。

【案例2】 土风舞(四年级)

● **作品分析** 歌曲由六个乐句组成,旋律流畅,第一、第二、第三乐句是严格地向下模进;第四、第六乐句是完全重复;第五乐句是歌曲的对比乐段。歌曲中多次出现切分以及附点四分音符,并使用"特啦啦"这一很有特点的衬词。

● **设计思路** 抓住歌曲的韵律感,设计两个主要动作:四分音符用"拍手"和"拍腿"动作,左右各一次;设计了向前和向后的踮步,解决切分节奏的逻辑重音。

● **课后效果** 学生的参与度高,非常乐意让自己的身体跟着歌曲旋律动起来。不仅巧妙地解决歌曲中的节奏难点,还用自己的肢体语言去带动演唱,基本唱出了歌曲的基本风格特点和韵律特点。课后,学生表示,这比起教师单纯讲解歌曲的风格特点要生动有趣得多。

以上两个案例都是描写不同生活场景的歌曲。可以看出,整体的动作设计简单有趣、易学,不仅关注了音乐中的断连、韵律,同时关注了歌曲的表现场景。

(三)唱动结合要采用教师的示范和学生的模仿相结合的方式

"身教胜于言传",教师进行恰当和有效的专业示范,能够充分调动学生的学习兴趣。在一些很有特点的民族歌曲中,通过示范和模仿,能够让学生对民族的特点有更加直观的感受。

以下为相应的案例呈现。

【案例3】 布依娃娃爱唱歌(二年级)

● **作品分析** 歌曲是一首布依族民歌。歌曲为3个乐句构成的一段体,2/4拍,羽调式。歌曲曲调活泼、欢快,前八后十六节奏多次出现在全曲中,使得歌曲节奏较为紧密。歌曲中衬词"里拉拉里,里拉里"不仅富有民歌的韵味,更增添了童趣。

● **设计思路** 通过模仿,让学生感受欢快的情绪,唱清楚歌曲中的十六分节奏和衬词的韵味,表现歌曲的民族风格。

● **课后效果** 学生们参与的积极性很高,表示他们体会到了歌曲欢乐的情绪,喜欢唱歌和表演。虽然学生之间的差异性较大,但通过调动学习能力强的学生起引领作用,学生整体的学习效果还是不错的,并有效解决了学生对歌曲重点内容的记忆。

【案例4】 我是少年阿凡提(五年级)

● **作品分析** 《我是少年阿凡提》是一首诙谐、热情的少儿歌曲,其中多次出现的前八后十六节奏表现了鲜明的新疆民歌风格特点。同时也将阿凡提阳光、幽默的形象表现了出来。

● **设计思路**　抓住维吾尔族的歌舞特点展开教学，在模仿与创造中表现歌曲风格，要设计男女同学不同的手部动作。

以上两个案例是不同民族的歌曲教学。可以看出，教师把自己的情感通过唱动结合的方式先进行示范，能够充分调动学生的注意力、吸引学生主动学习。

三、成效与反思

笔者的研究主要采用了上音版的教材，同时补充了人音版教材中一些的歌曲，不仅在低年级中进行了实践研究，还在中、高年级进行了对比的实践研究。结果证明，唱动结合的教学方式让学生的学习兴趣更加浓厚、学生的参与热情更加高涨、学生的学习效果也更加显著。

在研究的过程中，笔者也发现一些问题，例如在学习动作的时候，部分学生会出现不协调的情况，这时建议教师适当放慢教学节奏，尽量采用镜面动作，同时要进行手上动作和脚上动作的分解教学，还有的学生会出现在律动的过程中跟不上节拍。这时，建议教师用钢琴灵活调整速度，由慢到快，逐渐到原速。

总之，在小学音乐教学中运用唱动结合时，一定要紧紧抓住音乐的主要特征，在动作的设计上，尽量趣味化、游戏化、场景化，结合学生的身心和年龄特点进行教学，才能让学生获得美的体验。在运用时，还要注意，一定要从多方面思考，结合学情，不能为了"动"而"动"。在今后的工作中，笔者会继续对教材中的歌曲进行有针对性的探究，进一步运用唱动结合的方式，不断丰富小学音乐歌唱教学。

（上海市黄浦区教育学院　周冰洁）

第七节　情境教学法

　　情境教学法是指在教学过程中,教师有目的地引入或创设具有一定情绪色彩的、以形象为主体的生动具体的场景,以引起学生一定的态度体验,从而帮助学生理解教材,并使学生的心理机能得到发展的教学方法。情境教学法的核心是激发学生的情感,寓教学内容于具体形象的情境之中,对培养学生情感、启迪思维、发展想象、开发智力等方面确有独到之处,有利于引导学生进行自主探究学习,以提高学生分析和解决实际问题的能力。

基于核心素养的思想政治课情境活动教学研究

　　《普通高中思想政治课程标准(2017年版)》(以下简称为"课程标准")提出学科核心素养是学科育人价值的集中体现,是学生通过学科学习而逐步形成的正确价值观念、必备品格和关键能力。思想政治学科核心素养,主要包括政治认同、科学精神、法治意识和公共参与。"课程标准"也明确指出,要着重评估学生解决情境化问题的过程和结果,将过程性评价与终结性评价相结合,反映学生所表现出来的思想政治学科核心素养发展水平。①因此,将情境活动教学作为培育学生政治学科核心素养的重要途径,既具有育人价值,也具有教学科研价值。

---

① 中华人民共和国教育部.普通高中思想政治课程标准(2017年版)[M].北京:人民教育出版社,2018.

一、思想政治课情境活动教学的概念界定

情境是若干条件的综合，是对真实世界详略不一的描述，即模型。建构主义学习理论认为情境、协作、交流（对话）和意义建构是学习环境中的四大要素。其中情境就是指学习环境中的情境必须有利于学生对所学内容的意义构建。①因此，基于核心素养的思想政治课情境活动教学，就是运用情境对学生进行激趣和导学，让学生在对真实生活情境的文本化及非文本化的模拟活动中，自主构建学科知识；与此同时，教师运用观察记录和典型教学案例分析研究学生内化的心理体验，以及外化的行为表现，具体观察学生核心素养发展状况，及时对情境活动进行反思和总结。

二、思想政治课情境活动教学的材料遴选和设计方法

那么如何依托真实的生活情境开展情境活动？情境活动设计的依据和主要方法是什么？基于对这些问题的关注和探索，从 2018 年 4 月至 2019 年 12 月，笔者在市南中学高一和高二年级进行了基于核心素养的思想政治课情境活动教学研究。

（一）思想政治课情境活动材料的遴选原则

从宏观上看，思政课情境活动材料的选取，一定要体现思想政治课是落实立德树人的关键课程，始终要以爱国主义教育为核心，讲好中国故事。比如：课堂上将国家勋章获得者、时代楷模张富清老英雄的故事，作为情境材料，启发学生深刻探讨人生价值与社会价值的关系、个人利益与国家利益的关系、普通人民与英雄楷模的关系，学生的家国情怀和国家观念、公民责任意识都得到彰显和抒发，政治认同核心素养得到自主培育。

从中观上看，思政课情境活动材料的选取，要有布局谋篇、整体架构的意识，要从单元教学设计视域选取。良好的情境可以统整多个学科知识点，发展学生多种潜能，触发学生多重情感体验。教师一定要运用辩证思维能力，联系、发展、全面地审视和加工情境材料。比如，教师从单元教学设计视域出发，选择了"近年来年轻人情愿送外卖，不愿到工厂做工"的情境材料，引导学生通过情境材料的解读，从劳

---

① 钟毅平，叶茂林.认知心理学高级教程[M].合肥：安徽人民出版社，2010.

动者视角与用人单位视角观察和思考问题,既要解决制造业"用工荒"的问题,又要为劳动者"择业"支招。学生自觉将"经济常识"第二单元的"产业结构调整"有关知识与"劳动者树立正确的择业观念"结合,还自主跨单元学习,调用了第一单元"科学技术的作用"以及第四单元"政府财政补贴"来解决制造业"用工荒"与年轻人"择业"的问题。

从微观上看,思政课情境活动材料要与学科基本知识高度匹配。这样才能引导学生精准调用学科知识,在情境活动任务中进行思维碰撞,体现思政学科专业学理性。比如,"高铁霸座事件"的情境材料可以具体地引发道德与法治的区别与联系,引导学生全面理解依法治国与以德治国相结合的重要性。情境材料与学科知识在微观上的高度匹配,使得学生可以自觉将学科知识外化出来。通过这一情境活动材料,也强化了学生的法治意识核心素养。

(二)思想政治课情境活动设计的主要方法

1. 问题式情境活动法

问题是思维的源泉和方向,更是思维的动力。按照思政学科核心素养的要求,开展问题式情境活动在情境激趣的前提下进行情境设疑,设计"问题链",提升学生思维品质。比如在"发挥市场在配置资源的决定性作用"一框的教学中,教师选用了"互联网大佬跨界养猪"的视频和文本作为情境材料,很好地激起了学生的兴趣,然后教师设计了问题链:互联网大佬为何现在要养猪? 互联网大佬的猪能平抑现在高企的猪价吗? 互联网大佬跨界养猪对生猪市场上的供给、需求、竞争会有什么影响? 引导学生进行由简单到复杂、从感性到理性的情境问题探究,一步步地透过市场现象看到市场配置资源的本质。

2. 议题式情境活动法

"课程标准"提出,在议题式活动中,学生应有亲历自主辨识、分析的过程,并做出判断,才能真正实现有效的价值引领。教师必须选取基于真实生活且带有思辨性的情境,开展议题式情境活动。

在议题式教学实践中发现,"两难"选择辨析式情境非常适合议题式教学。如在"价值判断与价值选择"一框教学中,教师选取了一个生活中真实发生的情境:申城忽降大雪,道路交通困难。下雪天出门不易,我们要不要叫外卖? 这个情境,学生感同身受,同时也能体会到"两难"的选择:坚持叫外卖,外卖送餐员冒着大雪出行有危险;不叫外卖,家里没有储备膳食,全家人饿肚子。

学生对于这样真实生活中会遇到的"两难"选择议题,表现出强烈的兴趣,价值判断与价值选择的倾向性也鲜明呈现:一说如果遇到恶劣天气都不叫外卖,那么外卖送餐员和餐饮店都会有经济损失,为了经济利益应该叫外卖;一说自己在家想想办法,让外卖送餐员不要冒着危险送餐,生命安全高于一切。在充分展示观点和理由之后,学生开始研究两者兼顾的办法,最终提出叫外卖:但消费者在订单备注上明确写明:请送餐员视安全状况而定,可以超时,也可以不送。这样的议题式情境活动充分发展了学生全面看问题、辩证思维的科学精神,以及公共参与、解决社会实际问题的核心素养。

3. 实践型情境活动法

实践始终是思想政治教育中不可或缺的重要组成部分,要提高思想政治教育的实效性,就要重视实践。比如,在学习"恩格尔定律与恩格尔系数"时,教师首先以自己家中的"开门七件事:柴、米、油、盐、姜、醋、茶"开销为情境,带领学生一起计算教师家中的恩格尔系数,然后让学生判断教师的生活水平在哪一种标准。学生饶有兴趣地计算后,教师布置实践型情境活动,请每一位学生回家后向父母了解并记录家中日常开销状况,计算一下自己家中的恩格尔系数,了解自己家中的生活水平。

三、核心素养视域下思想政治课情境活动教学的前景展望

基于核心素养的思想政治课情境活动实践表明:真实的任务情境活动,既能提高学生综合运用学科知识分析和解决问题的能力,也能提高教师情境活动材料设计的能力。在教学中发现开展议题式情境活动的教学效果非常好。学生在比较和辨别观点中提高认识,在探究中拓宽视野,启迪思维,在对议题的思维过程中培育政治认同、法治意识、科学精神、公共参与核心素养。同时通过开展实践型情境活动,学生借助课堂内外的体验式情境活动,将内化的学科知识形成能力和素养,从而提升社会参与能力。

今后的教学实践中,要继续以发展学生思政学科核心素养为目标,继续探索优化和加工情境的原则和方法,继续研究情境活动实施路径,不断改进情境活动方式,发展学生在真实情境中分析问题和解决问题的能力,强化辩析、注重实践,不断提升学生思想政治学科的关键能力和必备品质,并形成正确的价值观念。

（上海市市南中学　李　婷）

化学教学情境的创设与运用

新时代对培养未来国家建设者提出了新的要求,对教师的教学方式、学生的学习方式也提出了新挑战。《普通高中化学课程标准(2017年版)》提出:创设真实问题情境,促进学习方式转变。真实、具体的问题情境是学生化学学科核心素养形成和发展的重要平台,为学生化学学科核心素养提供了真实的表现机会。因此,教师在教学中应重视创设真实且富有价值的问题情境,促进学生化学学科核心素养的形成和发展。①

一、相关概念界定

(一)"情境"溯源

建构主义认为,学习总是与一定的社会文化背景即情境相联系的,在实际情境下进行学习,可以使学习者利用自己原有认知结构中的有关经验去同化和索引当前学习到的新知识,从而赋予新知识以某种意义。知识不是通过教师传授得到,而是学习者在一定情境即社会背景下,借助学习者获取知识的过程或其他人(包括教师和学习伙伴)的帮助,利用必要的学习资料,通过意义建构的方式获得。

(二)化学教学情境

化学教学情境是指在化学教学中,通过创设适宜学生充分发展的认知客观与认知主体间的情境,使学生的情感积极参与认知活动,从而在活跃的化学情境思维中获得化学核心素养。

二、化学教学情境创设的原则和策略

(一)化学教学情境创设的原则

1. 满足主体需求

学生是学习的主体,学生的发展是教育的最终目标,所以除了考虑教学内容的

---

① 中华人民共和国教育部.普通高中化学课程标准(2017年版)[M].北京:人民教育出版社,2018.

需求性以外,更应该考虑学生本身的需求,以期获得学生知识的迁移和情感的共鸣。

【案例1】　家庭自制消毒液

2020年初的新冠肺炎疫情肆虐,超市里的消毒液都卖断了。教师利用网课平台指导学生如何利用身边的资源制备少量含氯消毒液,缓解了恐慌和焦虑。

以上是"停课不停学"中发生的真实案例。教师用润物细无声的方式诠释了学好化学有助于保护人民生命安全。教育的本质不是为了考试和知识的灌输,而是激发未来建设者内心对"建设更美好世界"的渴望。我们是可以通过探索自然,把握自然规律,培养学习者的责任感和使命感的。

2. 追求真实情境

既要追求"情"的真实性,还要追求"境"的真实性[①],达到理智与情感和谐统一、相得益彰的境界。

【案例2】　拯救生锈的"共享单车"

教师推着一辆共享单车进入教室,同时投影仪展示共享单车因报废堆积如山的图片,引出课题"钢铁腐蚀和保护"。学生主动上台观察现场的单车,发现腐蚀严重的地方集中在没有油漆覆盖处、接口处,尝试着分析出金属腐蚀的原因。教师用DIS设备模拟钢铁腐蚀的原理。学生从原理出发,讨论延长共享单车使用寿命的方法。课后,某同学针对市场上的各种类型的共享单车,从原料不同对厂家和管理部门提出了生产和维护的建议报告。

上述案例中教师运用了建构主义学习理论强调的创设真实情境,有真实的"境"(共享单车使用寿命有限),有真实的"情"(如何从化学角度让资源利用达到最大化)。学习情境越真实,学习主体构建的知识就越可靠,越容易在真实的情境中运用,从而达到教学的预期目的,而且促进学生科学精神和人文素养的提升。此案例中,学生拥有了积极的情感体验,不仅形成科学的思维与方法,提高学习的有效性,而且通过自己所学所想参与生产生活和城市治理,引导自己寻找生命的意义,实现人生应有的价值追求。

3. 整体性

作为知识载体的情境,对整节课的教学内容具有统领作用,以便形成明确的教

---

① 谷莹莹.化学课情境创设的原则与方法[J].教育与管理,2010(10).

学主线,这样有利于学生抓住探究的主线,形成清晰的知识脉络。

【案例3】 我让小车跑起来①

学生在一辆没有装电池的玩具车尾部加几滴稀硫酸溶液,小车跑起来了! 学生兴奋地把它拆解开来,发现尾部承接溶液的盒子里是由金属镁片、无纺布、铜片组合在一起的,于是尝试建立放大的实验模型,通过观察气泡、电流计的指针偏转,得出结论:原来是化学能转化成了电能! 追问:为什么我的车是反着跑的呢? 再比对,原来是电极放反了! 那能不能通过更改电极材料和溶液类别,比一比谁的小车跑得快呢? ……

本案例中,原本抽象的"原电池"原理转成了生动的"实物"玩具,学生通过对玩具小车的动力分析,厘清了原理,思维延伸到课外。学生动手和语言交流充分,思维碰撞频繁,探索深入,一个高潮接着一个高潮。由此可见,教学首先需要为学生创设意义学习的情境,但在课堂有限的时间内创设太多琐碎而又关联性不强的情境,就无法形成明确的教学主线,从而造成学生理解层面上的困难。所以,课时导入的情境,不能只发生在讲授新课之前,而应该在整个学习过程中激发、推动、维持、强化和调整发展学生的认知活动、情感活动和实践活动的作用,在教与学的全程中发挥积极作用。

(二)化学教学情境创设的策略

1. 生活是最好的情境

大千世界充满了奇妙的化学物质,生活处处涉及化学反应。从化学在实际生活中的应用入手来创设情境,既可以让学生体会到学习化学的重要性,又有助于学生利用所学的化学知识解决实际问题。

【案例4】 为84消毒液写说明书

教师展示84消毒液的包装,从注意事项一条条探究有效成分次氯酸钠的性质及使用注意事项。为什么不能和酸性物质一起使用呢? 现场展示84消毒液和洁厕灵的混合实验,竟然产生毒气! 从安全醒目的角度,学生重新为84写一份使用说明书,向亲朋好友展示。

由于情境的背景材料来源于生活,学生感到既熟悉又奇妙,化学变化不是在化

---

① 姚澄.用玩具车玩转原电池,让课堂实验更加灵动——以"揭秘原电池"为例[J].上海课程教学研究.2018(9).

学实验室,就在我们身边!在生活中、在社会实际中学习化学,有利于解决实际问题,有利于社会的发展,有利于人类的进步,从而使学生学习的欲望高涨,学习的需要不断内化,学习的动力就会源源不断地产生。

现代化工业生产与技术、化学与新教料、化学与新能源、化学与生活、化学与生命科学、化学与环境等学科知识,都可成为设计教学情境的丰富素材。化学教师要经常关注和反思社会生活,紧密联系生活生产和当前科学技术发展中的实际问题,例如能源问题、环境问题、重大卫生安全事件等。从学生的思维角度来思考身边的事物,并有意识地将生活事件和社会内容联系起来,建立知识与情境的联系,培养学生解决问题的能力,成长为社会所需要的建设者。

2. 历史是宝贵的资源

化学家在科学发现的过程中,所运用的研究方法以及遇到的系列问题,对学生的学习有着巨大的激励作用和潜移默化的影响,为教学提供了生动的素材,是创设情境的有效途径。

【案例 5】　用科学家的思想来绘制元素周期表

教师将典型元素的性质写在卡片上,让学生模仿门捷列夫发明周期表的真实历程,请同学们分类排序,重走科学家的心历路程,在摸索出元素周期律后自然而然绘出元素周期表。教师再给出新元素的新的信息,学生再完善周期表……

从化学史中寻觅结合点,通过化学史创设情境,要求教师不仅要了解科学家做研究的真实过程,而且要了解科学家本人的人生经历和当时的时代和社会背景,采取灵活的手段再现生动历史。比如,打开原子世界的大门、探究苯的分子结构、侯氏制碱法、李比希与溴失之交臂、屠呦呦研究青蒿素等古今中外的故事,有科学知识的获取过程,更有有哲人的灿烂智慧和经验教训,实事求是、孜孜以求的科学探究精神等。在化学课堂教学过程中,利用化学史创设情境,不仅可以使教学不再局限于现成知识本身的静态结果,而且可以追溯到它的来源和动态演变过程,使学生学到形成知识和运用知识的科学方法,也学到一生受用的、反映在认识过程中的科学态度和科学思想。

3. 认知冲突是新的增长点

认知冲突是指人的原有认知冲突与新感受到的世界,或客体之间的对立性矛盾。一旦引发这种认知冲突,就会引起学生认知心理的不平衡,就能激发学生的求知欲和好奇心,使学生产生解决这种认知冲突获得心理平衡的动机。从认知冲突中寻求增长点,不仅能使学生避免进入思维误区,认清问题的本质,还能完善学生的认知结构,培养学生科学的探索创新能力。①

【案例6】 失败的喷泉实验

教师正在演示氯化氢喷泉实验。刚把装置搭建好,准备放开止水夹,只听到"嘭"的一声剧烈的爆炸声,同学们激动得跳了起来!仔细观察,中间的长导管把圆底烧瓶顶破了!对于这个教学意外,教师镇定地请同学们讨论探究背后的原因。一名学生大胆地上台拆开双孔塞,发现橡胶塞上有水,塞子又比较小,外面的大气压一下子把它顶进去,使长长的玻璃管顶破了玻璃,发生了内爆。教师追问:"这体现氯化氢的什么性质?""极易溶于水!"教师用备用设备完成了实验,看到红色的美丽喷泉,现场响起了雷鸣般的掌声!

化学实验以及科学探究活动中的新奇特异现象是产生认知冲突的重要源泉。此外化学与其他学科的联系,多媒体辅助教学手段等,都是化学教学情境创设的有效方法。

三、结语

化学是一门与生活息息相关的科学,来源于生活,又服务于生活。在化学教学中选取特定的现实生活场景、典型的科学史实及未来发展面临的问题,将学习镶嵌在运用该知识的真实情境中,有意义的学习才可能发生。通过创设合适的化学教学情境,努力培养学生积极的心智态度,包括兴趣、创新精神、对化学知识的学习以及利用的积极态度,使学生意识到科学与技术的本质,并意识到在各个不同的情境中化学家的工作对社会的重要性,通过社会热点和与化学有关的问题,帮助学生在未来做一个富有科学素养和社会责任感的人。

(上海市黄浦区教育学院　　陆莉萍)

---

① 谷莹莹.化学课始情境创设的原则与方法[J].教育与管理,2010(10).

基于"蓬莱小镇"课程，探究小学创意作文的教学实践

作文教学是语文教学中的重要组成部分。但目前小学生自身无意注意偏多，在生活中往往不会留心观察事物，所以缺乏写作素材，写作时也很难写出自己独特的感受。要让学生在写作时能有丰富的素材，能在习作中表达出自己独特的感受，必须关注学生的体验。

"蓬莱小镇"课程为学生创造了独特的环境，能让他们获得独特的体验，也为他们提供了独特的创作源泉。同时，"蓬莱小镇"模拟真实情境的教学方法和训练学生思维能力的教学方法也给小学生创意作文教学带来了启示。

一、"蓬莱小镇"课程内容和教学方法对小学创意作文教学的影响

（一）"蓬莱小镇"为学生提供了丰富又有创意的写作素材

"蓬莱小镇"课程为学生写作提供了丰富的素材。学生在这个小社会里体验不同的社会角色，获得了最真实、最与众不同的体验。此外，因为是学生自主选课，他们的社交面也变广了，就会发生更多有趣的小故事。小镇的故事越来越精彩，在学生的作文中，"蓬莱小镇"的身影越来越多。

（二）"蓬莱小镇"教学方法给作文教学带来启示

"蓬莱小镇"课程之所以深受学生喜爱，除了有趣的课程内容外，还因为课程转换了学生的学习方式，用模拟真实情境的方法，让学生进行体验性学习。体验性学习能够激发学生的学习兴趣，形成积极主动的学习态度。"环境"和"体验"是学生创作的源泉。小镇课程为学生提供了创作的源泉，课程采用的情境体验的学习方法，也为作文教学带来了启示。

（三）"蓬莱小镇"训练学生思维能力的方法给作文教学带来启示

在小镇的各项课程里，教师们在情境体验中还运用了许多不同的教学方法来训练学生的思维能力。"正义小法庭"的教师让学生在模拟法庭辩论的基础上，运用开放式问题，从多角度来思考问题，发表自己的见解；"红星警察局"的教

师精心设计了一次次小案件,"小警察"们小组合作,从分析线索开始尝试破案。小镇课程运用的这些提高学生思维能力的教学方法,也可以运用到作文教学中来。

二、情境体验对小学创意作文的重要性

情境体验是指在教学过程中教师有目的地引入或创设具有一定情绪色彩的、以形象为主体的生动具体的场景,以引起学生一定的态度体验,从而帮助学生理解感悟,并使学生的心理机能得到发展的教学方法。

(一)情境体验可以激发学生的写作兴趣

情境体验的核心在于激发情感。情境体验可以帮助学生唤醒记忆,提高学生写作的积极性。作文教学中创设的情境可以使学生感到轻松愉快、心平气和、耳目一新,就可以激发学生写作的兴趣,从而引导他们从整体上理解和运用语言。

(二)情境体验可以培养学生的观察能力

只有认真细致地观察,才能对事物有全面细致的了解,写出来的文章才会真实感人。因此,培养学生的观察能力、养成观察的习惯非常重要。在作文教学中,我们可以运用情境体验法,将事物带到课堂中来,给予学生最直观的感受。这样他们就能渐渐学会观察的方法,养成观察的好习惯。

(三)情境体验可以激发学生的想象力

要想让学生不拘形式地把自己的见闻、感受和想象说出来,而且情感要真实,教师就要经常为学生创造激发想象的情境,启发学生写想象作文,培养学生的创造想象能力。情境体验可以使学生身临其境,能让他们充分地发挥自己的想象力。情境体验下的作文教学,可以真正实现"自然生成""自然表达"。学生由此能悟到作文真谛,尽情表达自己的感受。

(四)情境体验可以培养学生的思维能力

作文教学的根本任务是提高学生的语言表达水平和分析问题、解决问题的能力。要达到这一目的,关键在于培养学生的思维能力。所有文章都是语言和思维的结合。在作文教学中,情境体验可以为学生创设生动的场景,为学生提供更多的感知对象,能有助于学生灵感的产生,培养学生的思维能力。

三、基于"蓬莱小镇"课程研究作文教学中情境创设的方法

（一）观察自然，触发灵感

在小镇的"小园艺中心"课程里，学生们变身成园艺师在小花坛里亲手播种，精心照料植物，等待它们发芽、开花。这是学生观察自然、亲近自然的好机会。当学生静下心来，用心感受大自然，将自己融于自然情境中，就能触发灵感。

【案例 1】 《我爱你，＿＿（季节）＿＿》作文指导

这是四下的一篇作文。三年级时也写过一篇类似的作文，同样是写同一个季节，四年级和三年级的作文该有何区别呢？我想到可以模仿课文《燕子》或者《笋芽儿》来进行指导，要求学生只选择一个事物，写它在某一个季节的变化。学生在"小园艺中心"里学过栽种小植物，不妨就给学生一段时间，在家栽种小植物。同学们纷纷买了种子，精心照料，记录下它一点一滴的变化和自己的心情。还有的学生在家栽种了和"小园艺中心"里一样的郁金香，于是，他们还会在学校里看看他人栽种的情况，做做比较。在这样实践体验的过程中，学生仔细观察事物的兴趣提高了，写作积极性也提高了。观察自然，将自己融入自然情境中，能触发学生写作的灵感，让他们有更多的创作源泉和真实的感悟。

（二）情境体验，领悟真实

日常生活为学生写作提供了无穷的素材，只是很多学生往往不会唤醒日常生活中的记忆，所以总觉得没有内容可写。创设情境的方法能够帮助学生唤醒自己的记忆，将真实的生活描绘出来，在作文中吐露真情。要唤醒对生活的记忆，靠的不仅仅是回忆，还有观察和情境的体验。

【案例 2】 《美好的日子》作文指导

这篇作文我结合学校的"徒步春游寻宝"活动来指导。这是我们学校的特色活动，学生们第一次自己组队、设计路线、前往目的地、闯关寻宝。为了能让学生多一点素材，文章更有新意，我还让大家在下午的自由活动时间里化身小镇"星光电视台"小记者，在公园里进行主题采访。实践发现，情境体验激发了学生的写作兴趣。学生非常乐意将这些亲身体验过的活动写下来，写的时候没有畏难的情绪。班里有 30 个小朋友都选择徒步春游寻宝活动或者小记者活动作为写作题材。这次作文，学生描写的情感变化特别真实，读来感觉特别鲜活、打动人。

（三）角色扮演，激发情绪

除了游戏活动，我们还可以通过角色扮演、表演等形式创设情境，引导学生参与活动，在观察、讨论、表演的过程中形成作文材料，完成思维训练，产生情绪情感体验，最后形成语言文字完成写作。小镇的"阿拉丁剧场"等课程都教会了学生表演的方法，如果能让学生根据写作主题，以小组为单位，先自己写剧本，再组织排练，一定能激发学生的情绪，提高他们写作的兴趣。

【案例3】《我走进了动物王国》作文指导

指导这篇作文之前，我让学生分组各选定一个题材，再合作排练，最后在课堂上表演。表演是最生动活泼的情境创设方式。学生们在表演过程中情绪高涨、气氛活跃，而且效果显著。大家写出来的文章想象大胆，很有创意。从进入动物王国的方式开始，学生们就发挥了无穷的想象，在之后的故事中，学生对自己的角色设定也不同，有的是作为旁观者描写了在动物王国里看到的故事，更多的学生则选择了自己成为动物王国中的一员，参与到动物王国中的故事中来。在题材上，学生不仅仅局限于争斗、帮助，还有的通过故事反映出了更深刻的环境问题、善待动物等问题，立意更深刻。

四、小结

实践证明，"蓬莱小镇"的课程内容和模拟真实情境的教学方法都对小学生创意作文教学有着积极的影响，可以激发学生的写作兴趣，激活学生的创新思维，提高学生的写作能力。提高学生的写作能力是非常漫长的过程，所以探究情境体验在小学创意作文教学中的实践需要师生一起持之以恒。未来，也将继续探索"蓬莱小镇"中适用于小学语文作文教学的元素，开展实践研究。

（上海市黄浦区蓬莱路第二小学　胡佳佳）

第三章

技术应用变革

　　教学媒体的使用、现代教育技术的应用，使教学方法、手段、方式发生了变化，为人类积极有效地学习提供了便捷，也使得教育的变革成为必然趋势。技术省时、高效的特点，赋予学生和教师更多的时间来参与变革。教师们不断提升自己的技术运用的素养，在课堂中应用技术，可以改变以往的引导方式，将课堂的教学形态变得丰富多样；学生利用项目化学习、技术性学习，不断地交互、体验和探索，渐渐地，学生的表达能力、人际交往能力会自然得到提升。教育技术的应用会极大地提高学生学习的热情和兴趣，而且可以把问题的一种形式转化成另一种形式，起到变复杂为简单、变抽象为具体的作用，这样更易于学生理解，也能训练学生的思维。利用技术教育改变自己的教学常态，改变学生的学习状态，并一步一步地改变我们身处的教育环境，为学生创造更开阔、更自由的学习平台。身体力行，转变思维，把技术教育渗透到教学中的每个角落，无论教师还是学生，都将受益一生。

第一节　TI 手持技术及数字传感器的教学创新

随着新课程改革的不断推进与深入,中小学课堂教学更加注重信息技术与课程教学的融合,对教师应用信息技术转变学习方式的能力也提出了更高的要求。TI 手持技术与数字化传感器是教育信息化进程中产生的先进教育认知工具,集数据采集、分析与反馈于一体,具有定量化与可视化特点,可帮助学生克服抽象知识学习中的认知难点。由于 TI 手持技术与数字化传感器在自动作图、数据处理等方面具有卓越的表现力,因此 TI 与数字化传感器可以很好地支持学生开展自主、合作、探究的学习活动,在助学、导学和促学中起到重要作用。

编写 TI 程序自动配制一定 pH 的酸溶液

STEM 教育是当前国际上颇有影响的教育思想,是科学(Science)、技术(Technology)、工程(Engineer)和数学(Mathematics)的简称①,其目的是打破学科之间的界限,在多学科知识的运用中培养学生的动手能力和科学技术素养,并在实验过程中培养学生的创新意识和实践能力。

德州仪器(Texas Instruments)基于 STEM 的教育理念,开发了 TI 创新者系统(俗称"小黑盒",见图 3-1)。该系统扩展了图形计算器的功能,实现了和温度、压强、pH 等多种传感器的连接,实现了真正意义上化学、物理、生物等多学科的

---

① 肖敏,吴晓红.基于美国 K-12 阶段 STEM 理念的教学设计——以"'设计'一座硫酸厂"为例[J].化学教学,2016(2).

STEM 实验室解决方案。TI 创新者系统通过多个 IN 端口接受外界的信号输入；通过图形计算器中预先编制的程序进行逻辑判断后，控制连接在多个 OUT 端口的输出设备（如伺服电机、加热丝、水泵等）可控地工作，从而实现自动化和精确控制（见图 3-2）。

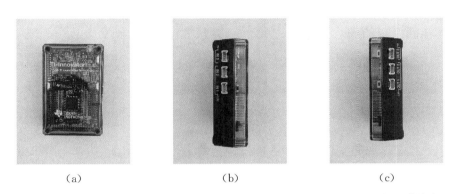

（a）　　　　　　　　（b）　　　　　　　　（c）

图 3-1 小黑盒　（a)TI 创新者系统　(b)TI 创新者系统输入端口　(c)TI 创新者系统输出端口

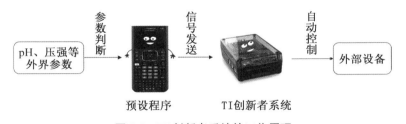

图 3-2　TI 创新者系统的工作原理

　　化学是一门以实验为基础的学科，最新的《普通高中化学课程标准》中也提出"倡导真实问题情境的创设，开展以化学实验为主的多种探究活动，重视教学内容的结构化设计，激发学生学习化学的兴趣，促进学生学习方式的转变，培养他们的创新精神和实践能力"。[①]

　　将 TI 创新者系统应用于传统的化学实验有多种优势。以中和滴定实验为例，传统的滴定实验过程中要求实验者一边进行滴定操作，一边观察锥形瓶中溶液颜色的变化，而这对于实验操作技术不熟练的实验者要求较高。另外，由于指示剂的

①　中华人民共和国教育部.普通高中化学课程标准（2017 年版）[M].北京：人民教育出版社，2018.

变色点与滴定终点存在系统误差,不同实验者对指示剂变色的敏感程度也不一样,这就造成了较大的实验误差。如果将 TI 创新者系统的自动化和精确控制的理念引入这类传统化学实验,在一定程度上就能解决这些问题。

不过,目前高中化学的实验相对比较传统,对自动化和精确控制的要求比较低。为此,本文意图对 TI 创新者系统在化学实验中的应用做出初步的探索,将自动化和精确控制的理念引入高中化学的实验中,进而为开发出一系列基于 TI-STEM 的高中化学实验素材积累经验。

一、实践与探索

很多化学反应要求在一定 pH 的溶液中进行,此时,精准、快速、方便、高效地配制一定 pH 的溶液至关重要。对于确定 pH 的强酸溶液,由于溶质完全电离,可以通过物质的量浓度的换算相对准确地进行配制。但由于弱酸溶液中存在溶质的电离平衡,较难直接配制出一定 pH 的酸溶液。因此,本实验利用 TI 创新者系统在对外界条件判断的基础上,自动化地配制一定 pH 的强酸或弱酸溶液。

(一)装置的设计

图 3-3 为"自动化配制一定 pH 的酸溶液"装置图。

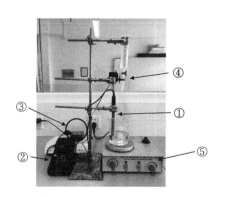 

图 3-3 "自动化配制一定 pH 的酸溶液"装置图　　**图 3-4 数据读取器(左)和图形计算器(右)**

其中,①为 pH 监测模块——维尼尔电子 pH 计,用于实时监测烧杯中溶液的 pH。②为程序模块——接有数据读取器(俗称"背板")的图形计算器(见图 3-4),主要用于接收 pH 计的信号,并将之传输到图形计算器中,通过图形计算器中预先编制并正在运行的程序进行逻辑判断,进而决定下一步的操作。③为 TI 创新者系统,在本实验中主要用于执行图形计算器中的程序基于对 pH 计监测值所决定的操作。④为控制模块——伺服电机(即"旋转马达",见图 3-5(a)),电机的电源线连接在 TI 创新者系统上,根据输出信号顺时针或逆时针旋转一定的角度。在图形计算器预先编制的程序中,通过输出功率的百分比和信号输出的时间决定伺服电机的旋转角度。伺服电机的转盘固定在滴定装置的开关上(见图 3-5(b)),通过伺服电机的顺时针旋转或逆时针旋转,最终实现对滴定装置开关的控制。⑤为搅拌模块——磁力搅拌系统,是为了让滴入的冰醋酸迅速与烧杯中的溶液充分混匀,从而使 pH 稳定。

（a）　　　　　　　　　　（b）

图 3-5　控制模式　(a)伺服电机　(b)伺服电机与滴定装置开关的连接

（二）实验的步骤与程序的编制

本实验的操作十分简便。以"配制 pH＝4 的醋酸溶液"为例,事先在滴定装置中装入冰醋酸,在烧杯中装入蒸馏水,之后运行程序即可。

图形计算器中程序的逻辑线(见图 3-6)为:运行程序后,命令马达直接打开滴管装置开关,使滴定装置中的冰醋酸缓慢滴入下方烧杯中,同时持续读取溶液的 pH 并进行大小判断。如果 pH＞4,不对马达做任何操作,此时滴定装置活塞处于"开"的状态;如果 pH≤4,将马达逆时针旋转,关闭滴定管旋钮,停止滴加冰醋酸。

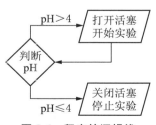

图 3-6　程序的逻辑线

具体的程序及含义如表 3-1 所示。

表 3-1　实验程序的含义

行	程序语句	含　义
1	Define temp（）=	定义程序名为"temp"
2	Prgm	
3	Send "BEGIN"	开始运行程序
4	DelVar *iostr.str*（）	
5	GetStr *iostr.str*（）	
6	Disp *iostr.str*（）	
7	Send "CONNECT SERVO 1 TO OUT3"	将伺服电机连接到端口"OUT 3"
8	Send "SET SERVO 1 CW 100"	以 100％的功率让伺服电机顺时针旋转 1 s
9	Refresh ProbeVars *status*	刷新传感器的测量值
10	While*meter.ph*＞4	循环:当 pH 的测量值大于 4
11	Refresh ProbeVars *status*	更新传感器测量值
12	Disp "　", *meter.ph*	显示 pH 的测量值
13	EndWhile	结束循环(即 pH 小于等于 4)
14	Send "SET SERVO 1 CCW 100"	以 100％的功率让伺服电机逆时针旋转 1 s
15	Disp "end", *meter.ph*	显示"end"以及 pH 的最终值
16	EndPrgm	结束程序

（三）实验的结果

　　程序运行后,伺服电机自动打开滴定装置活塞,开启溶液的配制过程。可以看到,随着时间的延长,图形计算器显示溶液的 pH 逐渐减小(见图 3-7 左)。当溶液的 pH 达到 4(见图 3-7 右),伺服电机逆时针旋转,关闭滴数器的旋钮,停止滴加冰醋酸。

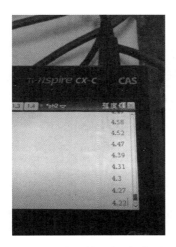

图 3-7　程序开始运行时(左)和结束运行时(右)图形计算器的显示

若使用维尼尔电子 pH 计再次进行测量,最终溶液的 pH 稳定在 3.96 ± 0.04 的范围内(见图 3-8)。

二、成效与反思

TI 创新者系统的自动化和精确控制理念,实现了原本较难完成的"一定 pH 弱酸溶液的配制",对于一定 pH 强酸溶液配制自然也不成问题。程序代码中第 10 行的"$meter.ph > 4$"是目标溶液的 pH,通过修改这一参数,可以配制不同 pH 的酸溶液。同时,若将该行代码改为"While $meter.ph < 10$",并将滴定装置中的液体

图 3-8　最终溶液的 pH

改为浓的碱液,则可以配制一定 pH 的碱溶液。如果将 pH 计换成离子选择性电极,并对程序作相应改变,该套装置还能用于配制一定浓度的电解质溶液。

"自动化配制一定 pH 的酸溶液"的实验装置还可以用于滴定实验,如中和滴定实验,只需要对程序进行微调即可;如对于强酸和强碱溶液之间的滴定实验,同样只需将程序代码第 10 行改为"While $meter.ph < 7$"(强碱滴定强酸的溶液)或"While $meter.ph > 7$"(强酸滴定强碱的溶液)。如果将电子 pH 计改为氧化还原电位计、色度计等其他传感器,滴定过程也就不局限于酸碱中和滴定,可以拓展到氧化还原滴定,或者有颜色变化的滴定实验等多种定量实验。配合现在流行的 3D 打印技术,我们还可以根据实际的需求打造适合本身实验需求的装置,从而大大拓展传统化学实验的概念。

TI 创新者系统将自动化和精确控制的理念引入传统的化学实验,不仅使原本较难实现的实验成为可能,而且整个实验过程摆脱了对实验员的束缚,实现粗放型化学实验向可控化、自动化的发展。

同时,在编制程序和设计、组装装置的过程中,能使学生在真实情境中突破学科的边界,应用逻辑编程和工程思维,培养学生的创新意识。

(上海市格致中学　闻　昊)

基于 DIS 系统的初中化学实验重构的行动研究

化学是一门以实验为基础的学科。化学实验是人们探索化学规律和验证化学规律的手段,是学生学习化学的重要方法,是学生进行科学探究的重要途径。《义务教育化学课程标准》指出,提倡化学教材示范性地指导运用化学软件处理数据,培养学生运用软件技术学习化学及处理数据的能力。鼓励教师运用信息技术提高课堂教学效率和质量,强化信息技术与化学教学的深度融合,促进教师教学方式和学生学习方式的改变①。

DIS 是数字化信息系统(Digital Information System)的简称,其实验手段是通过传感器把各种物理信号转化成相应的电信号,数字采集器将电信号进行相应的处理后传入到计算机内,计算机通过通用软件进行分析处理,并以数据图表等多种形式实时显现。教育部 2006 年 7 月发布的《中小学理科实验室装备规范》中第一次将其列入仪器装备标准中②。

借助 DIS 系统可以为探究性学习提供工具支持,可以使在初中阶段难以开展的实验变得直观、简单且容易被认知。另一方面,在传统的初中化学教学中,一些难以理解的科学概念和原理,通过传统实验不容易让学生理解,也需要借助 DIS 系统的直观演示、精确的数据分析和图表展示,达到快速突破教学难点、优化教学过程及提高教学效率的目的。

因此,基于 DIS 系统对初中化学实验进行重构,就显得尤为重要了。化学实验重构,主要指教师对化学实验从化学课程标准出发,结合本学科特点和学生的实际情况,对化学实验内容进行一定程度的增删、替换、加工等处理,以实现资源的有效整合,进而更好地匹配学生的具体要求和当地的教学条件,最终形成化学实验教学内容的过程。

---

① 中华人民共和国教育部.义务教育化学课程标准(2011 年版)[M].北京:北京师范大学出版社,2011.
② 刘长胜.浅析 DIS 系统在中学化学实验教学中的创新理念[J].教学仪器与实验,2011,27(8).

一、梳理初中化学实验

　　有效的初中化学实验重构,能使学生通过化学实验,动手操作、观察、比较、分析、推理从而得到一定的实验结论,提升学生的实验实践能力。在对化学实验进行重构时,需要教师首先对初中基础化学实验进行梳理。上教版九年级《化学》教材中,共有 24 个课堂实验,25 个学生实验和 7 个探究与实践(见表 3-2 至表 3-4)。

表 3-2　部分课堂实验

单　　元	序号	课堂实验名称
第一单元	1	体验化学变化
	2	含泥沙的水的过滤
	3	蒸发食盐溶液
第二单元	4	空气中氧气体积分数的测定
	5	用过氧化氢制取氧气
	6	探究硫酸铜溶液与氢氧化钠溶液反应前后的质量变化
……	……	……

表 3-3　部分学生实验

单　　元	序号	学生实验名称
第一单元	1	化学变化过程中现象的观察
	2	粗盐提纯
第二单元	3	物质在氧气中燃烧
	4	用氯酸钾制取氧气
第三单元	5	生石灰、硫酸铜粉末跟水反应
	6	白糖、食盐和淀粉溶解性大小的比较
	7	晶体和非晶体
	8	用酸碱指示剂测定溶液的酸碱性
	9	用 pH 试纸测定溶液的酸碱性和 pH
……	……	……

表 3-4　部分探究与实践

单　　元	序号	探究与实践
第二单元	1	用压强传感器测定红磷燃烧实验装置内的压强变化
	2	探究金属生锈的条件
	3	设计实验方案验证质量守恒定律
第五单元	4	用 pH 传感器测定酸碱中和反应溶液中 pH 变化
……	……	……

随着上教版九年级《化学》教材最新改版,教材中数字化实验的数量实现了零的突破,新增了两个基于 DIS 系统的探究实验,分别是"用压强传感器测定红磷燃烧实验装置内的压强变化"和"用 pH 传感器测定酸碱中和反应溶液中 pH 变化"。教材示范性地指导运用化学软件处理数据,由此可见,数字化实验的发展,不仅有力支持了教材的进步,贯彻了课程标准的要求,更重要的是引入了全新的实验方式,改进和提升了实验效果。

二、初中化学实验重构

数字化实验功能全面增强,为初中化学教学在实验内容上的重构带来机遇。很多在传统初中化学实验中不能做或没有条件做的实验,在数字化设备下就可以成功地完成。因此,可通过分析教材的核心知识和实验内容,形成实验相关主题的演示实验、学生实验和拓展实验,使中学化学实验具有高度的自主性、开放性和探索性。

【案例 1】　比较不同收集方法的氧气浓度

氧气可使用排水法和向上排空气法收集,学生通过实验发现两种不同收集方法得到的氧气,均能使带火星的木条复燃,学生较难通过传统化学实验得到排水法得到的氧气更为纯净的结论。此时,可借助氧气浓度传感器,对不同收集方法的氧气浓度进行比较。

步骤 1:加热氯酸钾制取氧气并用排水法收集,待集气瓶口向外冒出大气泡后停止收集。重复实验,收集 3 瓶氧气(见图 3-9)。将氧气浓度传感器伸入集气瓶中测定氧气的浓度（见图 3-10），数据记录于表 3-5 中。

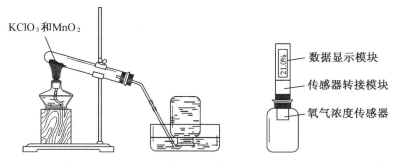

图 3-9　加热氯酸钾制取氧气用排水法收集　　图 3-10　氧气浓度测定装置

步骤 2：加热氯酸钾制取氧气并用向上排空气法收集，以放置在集气瓶口的带火星木条复燃为氧气集满的标准。重复实验，收集 3 瓶氧气（见图 3-11）。将氧气浓度传感器伸入集气瓶中测定氧气的浓度（见图 3-12），数据记录于表 3-5 中。

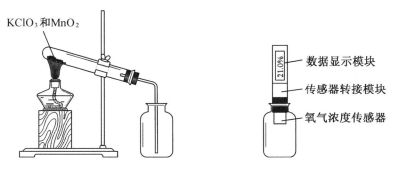

图 3-11　加热氯酸钾制取氧气用向上排空气法收集　　图 3-12　氧气浓度测定装置

表 3-5　排水法和向上排空气法收集氧气的浓度比较

收集方法	排水法			向上排空气法		
氧气浓度％						
氧气平均浓度％						

在传统教学中，教师采取语言描述的方式向学生解释排水法收集的氧气较纯净，然而，再丰富生动的语言也难以让学生获得真实的感悟，借助氧气浓度传感器，学生通过比较实验过程中氧气浓度的数值，直观说明收集方法差异对氧气收集纯度的影响。

【案例2】 探究带火星木条复燃的氧气浓度范围

通过案例1,学生发现能使带火星木条复燃的并不一定是纯净的氧气。在此基础上进行实验的二次开发,继续探究带火星木条复燃的氧气临界浓度。完成本实验的研究,关键是确定氧气的浓度。在集气瓶中注入一定体积的水,通过排水法将瓶内的水排尽,根据集气瓶中氧气的体积分数=收集的氧气占容积的体积分数+瓶中空气占容积的体积分数×21%,可得集气瓶中氧气的浓度(见表3-6)。

表3-6 集气瓶中注入水的容积与氧气的浓度关系

注入水的容积%	12.5	25	37.5	50	62.5	75	87.5
氧气的浓度%	30	40	50	60	70	80	90

用带火星的木条在不同浓度的集气瓶中进行实验,观察带火星木条的现象,可粗略测出带火星木条复燃时氧气浓度。但该实验的步骤过于烦琐,操作不便,容易让学生失去实验探究的兴趣。因此,可使用氧气浓度传感器改进实验方案。

实验步骤:取三口烧瓶,一瓶口通入氧气,一瓶口放带火星的木条,一瓶口放氧气浓度传感器(见图3-13)。带火星木条需和氧气浓度传感器放在同一水平位上,便于数据采集的准确,观察到带火星木条复燃后及时熄灭火焰,避免对氧气浓度传感器造成损坏。

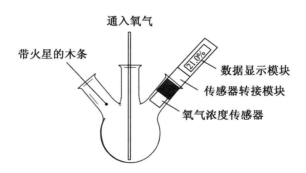

图3-13 测定带火星木条复燃氧气浓度的实验装置

用氧气浓度传感器获取氧气浓度的方法,简化了操作过程,数据更加精准,操作性更强。同时我们也发现木条、线香复燃的氧气浓度也有差异,可引导学生通过实验测定进行比较,在实验中调动学生的积极性,激发学习化学的兴趣。

通过实验重构将初中化学实验进行延伸,在探究过程中将初中化学实验和

DIS 数字化系统相结合,在提高实验课程教学效果的同时,也提高了学生的探究能力和科学素养。DIS 系统在初中化学实验教学中的合理使用,可以成为化学实验教学的一种十分有用的辅助手段。如何进一步创造性地侲用这一工具,将初三化学实验进行系统地重构,充分发挥它的作用,我们还将继续研究和探索。

（上海市黄浦区教育学院附属中山学校　袁　英）

第二节　人工智能的教学尝试

人工智能 AI 是用机器去实现借助人类智慧才能实现的任务。人工智能主导的新一代信息技术与教育教学深度融合创新应用,已成为课堂教学颠覆式创新变革的核心驱动力。教育信息化 2.0 时代,课堂教学变革的实质是理念重建、形态重构、结构重组、模式再造和文化重塑的过程,并为实现中国教育现代化 2035 赋能加速。未来教学变革追求智慧课堂、学为中心、能力为先、教学创新和个性化学习的新理念,并在课堂、课程、教学、学习的全时域和全过程内,实现教学环境、结构、形态及场景的颠覆式变革和创新。AI 是培养创新人才的重要载体。

高中人工智能系列课程的设计和实践

20 世纪 80 年代被称为 PC(个人电脑)时代,20 世纪 90 年代被称为 Internet 时代;21 世纪的我们正在一步步走入 AI(人工智能)时代! 美国机器人专家汉斯·莫拉维克预测:"机器的智力将在 2040 年达到人类的水平,将于 2050 年远远超过人类。"今天人工智能技术的突飞猛进使这项预言越发可信。不管我们是否意识到,正在走近人类的 AI 将成为我们学习、生活、娱乐中离不开的伙伴。

一、为什么要开设人工智能课程

2017 年 7 月,国务院印发《新一代人工智能发展规划》,明确指出人工智能成为国际竞争的新焦点,应逐步开展全民智能教育项目,在中小学阶段设置人工智能相关课程,逐步推广编程教育,建设人工智能学科,培养复合型人才,形成我国人工智能人才高地。并且在 2017 年印发的《高中信息技术课程标准(2017 年版)》中,将"人工智能初步"设定为选修模块,强调要加强人工智能教育。

2018 年 4 月,教育部发布关于印发《高等学校人工智能创新行动计划》的通知。该行动计划提出,未来将形成"人工智能 + X"的复合专业培养新模式。该行动计划还对中小学、高校等多层次教育体系提出要求,未来将在中小学阶段引入人工智能普及教育。

在人工智能悄然走进千家万户的时代背景下,开展人工智能教育,是一项宜早不宜迟的教育责任。让学生更了解身边快速发展的技术,认识到技术发挥的巨大作用,形成智能化意识,对于他们确立正确的发展方向,更有效地运用人工智能技术提升学习的效果,更好地适应社会等,这些都具有极为重要的价值。未来的智能社会,编程将会成为人人都会的技术。到那时候,兴许我们朋友圈分享的都是一个个人工智能算法模块,而这些小模块就跟身边的一些电器设备挂钩,是个性化智能家居生活的一部分。

二、如何构建人工智能知识技能体系

(一)多层次的课程目标

由于各中小学对开设人工智能课程的重视程度不同,导致高中学生的技术基础参差不齐。在中国国际科技促进会 2020 年发布的《青少年编程技术等级教育规范》①和《青少年机器人技术等级教育规范》②中都对知识和能力进行了分级规范见图 3-14、图 3-15。有的学生从小学就接触编程和机器人技术,已经修习到了第七级,进了高中只要给他一个工作室,各种 AI 创新设计就会源源不断涌现;有的学生虽然对 AI 十分感兴趣,却从没有接触过机器人技术,也不懂编程,即使进了高中也只能从第一级学起。面对差距如此之大的教学对象,我们该采取什么办法开展人工智能教学活动呢?传统的教学模式只会使有的"吃不饱",有的"消化不了",这无疑是对学生原本拥有的强烈求知欲的抹杀,会使学生的兴趣逐渐消退,甚至导致新开设的人工智能课程成为"鸡肋"。所以,创新的教学形式和合理的教学内容设计

---

① 中国国际科技促进会.[国家团体标准]青少年编程技术等级教育规范[EB/OL]. http://bc. yaie.net/article/item-75.html,2020-03-20.

② 中国国际科技促进会.【团体标准】青少年机器人技术等级教育规范[EB/OL]. http://jqr. yaie.net/article/item-354.html,2020-03-20.

成为人工智能课程顺利开设的一个关键。

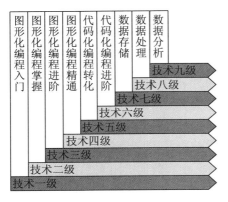

图 3-14　青少年编程技术等级　　　图 3-15　青少年机器人技术等级

　　因此,在高中开展的人工智能教育必须将课程目标分成多个部分:一部分针对那些少数已经具有相当扎实的技术基础的学生,旨在为培养符合智能化社会需求的、具备良好计算思维和编程能力的创新人才奠定基础;另一部分针对那些经历过编程教育并具有一定技术基础的学生,为他们搭设项目学习平台,让他们进一步拓展视野,深化学习 AI 技术的同时,也为学生的人生规划、职业生涯发展规划等发挥一定作用;还有一部分则针对大多数零基础的学生,他们并不会成为专业的从事数据算法的工程师,而是为了适应未来的智能化社会生态,感悟技术与人、自然、社会的关系,形成技术安全和责任意识。

　　(二)多样化的项目设计

　　中国青少年科技辅导员协会在 2018 年全国青少年创意编程与智能设计大赛闭幕式暨颁奖典礼上发布的《中国中小学生阶段人工智能普及教育相关现状调研报告》①显示,中小学生人工智能学习意愿强烈,91.7％的受调研学生表示希望学习人工智能知识。但整体而言,目前缺乏足够系统化、多元化的人工智能科普教育学习来源,学生以自发性了解人工智能为主。该报告从学生、教师、难点和解决办法三个方面分析了基础教育中人工智能教育的现状。学生对学习有浓厚的兴趣,但理解浅薄。该报告的一个问题是"感觉不属于人工智能分支"的选项,13.4％的

① 中国青少年科技辅导员协会.构建教育资源聚合平台　推进人工智能普及教育——《中小学人工智能普及教育现状调研报告》发布[J].中国科技教育,2019(1).

学生选择不知道,24.3％的学生选择"大数据"选项。近 80％的被调查学生表达了他们对人工智能概念的理解,但他们大多依靠生活经验和感性知识。例如,对话机器人、自动驾驶汽车、语音空调、绘画机器人等,在现实生活中是很容易识别的,是大多数学生心目中的人工智能。在学生回答"不属于人工智能技术的分支"时,我们可以发现更多的学生填写大数据、深入学习、图像识别、语音识别等。

可见,目前学生的认识仍然停留在比较流行的人工智能终端产品上,对其背后的技术和相关算法没有深入了解。所以,我们人工智能课程的实施,需要从贴近学生日常生活的人工智能技术出发,让学生通过动手动脑等实践活动,了解和掌握人工智能技术的原理、方法和技能,尝试提出新问题、新思路、新办法,达到发展创新意识和提高解决实际问题能力的目的。

（三）多元化的评价方式

作为全新课程体系的评价规范本无先例,但是我们都知道一个恰到好处的评价却能够满足学生的成就感需要。这使得我们的评价不能是一个简单的等第或者分数。应该说,凡是参与活动的学生都有收获,而他们的努力也是毋庸置疑的。这里所谓多元化的评价方式,就是通过多种途径进行综合评价,而其实质是更多地让学生得到成功的体验。通过学校科技节的相关活动,学生可以将自己的成果向大家作展示,让更多的人知道自己的成果;同时可以让不同的班级间进行互评,互相取长补短交流技术。最后的评价结果,也许不再重要,重要的是在评价的过程中,学生的收获再一次积累,学生的科学精神再一次升华。

三、人工智能系列课程的设计和实践

自 2019 年 9 月开始,我校开设了人工智能系列课程群。该课程群既包括面向全体学生入门的通识课程以及信息技术和机电技术类基础型课程,也包括了进一步深入学习的拓展型课程,更有 AI 技术综合应用的科创孵化平台和走向世界的各类竞技活动课程。构建了一个从入门到精通的金字塔型课程体系(见图 3-16)。

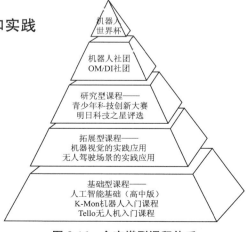

图 3-16　金字塔型课程体系

（一）基础型课程

1. 人工智能基础（高中版）

本课程是基于陈玉琨、汤晓鸥编著，华东师范大学出版社出版的《人工智能基础（高中版）》教材实施的全员通识类普及教学。该课程依托商汤科技提供的 Sense Study 学习平台，让学生能够针对教材中的场景进行体验式学习。通过这个课程，学生可以了解人工智能的原理、人工智能技术的奥秘，并体验一番数据采样、模型训练、深度学习的人工智能实现过程，揭开人工智能的神秘面纱。

2. K-Mon 机器人入门课程和 Tello 无人机入门课程

本课程前期是基于上海彼林电子科技有限公司的 K-Mon 轮式机器人开发的机器人技术入门课程。该课程面向全体学生，从基础的机器人控制和驱动入手，让学生对人工智能的重要载体——机器人有一个初步的了解。课程通过项目学习，由浅入深、从模拟红绿灯到避障行驶，一步一步走进机器人技术的殿堂。学生从模仿验证的过程，进而发现问题，提出问题并想办法解决问题。最终通过机器人巡逻和"吞食天地"等场景应用项目来验证学习成果。课程后期引入 Tello EDU 教育无人机。除了让学生近距离体验无人机的飞行操控，了解多轴飞行器的原理之外，还可以通过编程实现无人机的自主位置识别、编队飞行，并能够跟前期课程中的 K-Mon 轮式机器人配合进行无人机＋无人车的联合探险行动。

（二）拓展型课程

1. 机器视觉的实践应用

本课程结合学生的学科知识与生活经验，在 AI 普及课程的基础上，围绕机器视觉的实践应用，旨在让学生能够感知和掌握一定的人工智能技术，将各学科知识综合应用到现实生活中，逐步培养学生的科学精神、实践创新、学会学习、责任担当等各项核心素养，让他们成为全面发展的人，以适应新时代社会对人才的要求。

课程以 OpenMV 的机器视觉解决方案为基础，采用任务驱动的学习模式，每节课设计一个主题。在学习和巩固 Python 编程的同时，学会对任务进行分析讨论，提出初步的问题解决方案并尝试去实施，在实施过程中保持反思和质疑，不断修正方案，直到问题解决。课程主要涉及机器视觉的颜色识别、人脸识别、目标追踪、视觉巡线等经典学习内容，是学生进入高校进一步深造的基础。课程结合学生身边的实际应用项目形成一系列主题作品。

2. 无人驾驶场景的实践应用

无人驾驶技术成为汽车未来的发展趋势，已是不争的事实。近年来，国内外各大车企、互联网巨头、科技公司都在加码这项技术的研发，距离完全自动驾驶技术指日可待。本课程就是根据特殊场景下无人驾驶的应用，结合学生的学科知识与生活经验，围绕智能化机械控制技术的应用和 C 语言编程的技巧，让学生能够体验无人驾驶的乐趣。

课程以 K-Mon 轮式机器人为基础，针对无人驾驶场景的应用任务，学习自动化控制领域的经典编程语言——C 语言的算法设计。学生可以在真实场景的实践应用中，学会对任务进行分析讨论，提出初步的问题解决方案并尝试去实施，在实施过程中保持反思和质疑，不断修正方案，直到问题解决。课程主要涉及模型小车的自主移动，遵守一般道路行驶的交通规则，避免追尾等碰撞事故，礼让行人，遵守红绿灯规则，以及路径规划等真实场景的应用解决方案。同时，还鼓励学生在学有余力的基础上尝试挑战快递末端无人配送的项目，让无人驾驶学习更具趣味性和挑战性。

（三）研究型课程

1. 科创项目的孵化

学校于 2018 年在原有较成熟的研究型课程体系中，加入了人工智能科创项目的内容。从开题指导的"头脑风暴"到专业导师团队的全程支持，从青少年科学社的专家引领到商汤科技的一对一的深入项目指导，学校为学生的人工智能科创项目提供了一个良好的孵化平台。我校学生的科创研究项目在首届国际中学生人工智能交流展示会上获得了特等奖和二等奖。

2. 智能机器人的研发

我校是国内首批开展智能机器人教学的学校，在智能机器人领域里深耕近 20 年，逐步形成独立研发的特色。在我校的智能机器人爱好者协会学生社团中，学生可以自己设计机器人的结构、程序，并且利用现代化的加工手段自己亲手打造一台具有个性特色的机器人。随着人工智能技术的不断发展，"机器人世界杯项目"越来越炙手可热。这个目标是 2050 年机器人跟人类踢一场足球赛的国际组织，每年都会举办机器人足球赛。这其中最具挑战性的部分就是通过机器人的视觉，最快速、最准确地找到足球。我校的机器人社团学生通过自己的不断努力，设计了独特的全景视觉成像结构和机器人足球定位算法，在机器人世界杯的全国赛上获得了季军。同时,学生们还将这些技术移植到机器人篮球等其他项目上,在更多的领域不断实践和积累,力争成为未来人工智能产业发展的栋梁。

四、人工智能课程的实践成效与未来展望

(一)在各类人工智能竞赛中获奖

人工智能项目的课程化不同于以往各学校采取的课外活动模式。相较于人数有限的课外活动小组而言,课程化的学习参与面更广,有更多的学生从中受益。而且还可以在课程中轻松地选取优秀学生代表学校去参加各类人工智能竞赛。除了在上述那些尖端的科创和机器人项目上获得多个殊荣,我校还在"首届上海市青少年人工智能挑战赛"的智能驾驶项目中获得二等奖;在"2019上海市中小学机器人竞赛暨创客挑战赛"的快递末端无人配送项目中获得挑战赛二等奖和联队赛一等奖;在"第二十届全国中小学电脑制作"活动中获得机器人篮球高中组二等奖。

(二)学以致用——AI+DI

人工智能的学习不能仅仅停留在课堂中,学习的知识和技能需要在更多的实际场景中加以应用,才能不断巩固和积累。最有代表性的一个例子就是在我校的DI社团里,同学们大胆创新,将课程中学到的人工智能技术运用到DI项目设计中去。通过机器视觉的识别进行的垃圾分类,通过机器感知而动态运行的智能模型,帮助DI团队获得了全国第一的殊荣。这是学以致用最"亮眼"的表现。

(三)AI+课程群的不断壮大

我校的AI+课程群还会不断地壮大。未来学校拟开设如大疆的"机甲大师EP竞技课程"等更多样化的真实情境应用项目课程。此外,还要进一步开设"智能校园我做主"系列研究型课程,让同学们利用学习的人工智能基础知识和技能,开发身边校园里真实场景的应用项目。这样既能够将人工智能技术的学习提高到一个新的高度,同时又是对学生智能意识、技术安全、人性化设计以及社会责任等核心素养的提升。

(上海市卢湾高级中学 张晓骏)

人工智能基本工具在小学 PBL 课堂中的应用

——以上海市实验小学四年级"智创玩偶家"PBL 课程项目为例

一、研究背景

《新一代人工智能发展规划》将中小学人工智能核心技术知识的普及作为推动人工智能进步的一项重要举措,人工智能教育在国内的需求越来越大。小学生作为祖国未来科技人才的后备力量,针对小学的人工智能启蒙教育也受到前所未有的重视,将人工智能基本工具引入小学课堂是推动人工智能启蒙教育的必经途径。在这个背景下,笔者结合本校实际情况,在本校科研课题"基于项目学习变革小学生学习方式的实践研究"子项目——"智创玩偶家"中引入人工智能基本工具的使用,一方面为项目制学习引入更多样的学习工具,丰富学生的学习情境;另一方面期待借项目制学习解决真实世界问题的特点,将高高在上的"黑科技"以更加生动有趣、浅显易懂的方式展现在学生面前,促进小学阶段人工智能启蒙教育的发展。

二、核心概念

（一）PBL 项目学习

PBL 项目学习是一种以学生为中心的教学法。在课堂中,学生通过主动探索现实世界的问题与挑战获得深层次的知识。本文依托校科研课题"基于项目学习变革小学生学习方式的实践研究",所实践的 PBL 课程智创玩偶家,以学科融合为原则,基于社会人文、自然科学中的核心概念与原理,在一定时间内通过主题设计、合作探究、成果创建等形式解决真实世界中的现实问题,促进学生知识建构,培育学生的关键能力的学习方式。其具有任务性、情境性、合作性与探究性的特征。

（二）人工智能基本工具

人工智能（AI）,是指以机器为载体进行模拟或者实现人类智能的过程。可以分为计算智能、感知智能和应用智能。本文所研究的教学课堂中,主要使用的人工智能工具为感知智能,即让机器通过软硬件设备,模拟人类感知觉器官获得信息感知的能力。目前,国内外的教学中已有不少人工智能教育产品的投入使用,在智创玩偶家的课堂中,综合考虑小学阶段学生的兴趣特点以及动手能力,课堂选用创豆智能积木及配套的连线编程平台,主要使用到其中的人工智能基本工具为语音传感和面部识别。同时,也辅助其他物联网硬件,包括距离传感器、颜色传感器、声音传感器等。本文借助人工智能基本工具辅助 PBL 项目制教学,实现了技术应用与课堂知识的结合,旨在通过对真实问题的探究,引导学生初识人工智能的世界,在学生主导的课堂实践过程中实现人工智能教育的启蒙。

三、"智创玩偶家"PBL 项目

(一)项目背景

玩是孩子们学习的最佳途径,玩具不仅仅是孩子的玩伴,同时也会影响并启发孩子们的思考方式和想象力。借由"智创玩偶家"项目,学生将获得"梦想照进现实"的挑战机会。通过学习人工智能、物联网技术,使用智能积木进行制作及编程,来实现各种具有独特有趣玩法的智能玩具。在为期一学期的课程中,四年级同学们需要以小组的形式完成一款智能玩具的创作或者改造。

(二)课程实施

在"智创玩偶家"的课堂,学生将自行进行小组分配、角色分工,并由各小组自行决定所钻研的具体项目名称。学生将亲自进行头脑风暴、案例研究、设计和实施计划,或为提升改造现有的某种玩具,增加新的功能,使其更具有互动性;或为实现心中设想的,没有出现过的"神奇玩具"。整体教学进程分为四个部分:立项与设计,探索与实践,测试、反馈与迭代,展示汇报。在整个教学过程中,人工智能的思想贯穿其中。第一阶段的立项与设计,教师通过引导学生观察生活中的智能设备、电子玩具等,引发学生对人工智能的兴趣。第二与第三阶段中,学生通过自主探索、合作探究等方式,掌握了现阶段人工智能技术在生活与学习中的应用。同时,课堂中也引入连线编程语音传感器、人脸传感器的使用,在实践层面将人工智能语音识别技术及面部识别技术带入课堂,带到每位学生手中,使学生真正能了解人工智能思想,使用人工智能技术来进行创新创作。

（三）课程成果展示

通过一学期的探究学习，全班 7 组同学总计完成 7 组智能玩具产品。课程成果主要分为三部分：项目计划书（表 3-7）、智能玩具作品、汇报展示材料。现将全班 7 个小组的成果展示如图 3-17 所示。

表 3-7　小组成果展示

	作品名称	要解决的问题	图文描述（铅笔稿为小组设计草图）
第一组	避障越野车	让玩具越野车在飞驰的同时，保持安全，不会撞车翻车	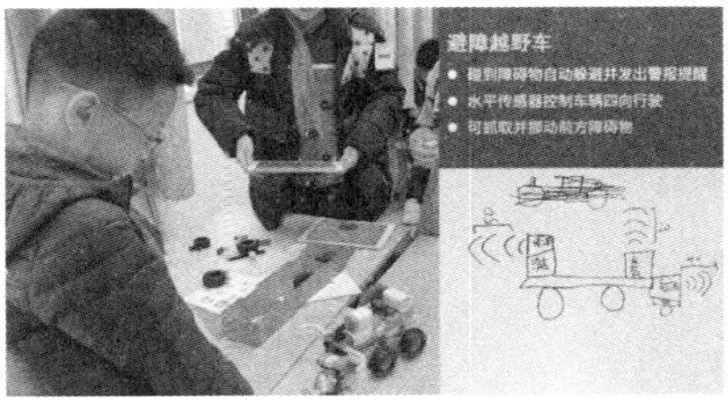
第二组	独角兽纸巾盒	既是心爱的独角兽娃娃，又是纸巾盒，兼具玩具娱乐与生活功能	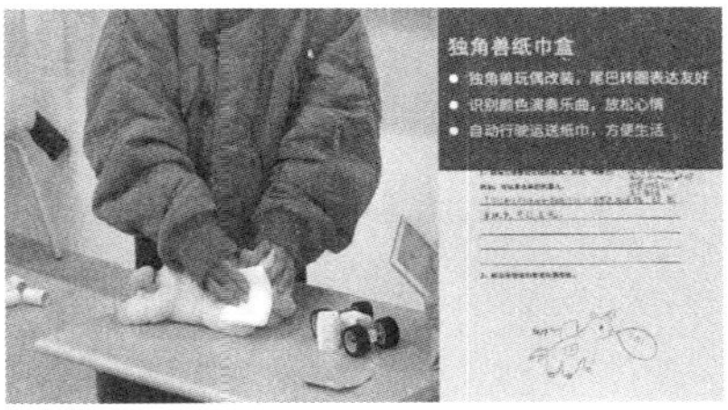
第三组	智能娃娃机	给低年级弟弟妹妹们在教室一角做一个娃娃机	
第四组	罗小黑	玩偶的陪伴不仅仅是静态的，更需要多维度，可以陪伴主人讲故事，像真的小宠物一样摇尾巴	

续表

	作品名称	要解决的问题	图文描述（铅笔稿为小组设计草图）
第五组	安全快递车	被"双十一快递车高速车祸"新闻所触动，要做一辆可以安全、自动驾驶的快递车	
第六组	服务机器人		

图 3-17　学生绘制汇报展板

四、总结

通过本学期的课程实践，以及对学生的问卷调查等，在 PBL 项目制学习中引入人工智能基本工具的教学具有非常明显的优势。

（一）人工智能工具的使用能够提高学生的学习主动性

项目学习是一种主动学习和探究学习的方式，以学生为主导，需要学生在积极探索中发现现实世界中的问题，那么在项目学习的课堂上，学习情境、主题设计以及教学道具的丰富程度在很大程度上会影响到教学质量和学生对课堂的反馈。本次课堂所使用的人工智能基本工具，包括语音传感器、人脸传感器等区别于传统的书本、文具等"冷冰冰"的教具，以简单趣味的方式展示出意想不到的效果，极大地引发了学生的学习兴趣，并促进学生主动探索。例如在"人工智能的发展"那一周的课堂上，笔者看到许多学生在下课前将自己组的半成品和即将交付的该周的项目计划书拍照。问其原因，学生答要回家后查阅更多人工智能技术的资料，并结合本组的作品思考改进的方面。

（二）人工智能工具能够激发学生的想象力和创造力

想象力是学生最宝贵的财富，对于玩，学生具有各种各样天马行空的想法。在智创玩偶家的课堂，人工智能工具的使用能够帮助学生实现创想。例如第六组服务机器人，本组同学对机器人类玩具非常有热情，最初的设计是使用简易回收材料做一个可以走来走去的纸箱机器人。了解了语音传感器和人脸传感器后，该组同学对方案进行了升级，在机器人上添加了服务功能，包括通过识别语音进行开门、倒水等服务，通过面部识别与主人打招呼等。一个原本只是观赏性的纸箱机器人改造升级为利用人工智能技术为小主人提供服务的机器人，非常有创意。

（三）人工智能工具的了解与应用是人工智能启蒙教育的必经之路

《新一代人工智能发展规划》表示，人工智能将成为衡量国家竞争力的新指标，在基础教育阶段，更要为不远的未来做足准备。复杂的程序代码，高深莫测的算法不符合小学生智力发展阶段，因此对技术的认知与应用是小学阶段人工智能教育的重点。只有在了解、认识、使用过程中，建立起人工智能，锻炼计算机思维，为下一步更深入的学习种下兴趣的种子，打下认知的基础，才是推进人工智能教育的必经之路。

（上海市实验小学　丁　勇、袁俐芳）

第三节　其他新技术的教学应用

近年来,许多学校以现代教育技术为提升教学质量的突破口。新技术的应用,给教师教育观念、教学方法和教学组织形式等方面带来了深远的影响,新技术教学的优势明显。运用新技术可以增强课堂的趣味性,降低内容的复杂性,增强直观感,丰富教学内容,增强真实感,增加过程的可信度,从而促进教学效率的提升。

体验与创新——新技术下探究学习策略

《新课程标准》对教师的专业发展提出新的要求。教师必须关注学生核心素养的发展,围绕课程核心,探索新形态的教学策略,探索基于学生本位的个性化发展教学策略。"以教师为主导,学生为主体"的探究式学习,因此被广大教师推广和应用。

探究学习过程应该为学生创设探索性的学习情境,并立足于针对每个学生的不同情况开展个性化的教学过程等,成为教师带领学生开展探究学习的一系列关键问题。层出不穷的新技术给信息科技课堂教学的再设计提供了全面支持,让教师有了丰富的工具,也为在新技术下探究学习策略的改进带来了更多的可能性。

一、新技术下探究学习策略概述

我国著名教育技术专家何克抗教授认为①,教育技术就是人类在教育教学活

① 武丽志.现代教育技术:学科教师应用指南[M].广州:华南理工大学出版社,2009.

动过程中所运用的一切物质工具、方法技能和知识经验的综合体。它分为有形(物化形态)技术和无形(观念形态)技术两大类。有形技术是教育技术的依托；无形技术是教育技术的灵魂——这就是教育技术的真正内涵。

一般而言,教育领域的新技术是相对于传统技术而言的,泛指随着时代的变化而不断涌现和发展起来的各类教育技术。新技术是一个泛在概念,具有时效性、前瞻性和动态性。

探究学习在 20 世纪 60 年代由施瓦布第一次提及之后,在全世界科学教育领域引发了深远的影响。探究学习或者称为探究式学习,是对新知识的体验,即教师通过对教学方法的改进,培养学生的科学探究能力,学生在探究学习的过程中逐步形成正确的价值观、世界观,掌握解决问题的能力。[1]

二、新技术下研究学习策略的核心

探究学习在新课程改革受到广泛的关注,成为学习方式改革的一个重要标志。站在技术角度考虑,困扰探究学习的因素包括用于创设学习情境的设计工具贫乏,用于师生、生生互动的沟通工具短缺,用于描述探究过程的记录工具操作烦琐,用于支撑学习的知识拓展工具不足,这些都使得教师在探究学习策略应用时显得力不从心。

在新技术下探究学习策略的核心理念是——立足体验过程,创新探究方法。

探究学习与重视学习结果的接受学习不同,探究学习更加关注学习过程,强调让学生尽可能地像科学家那样,体验发现问题、解决问题,经历一个完整的科学研究过程,体验发现知识、再创知识的创新过程。各类新技术的使用,拓宽了学生在探究学习中的学习途径,丰富了他们的学习体验。体验是探究学习成功开展的关键。

探究学习的真正出发点是"问题"。教师通过设计一系列相关的趣味性浓厚、环环相扣、值得探究的问题,用新技术给学生营造一个民主、和谐、探究问题的情景,让学生带着问题去探究、去讨论,引导学生逐步从疑问中得出正确的探究目标,甚至为学生提供将探究延伸至课外的工具支持,来证实自己的观点。创新是探究

———————————

[1]　代彦.高中信息技术课程探究式教学研究[D].四川师范大学,2014.

学习提升效果的重点。

三、实践与探索

（一）更生动而活泼的情境引导设计

兴趣是学生学习的动力源泉，在情境引导设计中运用新技术，以获得更生动而活泼的效果。情景创设通常在课堂最初的几分钟，做好情景创设会为之后的整个教学过程起到好的引导作用，为后面的探究主题的提出起好铺垫作用。

1. VR 和 AR 技术

虚拟现实（VR）与增强现实（AR）融合虚拟世界和真实世界，以实时三维、双向互动、身临其境为特点。学生在利用提示或者帮助信息进行操作和实践的基础上，经过体验、探究，归纳出新技术的主要功能、特点以及操作方法，提升探究能力（见图 3-18）。

图 3-18　使用 Elements 4D AR 应用程序可以完成一些实验室难以实现的化学实验

2. 基于移动端的交互式学习环境

智慧教室改变原有教室结构，"一对一"数字化教学环境为学习者问题解决提供了工具与资源支撑，将平板电脑等设备应用于教学的过程。随着智慧教室的建设与普及，教师利用平板电脑集成多种媒体进行信息交互等功能来设计趣味性的学习活动，促使学生积极参与到学习活动中，显著增加了学生学习活动参与度。

3. 机器人教具或开源硬件教具

可编程的机器人教具组件套装是一种使用广泛的机器人教具。其提供统一规格的硬件及连接件，以及可编程控制板以及相关的操作系统。模块化的零部件、便捷的接口、友好的编程界面和简便的程序下载方式，将学生的学习聚焦于计算思维的培养。

（二）更自由的课堂组织设计

学生需要个性化的教学，教师在课堂组织设计中运用新技术，训练学生独立思考，使学生按照自己的能力和节奏开展学习，真正实现以学生本位的教学过程。例如，利用基于 Moodle 平台的程序教学设计功能，实现学习行为的跟踪与路径的优化，用机器来代替教师在课堂教学中的大量机械行为，让教师集中精力设计"小步子"来适应程度不同的学生的学习要求。

（三）在探究问题中体验更真实的实践过程

知识只有运用在解决问题的过程中，才能显示出强大的力量。在探究问题中适切地运用新技术，可以让学生体验更真实的问题解决过程。

1. 慕课平台

慕课平台的功能有开设慕课、设计课程、上传微课等课程资源、网上交流和答疑、学生学习进度监控等（见图 3-19）。

图 3-19　慕课灵"机"一动——基于 App Inventor 2 的安卓手机应用开发

2. 在线学习平台

在线学习平台，例如 Moodle 平台用以支持社会建构主义的教育框架，教师可以利用 Moodle 平台中程序教学功能设计并开展学生自主学习与探索的过程。

3. 课堂交互工具

课堂上师生使用移动设备开展探究性学习的实践活动,需要进行实时交互,使用例如 Kahoot！移动终端的测试平台等即时统计学习者的学习情况,教师利用有趣的抢答游戏可以轻轻松松地调动同学们的学习积极性。

4. 移动学习平台

在课前、课后教师也可以利用移动学习平台等工具开展课外的学生探究性学习实践平台。例如,"作业盒子"App 适用于课中、课后学生学习情况的检验,及时了解每一位学生各知识点的掌握程度,并跟进辅导。

5. 虚拟化的学习平台

探究学习过程中,当学生的探究活动需要涉及现实生活中无法亲临体验的场景,如历史场景和危险场景等,教师可以选择虚拟化的学习平台。虚拟现实带来最直观的沉浸感的体验和身临其境的互动感,对学生知识和技能习得的促进不言而喻。

（四）使探究学习过程记录更科学

记录在探究过程中有着重要的地位。科学的记录是对于我们学习认为有用的有价值的将其保存下来,它不仅是思维的再化,还是证据的获得,更是评价的依据。例如,网班智慧课堂不同于以往的传统意义上的电子书包和多媒体教室等,教师根据系统记录下的学生探究学习过程,可以发现每个学生的学习问题,更好地进行个性化的教学辅导。

（五）在知识拓展设计中实现渐进式的指导

探究性学习是相对接受学习提出的,接受中有探索,探索中有接受。学生探究能力的形成是渐进式的,需要教师恰当的指导。在知识拓展设计中运用新技术,可以更好地实现渐进式的指导。例如,在传感与控制单元教学案例中,教师通过课前微视频中的案例让学生对传感器产生了学习兴趣,进而通过对 App 设计工具的探究性实验活动,在课堂上继续探索在程序中获取传感器数据的方法等。

四、成效与反思

在"互联网＋"时代背景中,层出不穷的新技术被引入教育教学的各个环节,从情境引导、课堂组织形式、探究学习的工具支持、记录探究过程和知识拓展这 5 个方面帮助实现探究学习的"自主、合作、探究",使教师可以更好地将探究学习的理念在课堂内外加以落实。

在新技术支持下的探究学习策略,工具运用的创新是让探究学习成功开展的关键,灵活而适切地使用新技术开展教学实践能让探究学习提升效果。教师在实际的探究学习策略的应用过程中,更需要随着学生发展水平、具体教学目标、学科性质等因素而做出相应的调整。

（上海市向明中学　冯金珏）

例谈 3D 打印技术在地理教学中的应用

　　近年来,3D 打印技术发展非常迅速,而且逐渐渗透到生产和生活中的许多方面。在教育领域里,3D 打印技术已经大显身手,很多学校在创客空间、创新实验室和 STEAM 课程中大量使用,一些劳技课也引入了 3D 打印内容。但在地理教学的应用还是太少,在知网中以"3D 打印"和"地理教学"为关键词进行检索,结果仅有 3 篇文章,可见这一技术在地理教学中的应用还处于起步阶段。3D 打印作为新兴的技术手段,应用于地理教学中可以解决一些传统教学无法解决的难题,充分挖掘 3D 打印的优势可以为教学和人才培养提供有力支持。

一、3D 打印技术概述

　　3D 打印(3D Printing),又称增材制造(Additive Manufacturing),是一种快速成形技术[①]。3D 打印机依据计算机指令,通过逐层堆叠累积塑料、树脂等可粘合材料来构造物体。

　　3D 打印主要分为三维建模、软件切片、打印制作和后期处理四个步骤。三维建模可以通过 AutoCAD、CAXA 这些专业软件来实现,也可以使用像"123D Design"这类免费软件来制作。这些软件都可以导出 STL 文件,是 3D 打印的通用格式。3D 打印机不能直接打印 STL 文件,必须通过切片软件将它转化为 gcode 文件才能打印。gcode 文件里记录了打印头的移动路径和移动速度,具体操纵 3D 打印机一层一层地堆叠打印材料,最终成形。由于打印精度有限,其表面会比较粗糙,最后可以通过物理或者化学方法对表面进行抛光处理,让模型更精美,最后可以根据需要进行上色。

二、探索与实践

　　2019 年国庆档上映的《攀登者》是一部很好的爱国主义题材电影,我们希望利

---

① 张佳琦.3D 打印技术在地理教学中的应用研究.[D]华东师范大学,2015.

用这部电影作为素材进行等高线地形图的教学，以攀登珠穆朗玛峰的路线为线索学习 6 种地形部位。通过真实的素材来学习等高线，对于高一的学生来说有一定难度，但又不想放弃这个设计思路，所以我们决定利用 3D 打印模型让学生直观感受地形部位，通过叠加带有等高线的透明纸将 3D 模型与等高线建立起联系，让学生通过观察和讨论自己总结不同地形部位的等高线特征。

在 thingiverse 等 3D 模型资源库中有几种珠穆朗玛峰模型可以下载，打印出来后我们发现了不少问题，有的太粗糙，有的比例不对，不过这些都可以通过修改模型来克服，但最大的问题是要同时制作一张与三维模型匹配的透明纸。最后我们决定采用 DEM（数字高程模型）数据来生成 3D 模型，同时提取等高线，并制作 3D 课件用于课堂展示，这样通过一套数据生成 3 个课程资源，保持了数据的一致性。

（一）数据准备

常用的 DEM 数据主要有 ETOPO、GTOPO30、GEBCO、SRTM，"ASTER GDEM"等，精度从 1 弧分到 30 米，其中"ASTER GDEM"的精度最高。由于选择的区域比较小，所以需要高精度 DEM，最终我们决定采用"ASTER GDEM"数据。该数据采用 $1°×1°$ 进行分幅，需要下载珠穆朗玛峰附近的两幅图，范围从 $86°E\sim87°E$、$27°N\sim29°N$。接下来要将数据进行无缝拼合，我们采用了 QGIS 这款开源 GIS 软件，相比 ArcGIS 它是免费的，而且所需的功能都有，并且操作简单。

（二）课程资源开发

根据珠穆朗玛峰的经纬度，找出以珠穆朗玛峰为中心的区域进行剪裁，QGIS 可以直接从 DEM 中提取等高线，但是会有很多锯齿，所以先要对剪裁区域进行平滑处理，然后再提取等高线。虽然在 QGIS 软件中可以标注海拔，但由于等高线比较密集，为了美观，我们将数据导出到 Illustrator 中进行地图整饰，调整标注的位置，最终生成珠穆朗玛峰附近的等高线地形图，用于课堂教学。珠穆朗玛峰大本营区域也用相同的方法制成等高线地形图，作为课堂评价使用。两张等高线地形图都印在学案上，同时将珠穆朗玛峰区域的等高线打印在菲林纸上，与 3D 模型配套使用。

将珠穆朗玛峰区域的 DEM 数据运用 QGIS 的"DEM 3D print"插件直接生成 STL 文件，在 Cura 软件中进行切片，再在 3D 打印机上打印。模型打得太小，学生不容易观察；模型太大，打印时间又太长。经过反复尝试，我们最终采用了边长 10 厘米的尺寸，打印一个模型大概需要 4 个小时。同时将 STL 文件导入 Flash 中，制作三维动画,用于课堂展示,整个制作过程如图 3-20 所示。

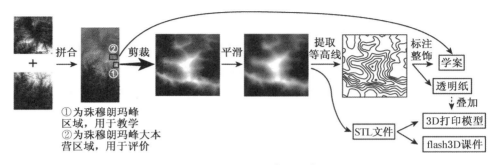

①为珠穆朗玛峰
区域,用于教学
②为珠穆朗玛峰大本
营区域,用于评价

图 3-20　3D 打印课程资源开发流程

（三）课堂教学

教学过程以攀登珠穆朗玛峰的路线为线索,学生三四人一组,课程资源包括一张学案,珠穆朗玛峰区域 3D 模型(见图 3-21)和等高线透明纸。

图 3-21　珠穆朗玛峰区域 3D 打印模型

首先让学生在模型中找出珠穆朗玛峰,并叠加等高线,归纳山峰的等高线特点。然后进行知识迁移,推理盆地的等高线特点。在攀登珠穆朗玛峰的过程中有几个关键的位置,分别是北坳、大风口和第二台阶,对应的地形部位分别是鞍部、山脊和陡崖。按照攀登的路线,依次在模型中找出鞍部和山脊,教师在大屏幕上转动 3D 模型,展示不同的地形部位,学生触摸模型的不同部位直观感受地形部位的特点,同时叠加等高线地形图总结这些地形部位的特点(见图 3-22)。

图 3-22　3D 模型叠加等高线

最后,启发学生在模型中找出山谷地形,并归纳等高线特点。由于比例尺问题,模型中无法呈现第一台阶的地形特点,通过插值给出了等高线,让学生想象第一台阶的形态。

(四)课堂评价

学习完 6 种地形部位之后,通过珠穆朗玛峰大本营附近的等高线地形图对学生进行课堂评价,相比教学用的地形图范围更大,等高线更密集。题目是开放性的,在没有模型的情况下,要求学生在地形图中标出所学的 6 种地形部位,评价地形图中所画的河流是否正确。平均每组学生都能找出超过 10 处地形部位,而且准确率也很高,能够将河流与山谷联系在一起,收到了较好的教学效果。

三、成果与意义

地理实践力是地理学科核心素养之一,虽然不能真的去攀登珠穆朗玛峰,但是通过触摸、观察 3D 模型,观看影片片段,让学生身临其境,理论联系实际,也是地理实践力的一种体现。

在真实的情景中学习地理知识,有助于营造真实的问题情景,激发了学生学习的兴趣和动机,学生在下课之后还久久不愿离去,对3D模型表现出浓厚的兴趣,一些学生还向教师索要模型,希望进一步研究。

排除开发成本,模型主要用到了pla打印材料和菲林纸,每套模型成本控制在10元以内,而现成的珠穆朗玛峰模型动辄几十甚至上百元。随着3D打印技术的进一步普及,我们相信3D打印机会逐渐走进千家万户,学生在家也能制作各种模型用于研究和学习。

本方法具有一定的推广和使用价值,换成其他区域也可以利用这个流程开发相应的课程资源,形成一种教学模式。

对中学教师来说,3D打印技术门槛还比较高,开发过程比较复杂,需要很多专业知识,如何把过程简化、提高可操作性还需要进一步研究。在实践过程中,我们发现团队合作,专家指导具有十分重要的作用。成熟的课程资源开发不易,如能建立共享平台,不断丰富课程资源库,不但能够节约教师的时间,还能推广和使用优秀成果,让更多师生受益。

3D打印技术在改善教学环境、丰富学习情景、将知识与实践相结合等方面具有很大应用价值。充分利用3D打印技术的优点,不但能解决教学中的难题,还可以提高师生的知识和技能水平,具有很好的应用前景。

(上海市敬业中学　彭　松　姚小娟)

探索交互式智能平板在篮球多样化教学中的实践运用

随着信息化水平的飞速发展,人工智能、5G 等技术日趋成熟。2019 年中共中央、国务院印发《加快推进教育现代化实施方案(2018—2022 年)》中就提出,要大力推进教育信息化,促进信息技术与教育教学深度融合,支持学校充分利用信息技术开展人才培养模式和教学方法改革,逐步实现师生在信息化教与学中应用的全覆盖①。"没有信息化就没有现代化"的教育信息化改革,已经成为教育界的共识。

2018 年,上海市教委下发关于体育教学"小学兴趣化、初中多样化、高中专项化"课程改革指导意见中提出,要积极探索多样化教学组织形式,促进信息技术与体育课堂教学的深度融合,构建基于现代教育技术和网络教育资源的新型教学模式,使每一位学生都能在适宜的环境中学习运动技能②。在初中体育多样化教学中,将信息技术与体育学科有效融合,能为学生在经历多个运动项目和体验多种体能锻炼的基础上,营造了丰富多彩的教学环境,有助于学生获得运动带来的乐趣,进而促进学生全面健康地发展。

如今,交互式智能平板作为一种新型教学媒体技术,通过显示屏幕(LCD、LED、PDP)呈现内容,利用触控技术进行操控,实现了人机交互的操作③。在体育教学中充分利用交互式智能平板,不仅为体育课堂提供了信息化的互动环境,还激发学生学习的积极性,进而提高体育课堂的教学效果。因此,本文旨在探索交互式智能平板在篮球多样化教学中的实践运用,挖掘交互式智能平板与初中体育多样化教学的完美融合。

一、实践与探索

(一)创设情境,营造活跃的课堂氛围

教学情境就是教师根据教学内容,从教学目标出发,有计划地引入、创设、组合

---

① 中共中央办公厅,国务院办公厅.加快推进教育现代化实施方案(2018—2022 年)[EB/OL]. http://www.gov.cn/xinwen/2019-02/23/content_5367988.htm,(2019-02-23).
② 徐阿根.上海市初中体育多样化课程教学实施指导手册[M].上海:少年儿童出版社,2019.
③ 黄爱琼.交互智能平板在高中生物学教学中的应用研究[D].广西师范大学,2019.

教学内容的场景及设施。①在课堂中利用交互式智能平板,教师可以适时导入图片、播放音乐、插入视频为学生创设教学情境,营造活跃的课堂氛围。

　　通过调查问卷(见图 3-23)得出:在原有的教学过程中,仅有 62.5％的学生对体育课堂产生强烈的学习兴趣;但在轻松的课堂氛围中,可以让 82.5％的学生激发出极大的学习兴趣,使技能学习的愿望更强烈。由此可见,在利用交互式智能平板创设教学环境情境时,能有效促进 82.5％的学生产生学习兴趣,提高其参与学习的积极性。

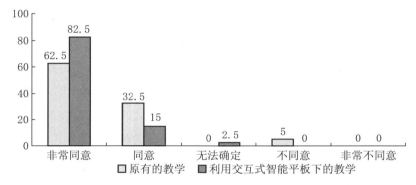

图 3-23　两种教学模式下学生学习兴趣的数据统计(％)

　　例如,在篮球教学中,利用交互式智能平板设计了篮球分组知识竞赛的课堂活动,激发了学生对学习篮球技术的欲望;利用软件播放篮球主题音乐,营造课堂氛围,激发了学生学习兴趣;利用 NBA 球星的图片给学生视觉上的冲击,可以使学生快速融入篮球情境。

　　(二)巧用教学视频,解决不宜观察的动作

　　篮球教学需要传授大量的技术性动作,当教师采用讲解示范的教学方法时,学生会无法清晰观察动作,导致教学效果欠佳。随着交互式智能平板在教学中的广泛运用,教师可提前拍摄不同角度、不同类型的教学视频,利用交互式智能平板中视频播放功能,巧妙地将教学视频融入课堂中;利用交互式智能平板中"书写"等操控功能,圈画出学生不宜观察的技术动作,帮助学生更好地体会技术动作要领。

　　在教学过程中,通过对实验组和对照组的篮球学习效果测评中得出(见表 3-8),对照组平均得分为 77.25 ± 4.378 分,实验组平均得分为 82.25 分 ± 4.929 分,T 值

---

① 　宋玥.情境教学法在中职篮球课堂中的试验研究[D].成都体育学院,2016.

为 − 5.701，P 值为 0.000，P 值＜0.01。说明实验组的学生测评得分较对照组学生得分发生了显著变化，具有高度显著性。同时问卷调查发现，实验组中 92.5％的学生认为，在教学中利用教学视频能充分引起学习注意力，远高于在对照组学生70％的选择比例。由此可见，在教学中利用交互式智能平板的支术，通过在课堂中巧用教学视频，能引起学生的注意力，有效解决不宜观察的技术难点，帮助学生快速掌握技术动作要领，从而显著提高教学效果。

表 3-8 实验组与对照组篮球学习效果测评的各项指标比较

组　别	个案数	平均值	标准差	T	P
对照组	40	77.25	.692		
实验组	40	82.25	.779	− 5.701	.000**

例如，在篮球行进间单手肩上投篮的教学中，借助交互式智能平板中"慢动作""暂停"等功能，加深学生对技术动作理解；借助"重放"和"放大"的功能，清晰呈现"高跳至最高点球出手"和"举球过肩"的技术动作，帮助学生强化技术重难点；借助动画制作的软件，让视频、文字和声音融为一体，加深学生对正确的动作要领的记忆。

（三）开展合作教学，创设互助的学习环境

交互式智能平板作为新型教学工具，其最大的特点是具有强大的互动功能。教师可以在平板电脑内布置教学任务，学生通过平板电脑进行合作交流，同时利用手机与智能平板的同屏功能，实时传输练习视频，营造互助的学习环境。

通过表 3-9 研究表明，在进行第一次调查时，实验组和对照组在小组合作交流意识方面无显著性差异（P＝0.576，P＞0.05）；而在进行第二次调查时，实验组平均得分为 40.95 ± 6.46 分，对照组平均得分为 35.27 ± 5.54 分，T 值为 4.090，P 值为0.000，P 值＜0.01。说明此时实验组和对照组在小组合作交流意识方面已经产生了显著性的差异。

表 3-9 实验组与对照组前后两次合作交流意识的比较

类　别	组　别	个案数	平均值	T	P
第一次	实验组	40	35.15 ± 5.74	0.564	0.576
	对照组	40	34.47 ± 4.69		

类　别	组　别	个案数	平均值	T	P
第二次	实验组	40	40.95±6.46	4.090	0.000**
	对照组	40	35.27±5.54		

由表 3-10 可知,实验组在前后两次调查分析中得出 P 值为 0.000,P 值<0.01。说明实验组在教学过程中利用交互式智能平板进行合作教学后,学生在小组合作交流意识方面获得了显著提高。由此可见,利用交互式智能平板的合作教学,能有效促进师生之间的交流,增进学生与他人合作,更有利于培养学生团队合作交流的意识。

表 3-10　实验组前后两次小组合作交流意识的比较

选　项	第一次得分	第二次得分	T	P
小组合作交流	35.15±5.74	40.9±6.46	−22.42	0.000**

例如,在利用交互式智能平板进行合作教学时,借助平板电脑观看教学视频,让学生在小组合作下,积极探索篮球技术动作。在练习过程中,鼓励学生利用平板电脑拍摄组员练习视频;在小组合作交流中,及时发现自身的不足并及时提高,营造互帮互助的教学氛围。教师在巡视观察中,利用手机拍摄学生练习状态,借助交互式智能平板中实时传屏功能,按照学生的能力给予及时、清晰个性化的指导,从而改善学生的技术动作,使每一位学生在练习中都感受到成功的喜悦,提升学生的成就感。

（四）利用网络平台,实现及时的交流反馈

利用交互式智能平板中的网络平台,学生可在互联网上以问题、图片、视频等形式分享练习成果,并利用网络平台的互动性,师生可共同参与其中进行交流讨论。

通过问卷调查（见图 3-24）可得,实验组能得到教师及时反馈与评价人数占到总人数的 92.3%,而对照组仅占 55%;实验组学生认为自己在学习后运动技能得到有效提高的人数占总人数的 72.5%,超出对照组 25% 的人数。由此可见,利用交互式智能平板的网络平台,营造了融洽的学习气氛,增加了师生之间交流,得到及时反馈与评价,促进了学生技术动作的掌握,提高运动技术水平。

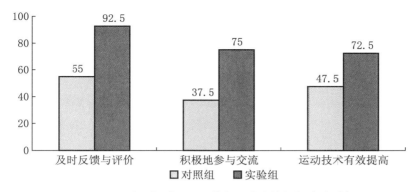

图 3-24 实验组与对照组反馈与评价中的数据统计（%）

例如，在"篮球双手胸前传球"的课后，利用"晓黑板"网络平台，鼓励学生上传练习视频，教师通过观察视频，给予学生及时的反馈，并鼓励学生相互评价，进而不断强化了篮球传接球技术重点的把握，也促进学生之间更深层的交流；利用网络平台的互动性，鼓励学生提出疑惑，并与学生展开互动交流，开拓学生的思路，提高学生的实践应用能力。

二、结论与反思

（一）结论

1. 利用交互式智能平板中多媒体技术有利于激发学生的学习兴趣

借助交互智能平板在教学中播放"音乐""视频"等功能，营造学生熟悉的教学环境，调动学生的多种感官，激发学生的学习兴趣，提高学生的学习注意力，进而产生对技能学习的欲望。

2. 利用交互式智能平板中平板显示功能有利于快速掌握技术动作

借助交互式智能平板在教学中"暂停""放大"等功能，将学生不易观察的重点技术动作融入其中，不仅能引起学生的注意力，还能有效解决教学重难点，帮助学生快速掌握技术动作要领，从而显著提高教学效果。

3. 利用交互式智能平板中人机交互技术有利于开展合作教学模式

借助交互式智能平板在教学中"同屏""摄像"等功能，构建了自主、合作、探究的学习平台，为学生创建更多合作自主的学练时间，促使学生全身心投入学练中，养成合作意识与合作能力，最终促进学生身心全面发展。

4. 利用交互式智能平板中网络传输技术有利于提升学生学习获得感

借助交互式智能平板中网络化的功能,搭建网络交流平台,增加师生之间的交流,帮助学生更好地掌握技术动作,加大学生学习获得感,提高运动技术水平,也进一步深化及延伸了后续的教学任务。

(二)反思

1. 为适应"互联网+"的教学模式,需要提升体育教师信息化素养

在当前信息化的大背景下,学校应重视对体育教师信息素养的培养,开展多层次的基于交互式智能平板运用的培训。作为体育教师要不断提高信息技术应用能力,提升信息素养,充分利用互联网开展在线教学,适应"互联网+"的教学模式。

2. 为实现信息技术与教学的深度融合,需要建立"线上+线下"的教学模式

在"互联网+教育"的背景下,"线上"教学与"线下"教学相结合的教学模式将成为未来教学改革与创新的重要路径之一。体育教师要充分利用交互式智能平板网络化的特点,将"线上"的网络教学与"线下"的课堂教学有机结合,进而实现信息技术与体育教学的深度融合。

(上海市格致初级中学　宋琳婕)

天文软件应用于小学科学探究式课堂的实践研究

2017 年全国《义务教育小学科学课程标准》中明确科学观念与应用、科学思维与创新、科学探究与交流、科学态度与责任的重要性，明确科学教育倡导探究式学习①，可见指导学生进行科学探究过程是培养科学素养的重要途径。但在学习"地球与宇宙科学"领域时，运用传统资源难以实现学生与探究资源发生深度探究，对发展科学素养不利。随着信息技术的进步，越来越多天文软件孕育而生，学生能通过软件畅游太阳系、观看行星的运动等，能观察到直观现象，形成主动探索宇宙的欲望。同时，学生能对软件呈现的现象作进一步分析，探究随之发生。

一、研究基础与思考

（一）天文软件应用于教学的现状

在《基于模拟式教学及其效果研究回顾》文中，张建伟指出，模拟软件提供了可操纵、观察、分析的模型，能激发探索学习。文中阐述了模拟软件的特点及其该怎样应用于探究式学习中，并对应用效果作了论述②。可见，天文软件可作为小学科学探究式学习的资源。但从知网搜索中得知，国内研究多于近几年进行，实践研究数量较少且集中于中学学段，教学策略的提炼及实践成果均不足。

（二）研究思考

基于上述的研究不足，本研究着重实践，将结合案例论述天文软件如何运用于小学科学探究式课堂，并提炼教师策略，总结研究成效。

二、研究成果

（一）天文软件在小学科学探究式课堂的应用框架

小学科学探究式课堂的目标是引导学生形成科学素养，综合国内外研究③，科

---

①③ 刘恩山.义务教育小学科学课程标准解读[M].北京:高等教育出版社,2017.
② 张建伟.基于模拟式教学及其效果研究回顾[J].电化教育研究,2001(7).

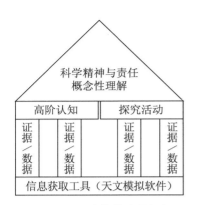

图 3-25　天文软件应用框架

学素养可归纳为科学概念、高阶认知、科学探究、科学精神与责任四方面①。天文模拟软件作为"信息获取工具",获取"事实性知识",这些事实可支撑学生在探究中搜集"证据/数据",学生调动高阶认知将证据/数据转化为概念性理解,并在教师引导下形成科学精神与责任。基于此,建构了如图 3-25 所示的天文模拟软件应用框架。

（二）天文软件在小学科学活动中的应用

基于"应用框架",图 3-26 整理了"观察""模拟"及"调查"活动中运用天文软件的目的。

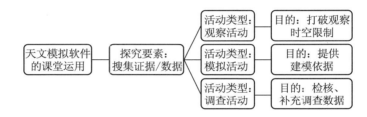

图 3-26　天文软件在科学探究课堂中的运用目的

1. 观察活动中搜集证据

在"地球与宇宙科学"领域,常规观察资源为图片、视频或实物观察,但图片、视频的观察角度不全,实物观察受天气干扰。天文模拟软件则能呈现三维立体图像,学生能立体观察空间设备、各类星球,还能打破观察时间、地点,获取全面观察结果。

【案例 1】　观察月相周期变化

● **活动实施**　由于天气、学生自律等因素,小学生很难完整记录一个月的月相变化。教师在课堂中提供了 Moon Phases 软件,供学生在真实观察的基础上将空缺补足。从而有更充分的证据说明月相变化的规律。

● **活动分析**　本次观察活动,需要学生长周期观察并分析出月相周期变化的规律。但天气、学生自律等问题总会使学生无法完整记录一个月的月相。虽空缺

---

① 张伟刚.科学素养与培育［M］.北京:科学出版社,2015.

部分不影响部分学生得出月相变化的规律,但为了培养学生的实证精神,仍需借助软件供学生补充空缺处,使得出的结论更有说服力。

2. 模拟活动中搜集证据

模拟活动有助于帮助学生认识自然现象或过程的形态及特征。模拟活动的成果之一为建模。如何建模?为何如此建模?需要学生通过搜集证据,分析证据与建模材料的关系来完成。而天文软件中高度集中的资料适合学生收集建模所必需的证据。

【案例2】　建立太阳系模型

● **活动实施**　本活动的任务是利用图 3-27 所示的结构性材料建立一个太阳系模型。

活动时,提供学生 solar system scope 软件。活动前,提问学生:"建立太阳系模型,要搜集哪些证据?"有学生说:"要收集行星的大小。"还有学生补充道:"行星到太阳的距离也

图 3-27　"建立太阳系模型"探究资源

要收集。"于是,组织学生收集各行星的"大小"与"到太阳的距离"并进行排序。最后,根据收集的证据建立太阳系模型。

● **活动分析**　如图 3-28 所示,天文软件将图文资料都高度集成在一个界面中,简化收集证据的时间,学生有充足时间将"行星大小""行星距离"进行排序,并综合分析数据与建模材料间的关系,从而完成建模任务。

图 3-28　solar system scope 软件截图

3. 调查活动中搜集数据

调查活动能帮助学生研究事物规律。但在"地球与宇宙科学"领域中,调查活动常受天气、时效性等影响。这时,学生可借助天文软件检核、补充数据,再进行分析。要注意的是,仍要组织学生开展实地调查,软件作为实证资源仅起到补充、检核数据的作用。

【案例3】 调查一天中太阳高低位置

● **活动实施** 课前布置了调查一天中太阳高低位置的作业。反馈时发现,因天气不佳、调查工具使用不熟练等,较多学生没有完成调查作业,数据存在不完整、不一致等问题。于是,课堂中借助 Stellarium 软件,指导学生运用该软件检核、补充数据,再对检核过的数据进行处理、作图和分析。使得出的结论更有说服力。

● **活动分析** 本课基于课前调查,但由于天气影响、学生自律不足、调查工具使用不当等因素,会影响收集到的数据。基于这些问题,将天文模拟软件作为辅助工具,补充学生数据收集的不足。此外,学生还能如图 3-29 所示,更改日期,再次收集、分析数据,证明学生结论的普遍性:一天中太阳高低位置规律的普遍性。

图 3-29 Stellarium 软件截图

(三)促进学生深度探究的策略

部分学生对软件操作不熟悉可能会影响课堂。为提升课堂效率,指引学生在课堂中深度探究,笔者整理了如图 3-30 所示策略。

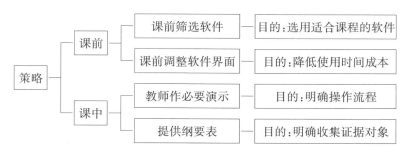

图 3-30 促进学生深度探究的策略

1. 课前筛选软件

天文软件功能有繁简之别,需提前筛选。筛选时,以满足课堂内容为前提,选择界面更简易的软件,如"太阳系"一课中"建构太阳系模型",找到两个适用软件,对比如表 3-11 所示。

表 3-11 Solar walk 2 以及 Solar system scope 软件对比

名 称	Solar walk 2	Solar system scope
是否包含课堂所需内容	是	是
行星大小、离太阳距离的资料所在位置	分开在多个界面中	集中在 1 个界面中

从中发现,两个软件虽内容均能适配课堂,但简繁程度不同。所以,课堂中借助了资料显示更集中的 Solar system scope 软件。

2. 课前调整软件界面

课前调整软件界面能降低使用时间成本。如"一天中太阳高低位置的变化"一课,课前将软件初始界面进行调整。由图 3-31 可见,学生仅需通过点击即可调整时间,读取太阳高低位置的数据,节省操作时间。

图 3-31 课前调整软件示意图

3. 教师作必要演示

教师作必要演示的目的是：明确操作流程。如"太阳系"这节课，教师在学生活动前按表 3-12 所示演示操作，明确搜寻证据的路径。

表 3-12　软件操作流程

步骤	流　　程	流程截图
1	点击左侧按钮	
2	点击"planet explore"	
3	点击相应行星	
4	点击"百科全书"	
5	搜寻建模依据	

4. 提供纲要表

提供纲要表的目的是让学生思维外显。课堂中,纲要表能帮助学生更快筛选,提炼信息,将思维外显。如"太阳系"一课,教师提供给学生如表 3-13 所示的纲要表,查看纲要表即可知学生的学习情况。

表 3-13　课堂探究纲要表

行星名称	离太阳位置排序 (从近到远:1—8)	赤道直径排序 (从小到大:1—8)
水　星		
金　星		
地　球		
火　星		
木　星		
土　星		
天王星		
海王星		

三、成效与反思

（一）学习成效

1. 学生分析有依据

将天文模拟软件运用于课堂后,学生能通过观察、模拟、调查活动获得直观证据/数据,给学生进一步分析提供了依据。如"探究月相变化规律"活动,课后对学生的课堂分析作了如图 3-32 的统计,大部分学生在分析观察证据后有多个发现,

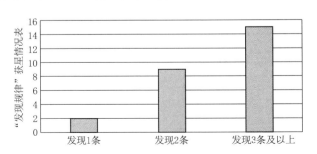

图 3-32　"探究月相变化规律"活动统计

这正是由于天文软件提供给学生检核、补足观察不足的机会。

2. 提升实证意识

"地球与宇宙科学"领域内的"调查活动"往往有时效性,如调查太阳高低位置。以往教师直接提供数据弥补学生调查不足,但这样做不利于学生形成实证意识。借助天文软件,链接天文台数据,学生能检核、补充自己的数据,长此以往的过程有利于学生形成实证精神。

(二)反思与展望

本研究提出了天文软件的应用框架,但对天文软件操作指导介绍较少,后续可制作不同天文软件的教师指导手册,供信息技术运用不熟练的教师参考。

本次研究的是"地球与宇宙科学"领域内运用天文模拟软件,下一步可继续研究"生命科学"领域与"物质科学"领域运用模拟软件的必要性及应用时机。

(上海市黄浦区四川南路小学　夏志骏)

第四节 网络课堂的实践

网络课堂打破了传统教学在时空上的局限,学生在网络背景下的学习恰如其分地体现了建构主义的观点。学生在网络背景下的这种自主性和探究性学习,使他们的学习具有了传统学习无可比拟的优点:一是促使学生确立自己在学习过程中的主体地位;二是网络背景下的学习体现了真正的因材施教;三是网络背景下学生学习有较强的独立思维能力,不迷信教师,能批判性地学习;四是网络背景下的学习是一种多向的信息交流活动,学生在获取不同的学习资源时可进行比较,集思广益,取长补短,深入理解和消化所学的知识,益于对新知识的意义建构。

高中信息科技"课堂网络互动"的教学研究

《上海市中小学信息科技课程标准》明确指出:高中信息科技课程是一门以提高学生信息素养和在信息化环境下的学习能力为目标,以计算机和网络为基本载体,以学信息技术、用信息技术、懂信息技术、与信息技术一起学为基本学习过程,融知识性、技能性和工具性于一体的重要的基础课程。[①]因此,"信息科技"课程承担着为学生在以计算机和网络为主要载体的信息化学习平台上进行自主学习和个性发展,提供必要的科学观念和科学方法的任务。

捷克著名的教育家夸美纽斯指出:"找出一种教育方法,使教师因此可以少教,但是学生可以多学。"创设有利于学生自主学习,有利于课堂有效管理的学习环境

① 上海市教育委员会.上海市中小学信息科技课程标准[M].上海:上海教育出版社,2011.

成为现在教育教学的一个重大课题。如何更好地利用信息技术？如何搭建更具特色的新型网络学习环境？如何才能让新技术、新环境、新平台更好地为"老师的教、学生的学"提供更合身的服务？这是我们应该去实践、去探索、去研究的问题。

一、思考与认识

建构主义学习理论认为，教学应重视学习者的已有知识经验，不应简单、强硬地从外部对学习者实施知识的"填灌"，而应把学习者原有的知识经验作为新知识的生长点，引导学习者从原有的知识经验中生长出新的个人知识经验①。

教学互动是指师生互相交流、共同探讨、互相促进的一种教学组织形式。在建构主义思想中，教师应当彻底摒弃以教为中心、单纯强调知识传授、把学生当作知识灌输对象的传统教学模式，而应树立全新的教学方法和全新的教学设计思想。笔者认为，要超越目前信息技术辅助教学单纯演示模式的现状，最佳途径应是让信息技术全面渗透整个教学过程的新型教学模式——"课堂网络互动"。这种教学模式既有利于增强学习效果，提高学生自主学习能力，又能在一定程度上促进教师业务能力的提升，促进教师和学生的共同发展。

二、实践与探索

（一）"课堂网络互动"的教学互动平台

网络教学平台是整个互动教学的"生命线"，是支持互动教学各环节有序开展的"物理环境"。能有效保障课堂网络互动顺利开展的学习平台，应满足表3-14所示的全部功能。

（二）"课堂网络互动"的教学设计

"课堂网络互动"的教学设计是一种"人—机—人"的教学模式，其核心落在教师的"导"和学生的"学"。"导"是教师为达成教学目标而设计的一条"引导主线"，"学"是教师为学生学会知识而设计的一条"学习主线"，找到两条主线的重合是最好的设计。

---

① 李纪亮.基于任务的信息技术课堂教学研究[D].山东师范大学,2007.

表 3-14 网络教学平台的功能

基本功能	参与互动的内容	教学互动平台的基础架构
学生	围绕教学主题,通过教学组织,呈现教学内容共同形成的知识拓扑树	知识内容浏览、话题讨论、即时练习、在线考试,学习笔记记录、数字文档上传 学生 说 答 考	
教师	是集中学习资源、提供互动问答、实现互动监控于一体的综合系统	教学过程设计、各类知识内容上传、话题讨论管理、答题数据分析、试卷批阅和成绩发布 老师 管 统 阅	
班级	是与现实校园中实际班级完全相符的网络校园	按班级分别发布教学进度,不同班级所处教学过程可以不同,教学过程产生的数据按班级分别独立统计呈现 教学内容发布状态 高一(2) 1.1.2 高一(5) 1.1.3 高一(7) 1.1.4	

1. 针对教学环节的预设

教学环节是为课堂而设,是为教师的"导"而设,也是为学生的"学"而设,教师对于教学环节的设计无须形成固定的模式,但可以带有自己的教学风格。

① 新授知识类课堂,可围绕"一"字进行教学环节的设计。如问一问、读一读、想一想、看一看、学一学、做一做、练一练、编一编、查一查、算一算、比一比、战一战、测一测、评一评等。② 综合实践类课堂,可围绕"任务"进行教学环节的设计。如任务领取、任务解读、任务分析、任务分解、任务方案设计、任务方案实现、任务反思、任务拓展等。

2. 组织画面内容的呈现

学科知识的有效传递与认识关键在于，课程知识客观呈现的策略与主观构建的技巧。知识可视化是指利用所有可以用的图解手段来构建和传递所要呈现的复杂知识，将隐性、抽象的知识显性化、形象化，把形象的图像与抽象的语言文字相结合，充分发挥左右脑的不同功能，进一步激发学生的潜能，增强学习效果①。知识可视化可谓是"课堂网络互动"组织画面内容呈现策略的核心思想。

① 静态可视化。即采用数据图表、图文结合、实物翻拍等表征方式。② 动态可视化。即给静态的图形于动态的变化，使知识的链接从一个平面发展到立体的空间，从一成不变发展到即时更新。让知识不仅是"可视"还是"可感""可触""可听"，这是一种"沉浸式"的可视化表征方式，可以促进学生对知识的创新和迁移。

3. 引导学习方式的选择

引导学生学习的教学设计不仅是对知识的预设，还是对学生情感、认知的掌握。好的引导方式是将"知识作为基础、问题作为主线、思维作为核心"，并能让学生的学习潜能得到充分激发。

① "疑问式"引导。陶行知先生曾说过："发明千千万，起点是一问。"疑问可以激励学生思考和探索。"疑问式"引导会在学生心中建立一连串"为什么"，带领学生在好奇心的驱动下，积极、主动地参与学习、分析、探究。② "递进式"引导。递进式思维可以有效地降低学生思考难度，让学生循序渐进地深入知识的内部，发现其中的奥秘。"递进式"引导充分尊重学生的认知规律，将大问题拆分成若干个小问题，给学生的思考建立台阶，让每个学生都可以顺藤摸瓜，找到解决问题的契合点。③ "开放式"引导。开放式引导，旨在尊重学生个性，引导学生独立思考，激发学生思维的敏捷性，使得每个学生都可以从自己的个性思维出发，建立自己的观点和看法，进而顿悟现象背后的规律和结论。

三、成效与反思

（一）"课堂网络互动"的教学优势

"课堂网络互动"通过平台能够及时采集学生学习的数据，为教师的即时调控

---

① 王文祥.知识可视化在中学物理模型教学中的应用探究［D］.陕西师范大学,2015.

提供了事实依据。

1. 课堂互动方式多元化

师生互动行为具有教育性、交互性和连续性、系统性和综合性的特点,良好的师生互动不仅能提高学生的学习成绩、促进学生综合素养的发展,而且能提高教学质量。图 3-33 展示的是教师、学生和教学互动平台之间的关系。

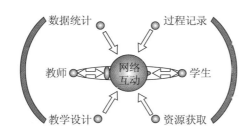

图 3-33　教师、学生和教学互动平台之间的关系

2. 课堂内容把控特色化

教师的作用不仅是"信息源",还是学生学习活动的调控器,教师应做到"导而勿牵",为学生的学习导向、导法、导练、导学,把学生引到一种想学、爱学、会学的境界①。每节课的教学内容是教师所预设的,但预设的内容是否都需讲、是否都需要精讲是可以"因势而变"的。

3. 课堂氛围调控自然化

愉悦、积极的课堂氛围是点燃教师教学激情和学生学习激情的必要条件,教学互动平台的引入一方面吸引着学生积极、主动地学习而无暇顾及与学习无关的事情,起到了制约问题行为滋生的作用;另一方面,学生在学习过程中的思维火花被平台汇集到一起,呈现在所有同学的眼前,既吸引学生积极地去阅读、分享,也无形中给了学生思想放飞的舞台。

(二)"课堂网络互动"的反思与展望

教学不止,需求不断,教学互动平台对学习资源的细化和学习活动的序列化,有利于学生根据自己学习的节奏方便、灵活地获取资源和参与活动,但同时也给教师同步所有学生学习的节奏带来了困扰,超前学习或滞后学习都给课堂带来了一定的影响。如何有效地控制学生课堂同步学习?这个困惑我们期望从平台技术层

———————————

① 姜曙光.教师掌控课堂的技巧[M].长春:东北师范大学出版社,2010.

面能找到更合理的管理和支持。因此,对于网络交互教学的实践和研究,我们仍需持之以恒地开展,在实践中注重思考、总结,在思考中不断改进、完善。

　　"课堂网络互动"的教学模式让教师以学生学习伙伴的角色实现知识传授和方法指导,让学生把课堂学习过程记录在案,使教师可以随时翻看学生学习的情况,使学生可以随时"回看"课堂——让学生可以把"课堂"带回家。

(上海市敬业中学　周群香)

网络环境下 O2O 模式的主题式社会调查教学创新

《普通高中思想政治课程标准(2017 版)》明确指出,高中思想政治是帮助学生确立正确的政治方向、提高思想政治学科核心素养、增强社会理解和参与能力的综合性、活动型课程。公共参与是思想政治学科核心素养之一,开展社会调查主题学习是提升"公共参与"核心素养、增强学生社会理解和参与能力的有效途径。为此,储能中学高中政治教研组以增强学生兴趣,提升学习实效为目标,依托学校网络互动教育平台开展 O2O 模式下主题式社会调查教学创新。这种通过构建"微课程交互学习体系",开展"线上学习"与"线下实践"相结合的主题式社会调查教学,有效解决了学生在学校学习时间有限与个性化学习需求之间的矛盾,以其开放性与互动性充分调动了学生的积极性,促进了学习资源的交流分享,提高了学生学习的有效性,可以提供很好的借鉴。

一、交互:创新 O2O 模式转变个性化学习方式,提升学生能力

O2O 模式,是 Online to Offline 的缩写,原指将线下的商务机会与互联网结合;在我们的研究中,借以指代学生在开展社会调查主题学习和实践过程中,依托学校互动教学平台进行的"线上学习指导线下实践,线下实践丰富线上学习"的学习模式。该模式的突出特点是自主性、开放性与交互性。

实施 O2O 的学习模式,可以使学生在"资源开放、课程开放、选题开放、调查开放"的前提下,自主开展合作学习与探究学习,在自由的、个性化的"课程资源"中,根据个人兴趣和意愿定制不同于别人的学习内容和方法,并随时随地地实现"师生互动、生生互动"的"线上""线下"一体化学习。这种环境能够充分激发学生的学习热情,提高学生的自主性、创造力和数字化胜任力,实现个性化学习方式的转变。

从学科能力培养的角度来看,网络环境下学生开展社会调查主题学习,针对同一主题,学生们拥有不同的调查研究方向,他们可以交互性地进行建议、评价、交流,促进学生认识到即便同一个主题的情境,也可以从不同学科的角度来观察,往

往可以发现不一样的问题,而针对同一问题又可以从不同知识的角度找到不同的解决途径。这将对学生发散性思维、创造性思维的培养产生积极影响,也有利于他们在数字化的环境下更多地自我发展、创新创造。

二、实践:依托数字化平台打造"微课程"环境,开展主题式社会调查学习

我们通过网络互动教学平台,构建了能够链接学生"线上学习与线下实践",有效完成社会调查学习任务的"微课程交互学习体系",同时提高了课程设置的灵活性,延长了学生课程学习时间跨度,从高二年级到高三上学期开展课程学习。我们开展的主题式社会调查教学,整合了学科内容,围绕经济、社会、文化、生活等热点问题设立不同主题序列,每一个主题下包含不同研究视角的研究菜单,教师指导学生依据个人兴趣、客观条件等因素选择不同研究方向,学习调查方法,开展社会调查,完成调查报告,交流调查成果。

（一）面向学生开展问卷调查,了解学生的认知起点和兴趣方向

为了弄清学生的社会调查元认知情况,2017 年 9 月,我们针对 225 位高一、高二学生发放了调查问卷。经过调查发现,有 82.1% 的学生从未开展过社会调查研究,40% 的学生不知道调查问卷该如何设计,88.3% 的学生期待进一步了解社会调查的基本知识。经过统计在学生感兴趣调查问题方向,我们发现学生关注比例最高依次为:中学生的生活、经济现象、文化现象、环保问题等。鉴于对学生第一手材料的了解,我们的社会调查课程从"中学生生活""经济现象""文化现象""生态建设"4个维度进行了课程框架设计(见图 3-34),制订了设计方案。

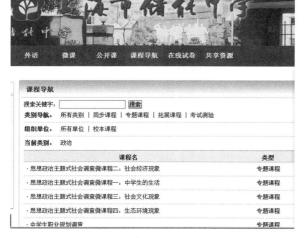

图 3-34　主题式社会调查课程系列

（二）基于学校教学平台，构建微课程环境

在针对学生的问卷调查基础上，我们依托数字化平台，将整个社会调查课程分为 3 个环节、4 个阶段，每一个环节和阶段的任务和作用如表 3-15 所示。

表 3-15 社会调查课程的主要模块与任务

环节	阶段名称	主要任务及作用
调查前	社会调查 知识初体验	让学生通过浏览网络课程页面了解有关社会调查及其方法、注意事项等基本知识，并针对学习过程中遇到的难点或有疑问的地方进行互动交流
调查中	社会调查方向的 互动交流	学生将本人要调查的主题及调查说明，拟完成的调查研究方向发帖展示，其他师生共同浏览回帖，表达看法；学生可以根据大家的看法和建议不断修正自己的调查方向和研究方案
	社会调查进行时	学生可以将自己的问卷调查报告发帖展示交流，征求师生们的意见；也可以邀请所有师生线上参与自己的调查问卷；或者请求更多的同学转发自己在线问卷调查超链接，来扩大调查对象的范围
调查后	社会调查成果 展示与交流	形成调查研究报告并进行分享，其他师生仍旧可以进行发帖评价。教师可以选择优秀案例展示

在 3 个教学环节之外，本课程还设置了"在线讨论""文档中心"模块。"在线讨论"是为了了解调查前、中、后的开展情况，或者学生在学习过程中需要寻求帮助、咨询等情况而设置。"在线讨论"既为学生提供了交流调查心得的平台，也方便教师掌握调查动态及学生们的所思所想，以便为后续教学提供参考。在"文档中心"模块中，每个学生都可以将过程性资料，如网上文献、调查问卷、数据分析报告、研究报告等进行上传（见图 3-35）。这个文档中心具有一定私密性，是否开放的决定

图 3-35 学生的个人文档中心

权在学生,因此它可以成为学生的"研究档案资料包",成为云端储藏资料室,或者成为教师对学生进行过程性评价的重要依据。

（三）线上线下相结合,开展社会调查网络课程实践

在基于网络的社会调查主题学习实践中,每一个学生的调查研究项目都配有专门的"导师",进行"线上学习指导线下实践,线下实践丰富线上学习"。学生开展调查研究可以获得更具针对性的帮助,同时也使研究的成效和质量得到明显提升（见表3-16）。

表3-16　社会调查课程的"线上"与"线下"活动

环节	模块名称	"线上"互动	"线下"活动
调查前	社会调查知识初体验	学生浏览平台提供的关于"社会调查"基本知识,开展在线讨论	教师课堂中依托网络课程适当进行讲解与点拨,"线下"直接解决学生困惑
调查中	社会调查方向的互动交流	学生浏览课程平台上以往学长上传的资料信息;思考个人调查方向,发帖并展开互动交流	教师在学生选定大的主题序列方向下,对学生感兴趣的调查研究点进行指导,帮助学生确立初步调查研究方案
	社会调查进行时	学生将拟开展的调查问卷进行展示交流,在线互动修改,并发帖通过超链接形式进行在线问卷调查	教师对学生进行问卷设计指导,学生开展线下问卷调查、实地走访调查、访谈调查等
调查后	社会调查成果展示与交流	学生将个人研究成果进行展示交流,接受同学老师的在线评价;学生整理个人"文档中心";教师展示优秀调查研究成果	教师指导学生提炼研究成果,完成相关报告。教师举办线下"学生调查研究成果展示活动",邀请优秀案例成果进行分享交流

三、共赢:学生成长与学科改革共发展

（一）数字化平台为学生走向广阔的社会提供在线支持,拓展了学习的时空,提升了信息素养

提升公共参与意识是政治学科核心素养培育的重要方面,信息素养的培育则是促进达成这一育人目标的有效手段。社会调查中,学生将面对更为繁杂多变的

信息环境,数字化教学平台建立后,学生不再局限于学校和家庭,随时随地通过互联网进入数字化虚拟学习环境。学生社会调查的图文影像、调查记录可以随时随地直接上传到数字化平台的个人学习包中,储存方便,取用、加工、处理便捷。因此,数字化教学平台成为学生更有效处理各种调查信息的物质基础。

(二)主题式微课程将思想政治教学内容的共性和学生学习需求的个性紧密结合,满足学生个性发展的需求

在我们的实践中,不同的主题序列基于思想政治学科教学内容,立足于学生现实生活,学生可以充分感受到学科知识的应用价值和科学思维的意义。学生根据自身兴趣爱好选择调查方向,利用资源包中提供的参考材料反复学习,与指导教师在友好的数字化平台上在线交流。这种学习方式适应和满足了学生对个性化自主学习的需求,更有效地提升了学生人生价值体验以及参与社会生活的实践能力,也促进了学生的全面发展。

(三)课程的开发与研究提升了教师的课程意识,促进专业发展

通过开发微课程,教师加深了课程理解,拓宽了课堂教学的外延。教师除了关心"学什么"外,更关心的是"在哪学"和"怎么学"的问题;通过制作微课程,教师加强了对教学的反思,提升了教学水平、研究能力以及信息技术能力;通过在线微课程的互动交流和成果反馈,教师可以迅速了解学生的学习效果,能关注个体差异,及时发现需要被重点关心的对象,还能根据学生反馈的问题,设计下阶段实践方案。教师在引领学生学习方式变革中促进了自身的专业发展。

(四)主题式社会调查网络学习,规范了课程学习内容,推动了学科进一步深化改革

本主题学习立足于学生生活体验,结合社会热点或重大时事政治,整合了学科教学内容,从不同角度设立主题序列以及不同视角与研究方向。教师指导学生开展社会调查研究,运用所学的经济、哲学和政治常识分析、评价,撰写调查研究报告,使其切实成了学科研究性学习的重要内容之一。网络平台的交互性成为推动学生深入研究的催化剂,使他们更深刻地体验到学科的魅力,为其他学校开设社会调查主题学习课程提供了很好的借鉴,同时也推动了思想政治学科课程教学改革。

(上海理工大学附属储能中学　黄玉霞)

小学体育课堂中运用"云手表"开展有效教学的实践研究

随着 AI 时代的到来,人工智能的理念已经迅速渗透到了教育领域,"互联网＋"教育的快速发展,以智能手机和智能手表为代表的现代信息技术在教学中广泛应用。卢湾一中心小学,作为国家教育部信息化试点学校,置身于外界极为关注的"云课堂",始终尝试着将大数据、移动互联网和健康数据管理引入到体育常态课教学中,学生的体力活动、位置,以及身体生理数据等每一点变化都成了可被记录和分析的数据。

一、思考与认识

如何在体育课堂上有效地运用现代信息技术手段? 如何在落实小学体育课程"兴趣化"的基础上用好现代信息技术? 这些随之而来的新问题势必会成为我们体育教师必须面对的一个新挑战。

齐彩红在《核心素养视域下运用现代教育技术优化体育教学研究》中阐述了核心素养的概念与内涵,探讨了运用智能装备、微课、VR/AR 虚拟现实仿真等现代教育技术优化体育课堂教学结构以及提升学生核心素养的实施途径。虽然提到了信息技术,但是没有提到对学生运动认知与行为这类实践性能力的培养。

李宏写的《谈信息技术与小学体育教学的整合》和陈建德写的《信息技术与体育教学融合的现状与对策研究》中都阐述了信息技术与小学体育教学的关系,以及信息技术与体育教学实现深度融合,会给体育教学带来利处。比如:激发学习兴趣,实现运动参与;直观教学方法,掌握技术动作;突出学生主体,增强学习能力;克服体育教师自身局限性,提高信息素养等。但是所提到的信息技术的应用还是以理论为主,没有提到实践操作需要的具体工具和手段,没有进入实践阶段。

通过已有研究的侧重点可以看到,信息技术所产生的现实意义是传统手段难以实现的。将信息技术合理地与体育教学结合起来,能更好、更有效率地促进学生在体育方面的发展,使学生掌握相关的方法来监测与检测自己锻炼的效果,科学地进行健身,进而为终身体育打下基础。这是将这两者结合起来的意义,也是主要目的。

二、实践与探索

上海市黄浦区卢湾一中心小学,作为国家教育部信息化试点学校,置身于外界极为关注的"云课堂",如何将信息技术融入体育课堂,利用技术使课堂效益达到最大化,尝试在体育课上实施因材施教等,这些极具挑战的问题是他们的"云团队"迫切想解决的问题。经过多年的尝试和实践,"云团队"的体育和信息技术教师一起开发了"云手表"。这也是全国第一块应用于体育学科教育教学的手表。团队的所有成员对即时采集的数据进行判断、分析,随即对学生的运动情况进行相应的调整。

这是一堂三年级的体育展示课,学生们熟练地佩戴上了"云手表"。

"上节课,陆老师用'云手表'采集了同学们定时跑的最大心率。今天这节课,老师想通过'云手表'看看大家在自然地形跑的过程中,心率数据和运动消耗会有怎样的变化,你们愿意来试一试吗?"随着要求的提出,学生们纷纷跃跃欲试。和常规体育课一样,分组练习、指导帮助、巩固练习,整堂课的进度按照教学计划有序进行着。

最后,是实验班的一个特殊环节——解读阶段心率变化和运动强度指标。学生们缓缓地聚集到显示各自运动数据的多媒体终端前。尽管因为刚跑完步个个满头大汗,甚至还气喘吁吁,但看着屏幕上标注自己名字的数字不断地跳动,一张张小脸蛋上充满了紧张与好奇的神情。

"通过运动统计表,请大家看一下今天的运动强度是什么等级,和你的身体感受匹配吗? 结合运动心率,运动量有没有上升的空间或者需要调整的呢?"

学生们熟练地操作着"云手表",并在大屏幕上同步观测自己的数据。一分钟内,绝大多数同学都完成了自我评测。教师开始和学生一起来进行小结评价。

"小帅,请你来说说看。"

"今天我的总体运动强度偏低,数据统计才 4000 出头(相当于平均运动心率140),属于中低强度,身体感觉没平时那么累,我觉得下次练习还能再把速度提上去一点。"

"小李,老师发现你跑步时出现了几次最大心率值接近临界点,但很快又恢复了下来,说明你能根据自己的运动感受及时调整运动节奏,跑速控制得很好。"

"老师,通过这几次练习我发现一个规律,当数据达到 5000 左右时(相当于平均心率 160),呼吸节奏会跟不上,我就把原来两步一呼两步一吸的节奏调整为一步一呼吸的跑法,好像就没那么累了。"

"非常好,小王你的心肺功能很出色,而且已经能够通过身体感受与数据分析结合,找到了最适合你的耐力跑方法,继续努力。"

随着越来越多的同学们发言,一个个专业名词从大家嘴里蹦出,运动场仿佛成了一次规模庞大的信息技术交流会……

可见,"云手表"的应用不但能对传统的体育教学内容、方法进行优化,师生也能一起对各方面数据进行监控、分析,是教学数据统计、教学评价以及教学反思总结的有效参照依据之一。

三、成效与反思

现代信息化背景下的体育教育,其本质是学校信息技术手段与传统体育教学相互融合、发展的过程,是优化体育教学结构的过程,也是提升教师教育理念的过程。

(一)"云手表"的应用实现了学生学习兴趣和习惯的同步提升

教育心理学研究表明,兴趣是所有学习动机中最现实、最活跃的因素。人们往往在做自己感兴趣或是喜欢的事情时,学习的速度会更快,掌握的程度也会更牢固。信息化教学手段,在学生的眼中就是新鲜好奇的象征,在体育教学过程中辅以"云手表"进行教学,不但能从教学形式上给学生一种新异的刺激,而且在兴趣的推动下,也使学生感觉训练不枯燥。每次训练,学生都能实时看到训练后的心率和血氧饱和度数据,不但激发了学生发自内心的学习兴趣,也充分调动了学习的积极性,化被动学习为主动学习,从而助推了技能水平的提高。

"云手表"在体育教学中的运用,主要体现大数据对教学过程与结果的分析和统计。学生在利用现代信息技术主动思考、主动探索、主动发现的过程中,能形成结构形式稳定的学习认知框架,从而逐步养成良好的体育锻炼习惯,学生运动的主动性大大提高。

（二）"云手表"的应用实现了师生专业知识和技能的同步提升

体育教师的年龄、经验、身体条件等因素直接影响着专业能力的发展。传统体育教学中，教师可能在自己专长的教学内容上特别出彩，其他内容的教学则完全凭借经验，无法准确科学地进行安排。"云手表"在体育课堂上的运用实现了课堂教学由经验向科学的转变，教师在制订教学内容和方法时就可以根据学情出发，大量的精准数据能使教师更从容地把控课堂，安排运动内容、调整运动强度，既能避开自身专业能力的短板，也加深了教师对运动技能的理解和认识。

（上海市黄浦区卢湾一中心小学　陆倍倍）

第四章

学习评价变革

传统的教育评价侧重对学习结果的测试,其主要目的是测量学生对所学知识内容的掌握程度。然而,这样的评价目标淡化了重要的教育观点——评价不仅仅是"测量"的机会,而且是"学习"的契机。评价应该是让教师和学生从中学习的评价。教学是一种促进生长的途径。所谓教学相长,就是在教的过程中让学生有所成长,让教师有所成长。我们说他们成长了,一个重要的途径就是通过教学评价来判断。无论你在意不在意,评价总会发生,无非是正式的还是非正式的,单一的还是多元的,专项的还是综合的,显性的还是隐性的。可以说学生和教师时时刻刻都处在评价中。可以以信息技术推动评价变革,开发一系列评价工具,帮助评价者获取更多、更系统、更客观的教学评价信息,从而为科学评估教学质量提供有意义的证据。

评价要体现"教—学—评"一体化理念,反映过程性,突出发展性,使评价能够有效地促进学生的发展。

第一节　作业设计的实践

　　作业是教学不可或缺的环节，是课堂教学的自然延伸与有效补充。作业作为教学的重要环节，对促进学生学科核心素养的形成具有举足轻重的作用。如果作业设计不科学，不仅加重了学生的课业负担，而且制约了学习的灵活性，扼杀了学生学习的积极性。因此，要对作业进行合理有效设计，统筹安排，使学生的作业负担得以减轻，使学生的情感体验得以升华，真正从根本意义上达到减负增效。

以促进学生发展为目标的单元作业设计

——以"工业革命"单元作业设计为例

　　作业主要指学校教师依据一定的目的，布置给学生并且利用非教学时间完成的学习任务。试卷主要是指日常性的书面评价任务，包括单元测验、期中考试和期末考试等。本文所言单元作业包括作业和单元测验。

　　中学历史课程的目标是使学生通过历史课程的学习逐步形成具有历史学科特征的正确价值观念、必备品格与关键能力。"进一步改进教学方式、学习方式和评价机制，将教、学、评有机结合，促进学生的自主学习、合作学习和探究学习，提高实践能力，培养创新精神。"①这是落实课程目标的关键环节。提升作业质量是这一环节的重要抓手。

―――――――――――――

① 中华人民共和国教育部.普通高中历史课程标准[M].北京：人民教育出版社，2017.

"以单元为基本单位,设计单元作业目标,精心选择作业内容,统筹安排作业时间、难度、类型,整体考虑作业批改、分析、讲评与辅导,增强作业的整体性、结构性、关联性、递进性,提升作业质量"①,对培养学生学习兴趣、减轻课业负担和提升学业成绩有显著作用。为此,我们首先编制"工业革命"单元作业设计与优化流程(见图 4-1),按照流程进行作业设计、作业批改、教学调整。

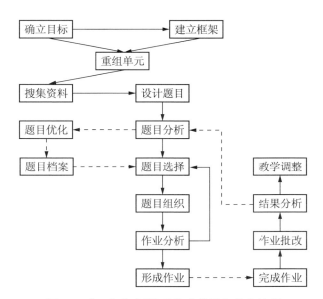

图 4-1　"工业革命"单元作业设计与优化流程

一、以唯物史观为统领,落实立德树人

本单元作业设计,意在引导学生初步运用唯物史观的立场、观点和方法解释工业革命,领悟生产力与生产关系、经济基础与上层建筑、社会存在与社会意识的辩证关系,如科学社会主义理论与时代的关系,辩证看待科技与社会发展、物质力量的增长与人文关怀之间的关系等。

工业革命是工业文明的历史起点和逻辑起点,也是世界现代化的历史起点和逻辑起点,工业社会出现的利弊共存的双重特性,激发人们不断进行探索反思,为

① 上海市教育委员会教学研究室.初中作业设计与实施指导手册[M].上海:华东师范大学出版社,2019.

后工业化时代提供历史借鉴。工业革命与马克思主义诞生有着内在的逻辑关系，唯物史观是诠释工业革命的根本保证。

二、运用史学思想方法，建模"历史解释"

本单元训练的重点是"历史解释"，通过建模的方式培养学生"历史解释"核心素养（见图4-2）。

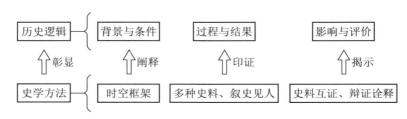

图 4-2 "历史解释"建模

（一）构建时空框架，铺设"解释"前提

通过时间轴直观显示历史变迁和关联，通过反映当时历史现象的材料、特殊的空间（曼彻斯特）呈现时空联系，将历史现象置于特定的历史背景下进行解释。

（二）精选史料，支撑"历史解释"

史料是"历史解释"的依据。我们通过精选史料，史论结合，将正确的思想导向和价值观融入历史叙述和评价中。如节选《共产党宣言》《英国工人阶级状况》《资本论》的内容、*British Economic Growth*（1270—1870）、1836 年英国一家工厂的工人守则图片等，引导学生依据史料，集证辨据、诠释评价。材料的形式有文献、实物、图片、数字、图表、游戏等不同类型，涉及发明家、思想家、女工、童工等，通过人物的活动、境遇印证工业革命的过程、成果、影响，诠释评价杰出人物、工厂制度、工业革命的影响等。

（三）注重试题原创，激活"历史解释"

试题的原创性、新颖性有助于吸引学生注意力，激发学生完成作业的欲望，提升"历史解释"能力。

作业中，用平行四边形的形式从"资金、市场、制度、科技、劳动力"等方面进行归纳，让学生理解工业革命率先发生在 18 世纪 60 年代的英国，是诸多"合力"的结果。通过材料"万国博览会的一幕",引导学生依据材料评价时人对工业革命成果的不同看法。以"纪元 1800"模拟游戏为呈现方式的作业,更是激发了学生的兴趣。马克思、恩格斯头像,《资本论》《共产党宣言》《英国工人阶级状况》封面 5 幅图片,使"科学社会主义的诞生"的内容不再抽象、枯燥。

（四）聚焦人物活动,引导价值取向

历史解释离不开人物活动。本单元作业借助人物的语言、行为、心理活动等来展现其意志品格和精神风貌,激发学生的情感共鸣。

用连线形式,肯定发明家的贡献;精心设问,引导学生关注工业革命初期工业无产阶级的境遇,培养学生人文关怀的价值取向;马克思、恩格斯长期在英国生活,见证了工业革命。工业革命对他们产生巨大的冲击:一方面,强调资产阶级创造巨大的生产力和改造世界的能力;另一方面,强调剥削与阶级矛盾,工人阶级活状况之差。他们全面地考察了工业社会,深刻地揭示了近代西欧国家社会变革的内在机制。他们对工业革命提供的一套独特的理解,形成的科学社会主义理论,回应工业革命时代的政治社会问题,是改造社会、迈向理想社会的精神武器。用 5 幅图片和相应作业带领学生"走近"马克思、恩格斯,聚焦他们的实践活动,感悟杰出人物对历史发展的推动作用,激发对杰出人物的尊敬之情,引导学生效法先贤无私奉献的价值取向。

三、关注学生实际,提升作业功能

学生在学习能力、学习习惯、认知水平等方面存在差异,作业、试卷只有建立在充分了解学生差异的基础上,从作业难度、作业类型、完成方式等方面,给学生提供选择的机会,方可提升其巩固、诊断、应用、改进的功能。

（一）重组单元,突出工业革命的影响

针对学生实际情况,结合课时安排与单元内容结构,打破部分教材的原先布局,重组单元力求作业、试卷更适切有效。教材将"英国工业革命"和"科学社会主义的诞生"列在两个单元叙述,教学中难以使学生从不同视角理解工业革命、理解工业革命与马克思主义诞生有着内在的逻辑关系,进而难以认识工业革命给人类社会带来的深刻嬗变。

重组后的单元作业,第一课时作业突出英国工业革命发生的原因及主要成果。

第二、第三、第四课时作业突出工业革命给人类社会带来的深刻嬗变，如产业结构、社会关系、生产力与生产关系、经济政策与贸易地位、生活方式、思想理论等方面的影响。新的单元课时设计，使得作业的针对性得以体现，严谨结构中兼具了灵活特征。

（二）题型灵活多样，从易到难逐层递进

除选择题外，有连线题、填空题、图表题、材料分析题、撰写解说词等多种题型。作业设计课与课之间、每课中的题与题之间，从易到难，逐层递进。

（三）设计分层作业，关注跨学科综合

高一学生已经萌生了"合格考""等级考"的选择意向，作业、试卷适当设计了"长期作业"和"分层作业"，给学生提供选择的空间。单元测试为分层试卷，学生按合格性考试和等级性考试要求分别作答。挖掘课程资源，注意跨学科整合。本单元作业、试题涉及英语、人文地理、化学、语文、经济常识、数学统计等学科。

（四）兼顾初高中衔接，贴近学生生活

本单元作业、试题设计兼顾到与义务教育历史课程的衔接与贯通。经过初中学习，学生已经知晓"工业革命""科学社会主义诞生"等基本史实，预习作业、课后作业，都要求学生结合初中所学知识完成。

精心选取了与贴近学生生活、与学生的所见所闻相关联的材料，如曼联徽标、电视剧《北与南》剧照、"纪元1800"游戏、英国一家工厂的工人守则、曼彻斯特街道指示牌 cotton street（棉街）和街道上特制的铁质马路牙子图片，选自 BBC《坐火车游英国》的场景。特别是"纪元1800"城市建筑模拟游戏，以19世纪工业社会为故事舞台，学生可以通过游戏扮演不同的角色，深入19世纪的工业社会，更便于学生巩固、运用相关联的知识。

四、基于应用结果、数据分析，进行修改完善

通过对学生完成作业的用时统计，教师批改、分析学生作业情况，查找问题，对作业、试卷做了以下四个方面的修改：改变作业的呈现方式；更换或删除效度较低的作业；减少题量和材料阅读量；改变表述和设问，做到设问指向明确，学生答题有的放矢。

总之，通过本单元作业、试卷编制，作业批改、分析，教学调整，我们认识到，作

业是落实学科核心素养的重要载体,作业的用时合理性、材料的新颖性、题型的多样性、难易的适切性、体现选择性等,直接影响学生完成作业的态度和质量,对培养学生学习兴趣、减轻作业负担、提高学业成绩具有显著作用。

（上海市敬业中学　郎宇飞）

学科育人视角下的单元作业设计

——以"走进精彩纷呈的金属世界"单元为例

　　单元作业是为某个单元教学所设计的所有作业的总和。[①] 单元作业设计是单元教学设计的重要组成部分。随着课程改革的推进,化学学科育人价值在课堂教学中的体现日渐凸显,但在作业设计中的渗透却尚未被重视。如何优化单元作业设计,减轻学生的学业负担,促进学生核心素养的形成与发展,是每一位教师值得思考的问题。

　　育人背景下的作业设计是基于学生发展的需要,从学科知识、真实情境、任务问题等方面入手,系统合理地设计学生作业的专业活动。设计以逐步落实教学目标,发挥作业的育人功能为目标:巩固学生未来发展所必需的化学知识与技能,提高学生运用化学知识和科学方法解决问题的能力,促进学生化学学科核心素养形成和发展。

一、单元作业的设计实践

　　以"走进精彩纷呈的金属世界"单元为例,作业共分为 6 课时,分别是课时 1 "铁"、课时 2"铁的化合物"、课时 3"铝"、课时 4"铝的化合物 1"、课时 5"铝的化合物 2"和单元测试卷。设计将发展科学观念、促进科学思维、掌握科学方法、强化科学实践确立为育人目标(见图 4-3)。

图 4-3　作业设计中的学科育人价值

---

① 张新宇.作业设计质量要求:导向性与操作性的整合[J].化学教学,2016(1).

（一）促进化学思维

1. 宏观与微观结合

化学是在原子、分子水平上研究物质的组成、结构、性质、转化及其应用的一门基础学科。①化学的学习有助于学生形成微观结构的观念，并把结构观念迁移到问题的解决上。本单元多处设计了相关习题（见表 4-1），鼓励学生从宏微结合的角度分析与解决问题。

表 4-1　宏微结合视角下的作业设计

水平要求	试题列举
能从微观结构角度说明同类物质的共性以及不同类物质性质的差异及其原因	根据材料回答问题： 铁和铝是一对好朋友，他们用不同的方法来保护自己。铁愚蠢地用一层红色的片状粉末包裹自己，那种东西很快就会脱落，将内部新鲜的铁暴露出来进一步氧化。但当铝暴露在空气中时，铝会马上用一层薄薄的物质将自己保护起来，这一保护层比铝金属本身更坚固 铝的化学性质比铁活泼，生活中常见铁被腐蚀，表面有红棕色铁锈，却较少听说铝被腐蚀，请解释原因
能从物质的微观层面理解其组成、结构和性质的联系，形成"结构决定性质，性质决定应用"的核心观念	红宝石硬度大，可作为手表的轴承，其主要成分为 Al_2O_3。下列关于 Al_2O_3 的描述错误的是（　　） A. 高熔点的化合物，可以制作耐火材料 B. 铝制品表面氧化膜的主要成分 C. 白色固体，能溶于水 D. 离子晶体，熔融状态下能导电
能依据物质微观结构，预测物质性质和一定条件下可能发生的变化，并能解释其原因	（试题节选）铝铵炸药是高威力工业炸药，常用于采掘矿石、开凿隧道之用，其主要反应为：$NH_4NO_3(s) + 2Al(s) \longrightarrow Al_2O_3(s) + 2H_2(g) + N_2(g) + 312.98\ kJ$ 请回答下列问题： （1）铝离子的结构示意图为_____，自然界中铝以_____（游离态/化合态）存在 （2）在爆炸过程中铝粉是_____（氧化剂/还原剂） （3）已知硝铵炸药爆炸时发生如下反应： 　　$2NH_4NO_3(s) \longrightarrow 2N_2(g) + O_2(g) + 4H_2O(g) + 236\ kJ$ 相比没有添加 Al 粉的硝铵炸药，铝铵炸药的优点为_____

① 中华人民共和国教育部.普通高中化学课程标准（2017 年版 2020 年修订）[M].北京：人民教育出版社，2020.

2. 证据与推理相关

证据推理作为一种高阶思维在解决科学问题、开展科学探究时被广泛应用，也是作业设计中需要重视并培养的思维能力。以谷物食品中"还原铁"的成分探究为例（见图 4-4），要求学生能基于证据对"还原铁"的组成、结构及其变化提出可能的假设，并通过分析推理加以证实或证伪，建立观点、结论和证据之间的逻辑关系。

（试题节选）某儿童谷物类食品的配料表如下图，某兴趣小组就"还原铁"的成分和作用展开了一系列的实验研究：

配料：谷物［玉米粉，全玉米粉（27.5％）］，白砂糖，矿物质（磷酸三钙、碳酸钙、还原铁、氧化锌），食用盐等。

图 4-4 "还原铁"成分的探究题

（1）A 同学猜测还原铁的成分是铁单质，把谷物食品冲泡后置于烧杯中，用磁铁沿烧杯壁移动，发现有黑色细小的颗粒状物质跟着磁铁移动，就此判断还原铁的成分是铁单质，以上结论是基于铁具有_____的特性。

（2）B 同学设计另一种方法来验证还原铁的成分，实验步骤如下：

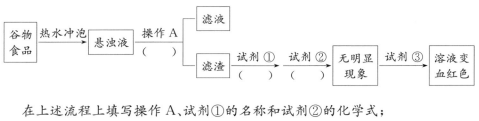

在上述流程上填写操作 A、试剂①的名称和试剂②的化学式；

滴加试剂①后的现象是_____；

写出滴加试剂③后反应的离子方程式_____。

（二）发展化学观念

1. 增强文化自信

中国在化学发展史上创造了许多闻名于世的科技成果：始于秦汉的"铁质炊具"、故宫城墙上的"红色颜料"、拓展资料中的"古法炼铁"，试题中古代化工成果的呈现,引领学生感受中华民族对人类社会的贡献,从而增强民族自豪感和认同感。

2. 渗透绿色化学思想

化学在解决 STSE 的问题时有着无可替代的作用。作业设计时,应注重绿色化学观的渗透,培养学生从化学、技术、社会和环境等多角度综合考虑、系统分析的意识。例如:从印刷电路板的腐蚀液中回收 Cu 并制取纯净的 $FeCl_3$ 溶液,考查如何运用化学原理和技术解决污染问题;比较两种"铝热反应"的实验装置①(见图 4-5),依照绿色化学原则对试剂、操作、装置进行评价。

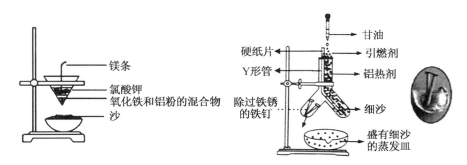

图 4-5　铝热反应实验装置的比较

3. 感受学科价值

化学是一门应用科学,在生产、生活、科研领域应用广泛。创设真实、生动、有意义的问题情境,可以帮助学生了解化学学科在推动人类社会发展中的作用,增强学科认同感。本单元呈现的情境素材有净水的"铝盐"、摄影补光的"反光板"、制造航母升降机的"铝镁合金"、去氧除湿的"还原铁粉"、采掘矿石的"铝铵炸药"等。

(三)运用科学方法

1. 强化实验探究

化学是一门以实验为基础的科学。本套作业从物质变化和性质检验、物质制备和分离、定量分析 3 个维度设计了相关试题(见表 4-2),促使学生在实验探究中学习科学方法,认识探究过程,形成严谨求实的科学态度。

---

① 杨淑君.铝热反应实验的再改进[J].中学化学教学参考,2018(7).

表 4-2　多维度的实验试题

实验类型	实　验　内　容
物质变化和性质检验	Fe 与水蒸气反应实验/Fe^{3+}、Fe^{2+} 的检验/$FeSO_4$ 的保存/铝热反应/"白毛"实验/铝合金易拉罐成分的检验/谷物中"还原铁"的检验
物质的制备和分离	$Fe(OH)_2$、Fe_2O_3、$Al(OH)_3$、Al_2O_3、H_2 的制备　$FeCl_3$ 和 $AlCl_3$ 混合液的分离
定量分析	达喜化学成分含量的测定

2. 重视归纳、演绎

归纳、演绎是化学学习中常用的思维方法,也是单元作业整体设计的体现。一方面,不同课时的作业通过分层细化、认知进阶的方式,引导学生概括知识内容,形成核心概念和知识的结构化。以"Al^{3+} 与 OH^- 的反应"为例,课时 4 考查了反应的符号表征和定量判断,课时 5 侧重对铝腐蚀的图像解读,单元测试重点关注反应原理的解释。另一方面,开放演绎的作业设计有助于学生多角度、多侧面、多层次地思考问题,培养学生的发散思维,提高其解决实际问题的能力。如:"在金的价格较铁便宜的前提下,列举用金制造汽车的优缺点",既巩固了铁的性质的知识,又通过多方位思考完成分析评价。

(四)强化科学实践

"是真的吗?"实验设计与视频制作是一种实践性作业,也是本单元作业设计的亮点。作业的灵感来自"是谣言吗?"选取与化学有关的社会热点问题,通过实验探究,完成对说法真伪的甄别。设计旨在丰富学生的学习经历、促进科学思维、培养创新实践能力、养成其崇尚真理的科学态度。

作业设计案例如下所示。

说法一:市售的"锡箔纸"实际的成分为铝;

说法二:安心油条不含铝;

说法三:铁壶煮水可以补铁;

说法四:明矾除锈说法;

说法五:燕麦片中含有铁粉。

二、单元作业效果的反馈

作业设计的质量是由实施后学生的反馈检验判断的。我校以笔试、访谈等形式,将本案例在 2018 学年第一学期化学选修教学中予以实施,并对标准差、难度、区分度等数据进行了统计分析。总体而言,作业的难度、完成时间与预设的一致性较好。

学生尤其喜欢"是真的吗?"实践作业,新颖的作业形式充分挖掘了他们的好奇心和探索欲,高质量作业的背后是他们的热情付出和有效合作。

作业是教学活动的有机组成,有效的作业设计可以成为学生核心素养的生长点和发展点。凝练素养、高效育人,促进"教—学—评"的有机结合,形成育人合力,是我们设计本案例的初心。

（上海市敬业中学　朱筱箐）

让作业燃起学生学习的欲望

——小学数学多样化作业的实践与思考

一、背景与意义

传统的数学作业存在这样的弊端：死记硬背的作业多，灵活开放的作业少；演算类作业多，语音类作业少；单一类作业多，综合类作业少。有些学生做作业拖拉，做作业时间过长，做作业的自主性很差，不喜欢机械的作业。如何通过作业来培养小学生学习数学的兴趣，提高数学的应用能力呢？在深化教育综合改革的当下，开展多样化作业的研究，从数学作业的角度变革学习方式，让作业燃起学生学习的欲望就显得特别有意义。

二、思考与认识

（一）概念界定

作业是学校教师依据一定目的布置给学生并利用非教学时间完成的任务。[①]
数学作业是开展数学教学与实施数学评价的重要环节。数学作业的多样主要是指在作业功能、作业形式、作业内容上更适量、更趣味、更丰富，不再仅仅局限于模仿和机械。

（二）理论依据

1. 学习金字塔理论

学习金字塔是著名的学习专家爱德加·戴尔于1946年首先发现并提出的。它用数字形式形象显示采用不同的学习方式，学习者在两周以后还能记住内容（平均学习保持率）的多少（见图4-6）。它是一种现代学习方式的理论。在金字塔基座

---

① 王月芬，张新宇等.透析作业——基于30 000份数据的研究[M].上海：华东师范大学出版社，2017.

位置的学习方式,是"给别人讲解问题",可以记住 90% 的学习内容。

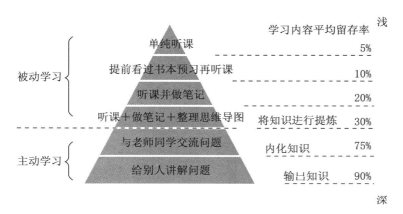

图 4-6　学习金字塔

传统的作业中演算类作业多,语音类作业少,根据学习金字塔理论,输出知识,开展讲题,可以让学习内容平均留存率达到 9 成。因此,用录制视频的方式开展讲题是一种很好的作业形式。

2. 马斯洛需求层次理论

马斯洛需求层次理论是亚伯拉罕·马斯洛于 1943 年提出的,其基本内容是将人的需求从低到高依次分为生理需求、安全需求、社交需求、尊重需求和自我实现需求(见图 4-7),处于塔尖的就是自我价值的实现。

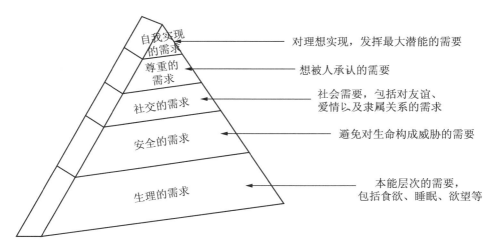

图 4-7　马斯洛层次需求理论

传统的数学作业,都是学生完成以后上交给教师,由教师批改、反馈,学生再根据教师的反馈进行订正、完善。也就是说,学生的作业完成之后基本上除了任教老师以外,没有其他"观众",没有被同伴承认的感觉,更没有觉得自己价值的实现。因此,要设计能激发学生的内在需求的作业,满足学生被人承认的需要,实现学生的自我价值。

(三)文献研究

王月芬、张新宇等在《透析作业——基于 30000 份数据的研究》中指出,第一,作业要提高学习能力、促进思维发展、养成学习习惯、激发学习兴趣、提高自我管理能力。第二,提高作业设计质量要做到"控量提质"。即设置少而精的作业。第三,明确作业设计的八大关键要素:作业的功能、目标、类型、难度、时间、选择性、科学性,结构性关键要素。[1]朱命兰、刘海山在《开展作业形式创新 提高学生学习兴趣——"小学数学高年级作业指导的研究与实验"阶段成果汇报》中提出设计数学绘画式作业、情境式作业、课题式作业、调查式作业、实践式作业、合作式作业等形式多样的作业,以促进学生社会性发展。[2]

(四)研究工具

怎样提高学生作业的兴趣? 如何让作业功能更多样? 作业可以帮助学生养成良好的学习习惯吗? 研究中,为了帮助学生养成良好作业时间和作业自我检查的习惯,设计了学生作业自我管理评价表(见表 4-3),借助工具指导学生做作业。

表 4-3 "我的作业我做主"学生作业自我管理评价表

作业内容			参考完成作业时长		
做作业	开始时间		与参考时长比较	多用/少用	( )分钟
	结束时间			多用原因	时间不紧凑( ) 不会题耽误( ) 其他( )
	总时长			少用原因	时间紧凑( ) 没有不会( ) 其他( )

① 王月芬,张新宇等.透析作业——基于 30000 份数据的研究[M].上海:华东师范大学出版社,2017.
② 朱命兰,刘海山.开展作业形式创新 提高学生学习兴趣——"小学数学高年级作业指导的研究与实验"阶段成果汇报[J].新乡教育学院学报,2017(4).

续表

做作业过程			自我满意度	教师总评
时间自我控制	一问	按时做作业了吗?	（　　）星	（　　）星
	二问	在参考时间内完成了吗?		
作业自我检查	一查	是否遗漏	（　　）星	
	二查	是否规范		
	三查	有无错误		
	四查	有疑惑的题目		
	五查	评价表是否完成		

三、实践与探索

（一）托底类基训作业——督时间，养习惯

我们学校的高年级数学作业大体有这样几类：课本、配套练习册、基训、小练习。其中基训是指基础练习，也是数学教学托底的要求。基训的题型也比较传统，主要是计算、概念、应用，严格控制题量，题目都是经过精心挑选，紧扣书本知识的好题。我们设计了"自我管理评价表"，要求学生每次完成基训作业时都要如实填写。表中参考时间比班级水平中等学生完成时间还要长一点，这样保证近九成同学都可以在规定时间内完成。

操作方法：从三年级开始，每周两三次，每次 10—15 分钟。

（二）纠错类错题作业——自纠错，固基础

作业的自我纠错，指学生对教师批改后存在的问题，自觉地修正，并分析错误原因、整理归类错题。

为了培养学生的自我纠错能力，几年来，每周末都会让学生整理错题，整理错题并不是单纯地把错题再做一次，而是按照原错题、错因分析、订正、纠错策略 4 个部分进行整理。错因分析主要体现在概念不深刻、思路错误、审题错误、运算错误、粗心错误等；纠错策略是让学生思考如何才能不犯同样的错误。

操作方法：将作业本分成田字格一样的 4 小块（见图 4-8）。学生从三年级下学期开始尝试，开始时教师一定要示范，在错因分析上给出原因让学生自己选择，纠错策略上让学生用一句话概括。

图 4-8　自纠错

（三）语音类讲题作业——讲思路，促思考

根据学习金字塔理论，给别人讲解问题是学生主动学习的重要形式，而且这种形式最利于学生学习，也是最高效的学习。最开始我们找了一位同学在学校里录讲题视频，从读题、找关键句、讲解题思路等引导学生如何去讲，让学生先练习，然后录到学生和教师都比较满意，最后再发到群里，让班级同学观看。自此，我们就鼓励更多的学生尝试讲题，吸引更多的同学主动参与。

操作方法：从三年级下学期开始，可以先让活泼、胆大、爱说、细心的同学先尝试，每月通过微信、"晓黑板"等平台推出两三次的讲题视频，讲的题目主要是学生自己的错题，同时教师提供具有一定思维深度的"好题"供学生选择。其他同学观看后，在读题、解题、答题方面发表自己的意见和建议。从四年级开始可以适量增加讲题人次，到了五年级基本可以全员讲题。

（四）总结类导图作业——展思维，理脉络

思维导图采用图文并重的技巧将主题关键词和图像、颜色等建立记忆联系，是一种将思维形象化的方法。

期末复习时需要对每个单元的知识点进行梳理和归纳总结，需要将学生所学知识形成链接，更加系统。这个时候，可以让学生借助思维导图，学会整理知识，能够将知识点形成知识链。

操作方法：从三年级下学期开始尝试。在开始画思维导图之前，教师利用午读时间给孩子们讲一讲怎么画思维导图，让做得比较好的学生在班级分享怎么制作思维导图。思维导图绝不仅仅是画完就结束了，而是让学生的作品有观众，所以分享很重要。制作思维导图,并让学生分享思维导图(见图 4-9),让学生在分享中体验成功,在数学上获得自信。正式开始画思维导图从四年级上学期开始比较稳妥。

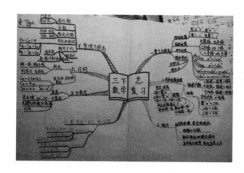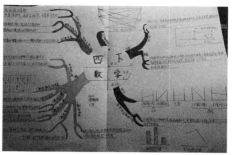

图 4-9　学生分享的思维导图

（五）休闲类游戏作业——提兴趣,显才智

吸引学生喜欢数学的重要环节就是游戏,也是"寓教于乐",爱玩游戏是孩子的天性。本着一个假期玩透一种游戏的目标,从三年级下学期开始,利用小长假以及寒暑假陆陆续续向学生介绍益智类游戏:"数独"、魔方、数字"华容道""聪明格"等。学会这些游戏并展示游戏就是假期的作业。游戏视频分享和班级游戏对抗赛,既调动了积极性,又可以培养孩子自学能力。

操作方法:三年级下学期开始四、六宫"数独"以及魔方,四年级下学期开始九宫"数独"、魔方、"华容道"等,五年级下学期开始九宫"数独""聪明格"以及三角魔方等。

（六）综合类项目作业——解问题,重应用

项目化学习主要是培养学生综合学习能力,因此,在小学数学项目化学习中十分重视学生发现问题、提出问题,综合应用数学知识和数学方法解决问题的能力。

学校专门设立"童创设计院"项目学习小组,开展基于真实问题解决的项目式创造性学习,在实践中培养和提升学以致用的综合能力。"童创设计院"项目学习小组就是从儿童的视角审视校园,用儿童的童心童智规划并设计校园学习空间,通过自主提出问题、分析并解决问题的方式,在充分调研、学习的基础上绘制、创建"童心创意角"等项目,以展示儿童特有的童创思维。

操作方法:以校园为载体,让学生真正成为校园的主人,由学生发现、提出、分析、解决校园设计方面的数学问题,用数学理性的思维去创造性学习。

四、成效与反思

（一）成效

1. 养成了学生良好的学习习惯

借助"我的作业我做主"学生作业自我管理评价表，在作业时间、作业的自我控制，作业的自我检查，自我纠错等方面养成良好的数学学习习惯。

① 作业时间的自我控制"二问法"。"二问法"指学生在做作业时的自我提问，"一问"是按时做作业了吗，"二问"是在参考时间内完成了吗。

② 作业的自我检查"五查法"。"第一查"回看是否遗漏，"第二查"回看是否规范，"第三查"回看有无错误，"第四查"重点对开始做题时有疑惑的题目进一步检查，"第五查"评价表是否完成。学生完成家庭作业后，在家里独立按照"五查法"，自觉检查家庭作业。

实践表明：七成同学仅用参考时间的一半就完成了，越来越多的同学更积极完成基训作业了。两年下来，学生作业大都能自觉地调控作业时间，按时、及时、有效地完成作业。

2. 提升了自我纠错能力

"纠错类错题作业"使用的自我纠错"四纠法"。"第一纠"找错，找到作业的错误之处；"第二纠"思考，思考出错的原因；"第三纠"整理，将错题整理在自己的错题本上；"第四纠"分享，通过讲题的形式，主动和教师、同学交流自觉纠错情况。通过自我纠错和同学间的相互分享，学生同一错误反复出现的现象明显减少。

3. 提高了数学表达能力

三年来，学生通过"语音类讲题作业"，逐渐形成了讲题的规范程序：先读题，圈出数学信息，找出数量关系，找出已知条件和所求问题，讲出解题思路和过程。"学生讲题"让学生学得更清楚，学得更明白，学得更主动，学得更深刻，不仅提高了学生的分析问题和解决问题的能力，还在讲题的过程中获得了数学思想方法以及更好的数学表达能力，建立了学习的自信心。

4. 培养了自主学习能力

"总结类导图作业"让学生通过思维导图的形式自主对学习的知识进行梳理，在将知识点连接成知识链的过程中，充分展现了每一名同学的思维。尤其在复习阶段，大大提升了学生的学习效率，提升了学生自主学习的能力。

（二）反思

托底类基训作业、纠错类错题作业、语音类讲题作业、总结类导图作业、休闲类游戏作业以及综合类项目作业六类作业的开展，极大地丰富了作业的形式。几类作业开展的时机也各不相同，不同的作业形式都能够让学生收获"认同"，实现价值。但仍需要不断改进，如托底类基训作业需要有一定的阶梯性，以满足不同层次学生的需要。纠错类错题作业对于特别"后进"的同学一定要倍加关爱，逐步培养自信。语言类讲题作业需要有一个平台，让更多的同学观摩，下一步可以开展"同讲一道题"活动，让学生之间相互观看，并发表自己的意见，看看哪位同学讲题语言更严谨。总结类导图作业需要帮助学生理清知识之间的联系，要利用一课时的时间进行讲评，然后让学生再重新整理绘图。休闲类游戏作业确实调动了学生的积极性，也要防止学生只是为了玩游戏而游戏。希望学生能够从益智类游戏中有所收获。综合类项目作业要考虑学生的年龄特征和知识储备，开发更多适合不同年级学生开展的项目等。

让学生喜欢作业已经很不容易，让作业燃起学生学习的欲望更不是一朝一夕能够实现的。多样化的作业实际上就是在改变一成不变的数学作业形式，让更多动态作业、更多交互作业、更多个性作业越来越受到学生的喜欢，从而培养学生学习数学的兴趣，提高数学的应用能力，这也是我们今后在设计更多的作业形式时的努力方向。

（上海市实验小学　秦　李、忻晨俊）

第二节　多元评价的探索

　　多元评价是为指导教学过程顺利进行而对学生的学习过程与学习结果及教师的教学效果进行的评价。以学生为本的评价思想呼唤多元性评价,在教育教学中培养学生的主体意识,把学生放在主体地位,发展学生的主体性是社会发展的需要,是时代精神的召唤,也是教育教学改革的必然要求。学生是评价的主体,在各类的评价活动中,学生都应是积极的参与者和合作者。新课程教育理论旨在利用多元评价方法对学生的学习行为与学习结果进行全面评价,促进学生全面而有个性的发展。

"教—学—评"融合　提升数学教学品质

一、背景与意义

　　上海市中小学"学业质量绿色指标评价"作为宏观的评价体系为学校办学品质的提升提供了理论及实践方面的支持。作为绿色指标评价中纸笔测试及问卷调查中的主项目——数学学科,绿色指标评价也为教学品质提升提供了指引。

　　评价作为融合"教"与"学"的过程媒介,在学校的实践中占据着重要的地位,那么来自一线的数学教师们又是如何看待"评价"的呢? 通过访谈,学校了解到教师们困惑,评价目标如何而来? 评价如何在课堂中有效落实? 纸笔测试评价如何有效实施? 作业的评价如何促进学习的成效体现? 如何借助"绿色指标评价"的标准与路径,真正地将评价融入教学,提升数学教学品质,助推学生成长? 这一个个问题,激发了上海师范大学附属卢湾实验小学数学教师们的思考与实践。

基于这些问题的思考,上海师范大学附属卢湾实验小学以多元评价的创新实践作为促进课堂教学变革的有效路径,以此助力学生成长与发展。

二、思考与认识

就"评价"这一主题,学校开展了专题研究。学校引导教师从解读绿色指标反馈报告入手,同时系统地审视基于标准的教学与评价,整体思考评什么、怎么评,如何有效发挥评价的诊断、激励、改进功能,促进学生发展。学校通过对绿色指标评价的分析与解读,以上海市教委教研室所提供的《小学数学学科评价指南》为指引,基于课程标准聚焦教学目标和评价目标的对接,架构学校的评价实施框架(见图 4-10)。

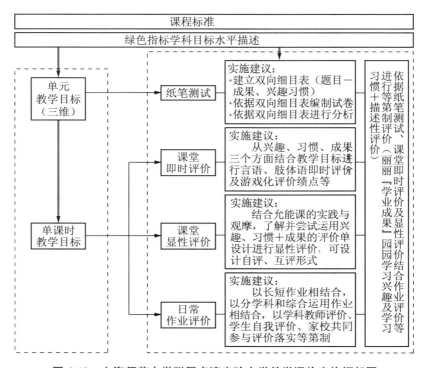

图 4-10　上海师范大学附属卢湾实验小学教学评价实施框架图

学校评价实施框架图中的左部虚框为教学目标细化环节,这是通过解读绿色指标反馈中,数学学科水平描述标准,梳理出的较专业的基于课标的教学目标细化路径;框架图中的右部虚框为评价目标部分。评价目标是由教学目标转化而来的,与教学目标保持一致,分别通过纸笔测试、课堂教学、日常作业评价等环节予以落实。基于学科的课程标准,以学科水平描述标准为桥梁,教学目标与评价目标之间体现了融合性、一致性。

学校基于教师们对"评价"问题的思考进行梳理,匹配相关的解决路径,使评价这一"难题"在教师教学方式的变革中、学生学习方式的变革中悄然发生着变化……

三、实践与探索

基于评价框架的实施过程是匹配教师们的问题而展开的,因此实践的过程具有操作性,我们的探索归纳如下:

(一)问题一:数学评价目标如何而来?

解决路径:借鉴绿色指标水平描述标准,细化校本单元教学目标,使评价目标与教学目标一致。评价需要有目标,目标之根本就是数学学科课程标准。课程标准是高度概括的,细化的过程是非常专业的,这也是一线教师的困惑所在。借鉴绿色指标评价反馈中数学学科水平描述标准,提炼标准细化的路径——从内容维度、能力维度进行细化,关注知识技能背后方法策略的感知、思想方法的获得等,关注学生高阶思维的培育、与学生的学科核心素养对接等。

基于这一路径,校本化的单元教学目标基于《上海市中小学数学课程标准》,从知识与技能、过程与方法、情感态度价值观三个维度展开(见表4-4)。

当三个维度的目标融合体现后,细化教学目标也蕴含了对学生高阶思维培育、学科核心素养培育的要求。

此外,上海市教委教研室研发的《小学数学学科基于课程标准的评价指南》又为教师示范了如何将教学目标转化为评价目标:将单元教学目标中知识技能与过程方法领域的目标内容对接评价目标中的学业成果部分,做好转化准备;情感态度价值观领域的目标进行了学习兴趣、学习习惯的分类,与评价目标中的这两个分项进行对接。如表4-5的评价目标分类分级的内容与表4-4的教学目标分类进行了对接,体现了一致性。

表 4-4 学校数学学科单元教学目标细化标准(四年级第一学期第三单元)

单元	课题	知识与技能	过程与方法	情感态度价值观
统计	折线统计图的认识	(1) 认识折线统计图及其特征 (2) 读懂折线统计图中的统计信息,能根据单式折线统计图统计的信息回答简单的问题,并能依据折线统计图的统计结果进行一定的预测或分析	经历比较学习(条形统计图和折线统计图比较)的过程,通过知识的迁移进行有效学习,在过程中提升辨析观察能力、说理分析能力	在学习和应用折线统计图的过程中,体会折线统计图与日常生活的密切联系,感知折线统计图是有用的,激发学习折线统计图的兴趣,形成良好的学习态度,体会实事求是的精神 【学习兴趣】 对数学学习有着浓厚的兴趣,善于发现生活中的数学统计问题,并乐于通过统计小实验或小探究呈现数据、分析数据,表现出强烈的探究欲望 【学习习惯】 仔细观察,认真倾听他人问题或回答,可以尝试对他人问题或回答做出回应,并能进行简单的数学辨析;能利用铅笔规范、清晰地制作折线统计图
	折线统计图的画法	(1) 了解折线统计图的画法及其一般步骤;能依据统计数据的范围,合理设置刻度,画出对应的折线统计图 (2) 能依据统计主题,收集数据并用折线统计图(限单式折线统计图)呈现	通过动手画折线统计图,经历观察、合理设置刻度的过程,提高观察能力,进一步发展数感;在数据解读的过程中提升数据分析能力	

表 4-5 学校数学学科由教学目标所转化的评价目标(四年级第一学期第三单元)

统计	学业成果		学习兴趣	学习习惯
	知识与技能	过程与方法		
优秀	能独立、全面地掌握折线统计图的特征、画法及数据分析等	经历比较学习的过程,通过知识的迁移进行有效学习,在过程中反映出精细的辨析观察能力、严谨的说理分析能力 通过动手画折线统计图,经历观察、选择合适刻度的过程,具备精细的观察能力和敏锐的数感;在数据解读的过程中反映出科学、准确的数据分析能力	对数学学习有着浓厚的兴趣,善于发现生活中的数学统计问题,并喜欢进行一定的统计小实践或小探究,表现出强烈的探究欲望	仔细观察,认真倾听他人问题或回答,可以尝试对他人问题或回答做出回应,并能进行较严谨的数学辨析;能利用铅笔规范、清晰地制作折线统计图
良好	能独立、较为全面地掌握折线统计图的特征、画法及数据分析等	经历比较学习的过程,通过知识的迁移进行有效学习,在过程中反映出较强的辨析观察能力、说理分析能力 通过动手画折线统计图,经历观察、选择合适刻度的过程,具备较强的观察能力和数感;在数据解读的过程中反映出一定的数据分析能力	对数学学习有着较为浓厚的兴趣,善于发现生活中的数学统计问题,表现出较为强烈的探究欲望	能仔细观察,认真倾听他人问题或回答,能进行简单的数学辨析,能利用铅笔规范地制作折线统计图

续表

统计	学业成果		学习兴趣	学习习惯
	知识与技能	过程与方法		
合格	能在教师或同学的帮助下基本掌握折线统计图的特征、画法及数据分析等	经历比较学习的过程,通过知识的迁移进行有效学习,在过程中反映出基本的辨析观察能力、说理分析能力 通过动手画折线统计图,经历观察、选择合适刻度的过程,具备基本的观察能力和数感;在数据解读的过程中反映出基本的数据分析能力	对数学学习有着一定的兴趣,能在教师或同学的帮助下发现生活中的数学统计问题,表现出一定的探究欲望	能进行一定的观察,倾听他人问题或回答的能力不能全程保持;可以进行简单的数学辨析;能利用铅笔较为规范地制作折线统计图
需努力	在教师或同学的帮助下还不能掌握折线统计图的相关知识与技能	经历比较学习的过程,尚不能通过知识的迁移进行有效学习,辨析观察能力、说理分析能力有待提高 通过动手画折线统计图,以及观察、选择合适设置刻度的过程中,建议提升基本的观察能力和数感;在数据解读的过程中建议提升基本的数据分析能力	对数学学习有着良好愿望,能在教师或同学的帮助下努力尝试探索数学问题	观察、倾听能力欠缺;需要在提醒的前提下进行简单的数学辨析;制作折线统计图的能力尚需进一步加强

基于课程标准制定教学目标和评价目标,在层层细化的过程中,教师了解了为什么教、教什么、教到什么程度,同时也关注到了学生到底要学什么、学到什么程度,有利于学生明确学习目标展开学习。基于标准的细化,较好地解决了如何将教学目标转化为评价目标的实际问题,有助于教师针对性地展开教学与评价。

(二)问题二:评价如何在课堂中有效落实?

解决路径:课堂教学评价指标的个性化设置,关注教师的课堂即时评价,倡导学生对自我认知的自评,多元评价教学实效。

1. 教师参与课堂教学评价的指标设计

以往的课堂教学评价多是从教学目标设定、教学设计、教学实施、教师素养、学生学习情况等方面开展。然而,这些共性的指标对于课堂教学评价缺乏针对性,且指标多是在点评者手中,执教老师并不知晓;执教老师可能更关注的是评价的结果,而忽视了各评价指标所反映的课堂实施情况。

于是,学校倡导教师参与到课堂教学评价指标的设计当中,秉承将教学目标转化为评价目标的思路,由教师自主设计"个性指标"(见表 4-6 中虚线框部分)。

表 4-6　"列表枚举"课堂教学观测评价表(沪教版二年级第二学期)

关键词		融合　创新	教研形式	听班制(　　)主题式(✓)	
观测项目		课堂观测细则		观测结果	
共性指标	教学目标	1. 基于课标、教材、学情,围绕"知识技能、过程方法、情感态度价值观"确立教学目标,表述规范,能体现三者之间的融合设计		5 4 3 2 1 0	
		2. 教学目标对教学内容和教学过程具有指导性和可测量性,能凸显学科之间的相互融合		5 4 3 2 1 0	
		3. 教学目标的设定符合学生认知发展特点,关注学生学习经历,凸显学生创新思维的培养		5 4 3 2 1 0	
	教学设计	4. 教学环节清晰,与教学目标相互匹配,突出重点、突破难点,基于学情分析有充分的预设		5 4 3 2 1 0	
		5. 活动与提问的设计具有针对性、启发性,能提升学生思维品质,培养学生创新思维		5 4 3 2 1 0	
		6. 教学设计意图阐述清晰,对学科融合、学生创新能力培育有一定的思考		5 4 3 2 1 0	
	课堂实施	7. 教学组织有序,营造民主、和谐、开放的课堂氛围,善于引导学生认真倾听,主动质疑,鼓励学生个性表达		5 4 3 2 1 0	
		8. 尝试从兴趣、习惯、成果三方面,结合教学目标展开课堂即时评价		5 4 3 2 1 0	
		9. 关注学生的课堂学习表现,灵活调控课堂,采用恰当方式及时应对课堂生成		5 4 3 2 1 0	
	课堂成效	学生	10. 积极主动参与学习,有良好的学习习惯	5 4 3 2 1 0	
			11. 个性表达,主动质疑	5 4 3 2 1 0	
			12. 善于倾听,乐于合作	5 4 3 2 1 0	
			13. 善于思考,主动探究	5 4 3 2 1 0	
		教师	14. 教学组织有序,关注学生课堂学习表现,灵活调控课堂,能采用恰当方式及时应对课堂生成	5 4 3 2 1 0	
			15. 教学用语规范,知识点表述清晰准确,板书二整	5 4 3 2 1 0	
			16. 教态亲切自然,善于营造民主、和谐的课堂氛围	5 4 3 2 1 0	
			17. 合理运用现代信息技术,对教学的支持作用凸显	5 4 3 2 1 0	

关键词	融合　创新	教研形式	听班制(　)主题式(✓)	
观测项目	课堂观测细则		观测结果	
个性指标	18. 结合问题情境,有序观察表格,提升非连续性文本的阅读能力;借助学具聚焦观察,尝试运用数学语言或简洁的数学标志表表达规律和联系,逐渐发展聚焦观察、寻找联系的意识,提升数学语言和符号表达能力		5　4　3　2　1　0	
	19. 能根据示范,正确、规范地使用学具、整理学具		5　4　3　2　1　0	
	20. 通过小组合作的方式进行学习,丰富合作学习经历,倾听交流中分享意见,享受合作学习的乐趣		5　4　3　2　1　0	
总分				
建议				

　　注:评价者根据课堂观测情况,在量规相应水平上打✓;共性指标作为研讨导向,提前公布供教师参考,个性指标由执教老师依据研讨主题个性设置。

评价人:＿＿＿＿＿

　　个性指标由教师依据教学目标转化而来,三项指标分别对应学业成果、学习习惯、学习兴趣维度。教师的目标意识就是在设定教学目标,把教学目标转化为课堂教学的评价目标的过程中不断地增强及内化,从而促使其教学行为发生转变;教师自己参与评价指标的设定又使评价与教学间一致性的体现得以形成。

　　2. 教师的即时评价从教学目标的关键中派生

　　借助课堂即时评价,在数学课堂教学过程中体现出"教—学—评"的融合,能够使评价镶嵌在教学中,通过评价对学生的学习情况和学习状态进行诊断和激励,实现"评价亦是学习过程",并发挥评价的导向功能,促进学生学习改进与可持续发展。

　　即时评价从何而来,依然是从教学目标提炼、转化而来。以沪教版四年级第二学期"计算比赛场次"一课教学片段为例(见图4-11),教师展开评价剖析。

　　学校通过大量的比较式案例,引导教师从教学目标中提炼关键、内化目标,并把目标中的关键转化为自己的即时评价语。评价从多元角度对学生的学习成果、学习兴趣、学习习惯等进行精准实施,促进学生的有效学习。

本课时的教学目标(部分)如下:

(1) 选用自己适合的方法(连线、列表、直接列出算式等),解决类似"计算比赛场次"的问题。

(2) 经历联系与类推的过程,通过列表、连线等方法之间的联系,及方法与列式间的联系,体验数形结合建立联系的思想;在探讨中利用类推等进行有效学习,在学习的过程中体验以小见大的数学思想。

教师解析了教学目标中的关键词,分别为"适合的方法、联系、类推"。

细观教学片段,教师采用了两种不同的即时评价,取得了不同的成效。

板书:

3	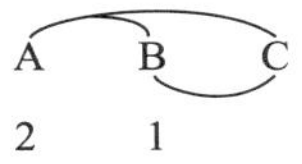	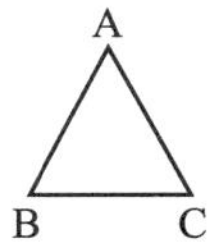	$2 + 1 = 3$
4	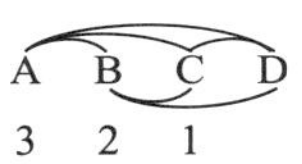	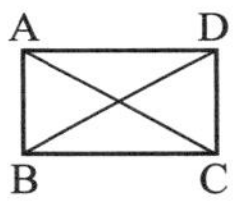	$3 + 2 + 1 = 6$

师:我们研究了三人小组和四人小组的握手情况(每两人之间握一次手),那么五人小组一共需要握几次手呢?(每两人之间握一次手)

生:从上面的算式中我可以知道五人小组一共需要握 10 次手,算式是 $4 + 3 + 2 + 1 = 10$。

教师点评 A 式

非常棒!你用算式快速的解决了问题,谁还有其他办法?

教师点评 B 式

你很善于观察,通过纵向观察(三人小组、四人小组的)算式,以小见大类推出五人小组的握手情况,并列式进行说明,阐述得非常清晰。

比较分析:A 式评价,教师较关注结果的判断,学生知其然不知其所以然。而 B 式评价,教师围绕教学目标开展评价,不但赞赏学生能清晰的表述,同时在评价中引导学生注重观察策略——纵向观察,可以联系上下算式以小见大进行类推。对比 A、B 两式的评价,教师不难发现,聚焦教学目标的即时评价指向性更为明确,能帮助学生知晓回答正确与否的同时,了解学习目标的关键点,在教师评价语言的提示下掌握学习的方式,从而更好地达成学习目标,实现"以评促学"。

图 4-11　"计算比赛场次"教学片段

3. 关注学生自我评价,促进学生认知发展

作为学习的主体,学生的自我评价在学习过程中起着举足轻重的作用。在课堂学习中培养学生自我评价的意识和能力,有助于学生达成对学习的自我监控与调整,促进其自我发展。

如何在课堂中实现学生自我评价目标与教学目标的一致性,引发了教师的深入思考。学校倡导教师把课堂评价个性指标中的内容再次细化,并用儿童化的语

言呈现,如上文所提及的数学课"列表枚举"的教师评价个性指标被转化为学生课堂自我评价表(见表4-7)。

表4-7 "列表枚举"学生学习目标课堂自我评价表

自我评价表

班级_____ 姓名_____ 学号_____

学习目标	优秀	良好	合格	须努力
我学会了有序观察表格的方法,能读懂表格				
我能借助学具,聚焦观察表格之间的联系				
我能将表格中的关系进行简单的数学标志				
小组学习中,我们能根据示范,正确使用学具				
小组学习中,我认真倾听,在交流中找到了联系				

学生课堂自我评价表结合学校吉祥物"丽丽"和"园园",从学习习惯、学习兴趣和学业成果三个维度出发,开展等第制评价。并且评价指标与教师的教学个性指标对应。其中,第一、第二、第三项与教师课堂观测个性指标第18项对接,关注学业成果的自我评价;第四、第五项分别与教师课堂观测个性指标第十九、第二十项对接,分别关注学生学习习惯和学习兴趣的自我评价。

在每一节课的实施中,学生能有目标意识并能依据教学目标转化的评价目标进行自我评价时,他们的自我认知水平、元认知水平得以提高,真正促进了学习的发生。

(三)问题三:纸笔测试评价如何有效实施?

解决路径:从细化标准到评价细目,关注"教—学—评"的融合性。

纸笔测试是阶段评价的重要形式之一。试卷中如何基于标准,改变以往重知识轻能力的分数论现象,有效地帮助学生诊断、改进,是学校数学教师的又一个思考研究点。

学校结合细化标准与教学目标,制定评价细目(见表4-8),注重与三维目标的对接,关注评价的三个维度,力求实现"教—学—评"的融合性。

依据评价细目进行试卷命题,形成评价建议,注重分项评价中的检测点与细化标准、评价细目一一对应。如评价细目中提到"能读懂表格、说明书等分连续文本,建立文本与非连续性文本之间的联系,结合生活经验和数学经验,从中进行数学信

表 4-8　数学学科评价细目表（部分）

| 方法应用 | 【知识与技能】
1. 能对情境中的数学信息提出数学问题，并正确解答
2. 能根据条件和问题，选择合适的信息进行问题解决
3. 初步认识条形统计图，能正确读取统计表和统计图中的数据信息，并根据数据能画直条、进行简单的数据计算与结果分析

【过程与方法】
4. 能初步读懂图片、表格等非连续性文本，建立文字与图片、文字与表格等之间的联系，进行简单的信息提炼与处理
5. 能根据统计的数据分析结果，进行简单的发展趋势的合理预判，并从数学的角度进行简洁、清晰的数学说理 | 【学习成果等第评价依据】
————【优秀】
正确率 90％及以上
————【优秀】
正确率 80％——89％
————【良好】
正确率 70％——79％
————【合格】
正确率 60％——69％
————【须努力】
正确率低于 60％
【学习习惯描述性评价依据】
优秀
1. 能根据统计数据结果进行比较分析，对发展趋势做出预判，并能从数学的角度进行简洁、清晰的说理
2. 能读懂表格、说明书等非连续文本，建立文本与非连续性文本之间的联系，结合生活经验和数学经验，从中进行数学信息的提炼和处理
良好
1. 能根据统计数据结果进行比较分析，对发展趋势做出预判，能初步从数学的角度进行说理，但数学表达不简洁或不清晰
2. 能初步读懂表格、说明书等非连续文本的一部分，结合生活经验和数学经验，从中进行部分数学信息的提炼和处理 | ————【优秀】
卷面非常整洁、在规定区域内书写端正；愿意主动完成全部模块练习；能在卷面中运用圈、画、连线等方式呈现审题或思考过程；愿意用提示工具如表格工具进行思考，表现出积极主动的数学思维
————【优秀】
卷面非常整洁、在规定区域内书写端正；愿意主动完成全部模块练习，愿意用提示工具如表格工具进行思考，表现出积极主动的学习状态
————【良好】
卷面较为整洁，在规定区域内书写较为端正，愿意主动完成全部模块练习
————【合格】
卷面多处有擦涂，在规定区域内书写不端正；或不愿意进行练习，不能完成全部练习，完成率≥60％
————【须努力】
卷面多处有擦涂，在规定区域内书写不端正，字迹不清晰；或不愿意进行练习，模块完成率低于60％ |

息的提炼和处理”，教师试卷命题中呈现表格、说明书等习题形式展开检测，从而有针对性地评价学生是否达成了其学习目标，即从高阶思维培育的角度要求对信息的解读、建立联系进行数学表达（见图 4-12）。

从上例可见，试卷再也不是凭经验编制，它的依据是评价细目，而评价细目又是从细化标准与教学目标转化而来，这使得评价再一次与教学达成了高度统一。同时，还有部分的评价内容进行了学生高阶思维的分层解析，为教师撰写学生评语提供了支持。基于标准，分项、绩点、描述性评语的组合在最大限度上还原了学生的学习状况，做出了精准的评价利于之后的教学跟进。

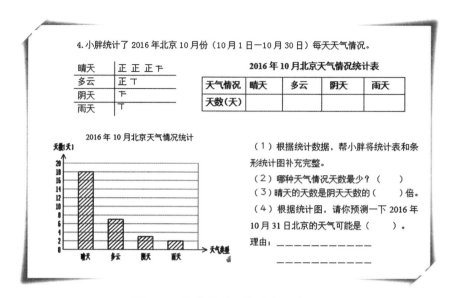

图 4-12　数学学科纸笔测试题（部分）

四、成效与反思

　　基于标准,我们构建了学校的评价框架并实践,"教—学—评"融合的思路贯穿在数学学科"教"与"学"的各个环节中,教学品质得以提升。在上海市绿色指标评价中,学校数学学科所呈现的高优秀率及一直保持高阶思维最高指数"9"的成绩,印证了项目实施的成效。我们也在不断实践中反思,基于本项目在后续进一步进行以下方面的探索与实践:

　　对校本化细化的单元教学目标再次进行修订,使其表述进一步与国家《数学课程标准(2011)版》相匹配,同时借鉴《上海市数学课程标准(2004)》《上海市小学数学学科基本要求》的相关内容,在如何与核心素养结合、如何体现关键能力和必备品格方面作进一步的思考。

　　采用作业备案制,对作业评价促进学习成效方面的探索进行资源库的丰富与拓展,让更多的教师在参与作业备案的过程中,对评价促进作业质量成效的思考有实践感受,同时形成的共享资源可供教师们选用借鉴。

（上海师范大学附属卢湾实验小学　虞怡玲）

单元视角下表现性评价工具的开发与实施

——以《牛津英语（上海版）》3A M4 U1 Insects 为例

随着课程的深化改革，在落实立德树人的教育发展潮流中，英语课堂中要时刻关注英语学科核心素养的发展。2011 年教育部颁布的《义务教育英语课程标准（2011 年版）》提出"优化评价方式，着重评价学生的综合语言运用能力"①。如何通过评价引领教学和促进学生学习成为大家关注问题之一。评价复杂认知技能的表现性评价也被认为是进行教育改革的宝贵工具。

在课改过程中，不少教师对评价已有深刻认识，但在执行中仍存在以下问题：如评价目标与课程目标不匹配，形式缺乏多样化，评价由教师为主导，缺少自评互评，造成评价片面，仅注重语言知识，评价缺乏教学的诊断和改进功能等。表现性评价以课程目标为依据，根据教学目标设计评价目标，使评价目标与课程目标一致。教师根据学生已有的认知水平，对单元内容进行整合，构建以学生为主体，引入相关的评价量表，及时对学生的课堂活动进行评价，让学生能够通过课堂活动得知自己的英语语言能力。学生通过课堂活动相关的评价量表得知自己的长处与短板，从而不断提升自我。根据三维目标，表现性评价更加关注学科核心素养和育人价值的培养，更加注重了学生的语用、文化和情感。教师能够更加全面地评价出学生的学习品质、思维品质等隐性指标。

表现性评价更适合高水平、复杂的思维技能。英语学科表现性评价是实现"教—学—评"一体化，以及在课堂中融入学习经验的有效途径。它完善且平衡的英语学科学生的评价体系，使评价不再机械和单一。

一、核心概念的界定

周文叶认为：表现性评价是指在尽量合乎真实的情境中，运用评分规则对学生

---

① 中华人民共和国教育部.义务教育英语课程标准（2011 年版）［M］.北京：北京师范大学出版社，2012.

完成复杂任务的过程表现或结果做出判断。①建构主义理论提倡,让孩子在实际情境中学习,使学习者利用原有的经验解决问题完成具体任务。认知心理学理论强调,不仅评价学生"知道什么",更重要的是评价学生"能做什么"。在制定评价目标时,我们首先要明确目标分类,布卢姆创造了一套目标分类体系。这个框架为我们提供了一个准确描述目标的框架。

以上三种理论为研究依据,本文将表现性评价定义为:在英语课堂中,基于单元整体的视角,在为学生创设的真实性情境中,考查学生运用已有的知识和经验来解决问题时所表现出的语言综合能力。其中利用评分规则来引导和反思学习,促进和改善表现。表现性评价对激发学生的学习动机以及优化教学过程方面有显著作用,同时,它对当前的考试和评价改革提供了新思路。

二、研究设计与研究工具

(一)小学英语表现性评价任务设计及配套工具研究

根据小学阶段英语学习的特点,英语学习要在真实的情境中学习,语言任务驱动对学生的学习兴趣以及学习态度非常重要,根据语言知识技能、情感态度和合作能力3个维度设计评价内容和观察点,研制对应的表现性任务案例,形成语言任务的配套工具,包括评价内容、情境、标准、流程、活动资源、观察量表等。

(二)表现性评价的设计流程

对小学英语表现性评价的流程进行了设计,无论是作为教学过程的评价还是促进教学的评价,表现性评价极大促进了"教—学—评"的一致,如图 4-13 所示。

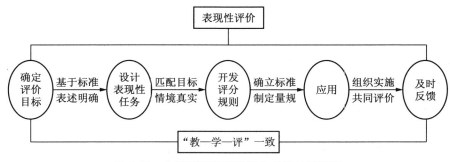

图 4-13 小学英语表现性评价的设计流程图

---

① 周文叶.学生表现性评价的理论与技术[M].上海:华东师范大学出版社,2016.

　　表现性任务必须要基于目标,与目标匹配,才能实现落实目标和检测目标。而评分规则也同样源于目标,与目标一致,是目标在内容维度和表现维度上的具体化。表现性评价在课堂中的具体落实的组织实施和共同评价都要关注教学中三维目标是否达成,以便于评价并做出及时反馈。

三、实践与探索

　　通过案例的开发,我们探索小学英语表现性评价在课堂中的运用与实施,为在平日课堂中如何实现日常的表现性评价设计提供可操作的规范流程。本课例来自《牛津英语(上海版)》教材三年级第一学期 M4 *The natural world* Unit 1 *Insects*。

　　(一)整体思考,构建评价目标

　　整个单元主题是描述昆虫名称并且介绍昆虫的特征,为了让学生有强烈的代入感,加深学习的乐趣和体验,教师进行了跨学科的联系,将学校中正在举办的自然科技节中的"昆虫周"作为本单元英语课的主要学习阵地。通过完成"昆虫周"的三个表现性任务,来进行整个单元的学习(见图 4-14)。

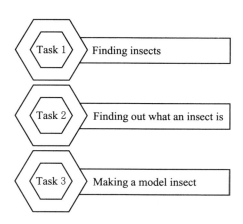

图 4-14　3B M4 *The natural world* Unit 1 *Insects* 单元表现性任务

　　以第二课时 What is an insect? 为例,教师设计本节课的评价目标:通过观察总结、归纳事物的特点,培养梳理和概括信息的思维能力;培养学生通过圈画关键词句,记忆、把握语段中的基本信息,理解文本大意的能力;在小组合作中体验知识、技能、方法的整合与迁移使用,并能够尝试独立思考、自主判断、观点表达(见表 4-9)。

表 4-9 "'What is an insect?'成果展示"评价目标

评价目标设计	对应的语言能力	对应的认知水平
通过观察昆虫以及观看昆虫的简介,能够初步用核心单词和句子简单介绍昆虫,语音语调基本标准	新旧知识的联系,巩固已有的语言能力	识记和理解
自主阅读后,提取关键信息,用3—5句话与同伴分享交流。表达流利,内容完整,声音洪亮	提取要点,掌握语篇结构,阐述内容	分析
完成昆虫观察活动表,根据信息,进行归纳得出结论。乐于探索,勇于尝试	选择适当的策略和方法对事物进行推理	推论
小组内进行辩论,阐述理由,完成整个调查报告。乐于展示,对小组活动有贡献	评判各种观点的批判性思维,反思和调整学习能力	评价

(二)联系生活,创设表现性任务

本节课以3名学生参观大自然野生昆虫馆为主线,整体构建教学内容,设计完成"昆虫周"所安排的情境任务,并给语言实践以真实的情境,本课例设计了如图4-15所示的表现性任务。

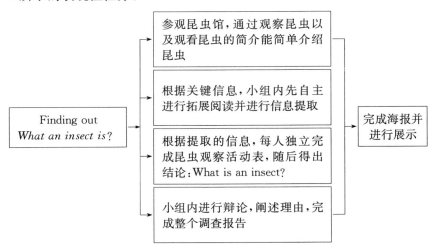

图 4-15 "'What is an insect?'成果展示"表现性任务设计

每个情境任务的设计都是环环相扣的,前一个任务是后一项任务的铺垫,每个环节有机串联起来,形成了学生进行昆虫知识交流的真实的语言情境,学习过程中还能够为学生提供多样的、开发的综合语言实践活动,引导学生思考、谈论、交流和合作,而其最终的所有任务是为了达成最后语言输出及语言的运用为目的。

(三)服务目标,开发评价量规

教师根据教学目标设计科学合理的配套工具,包括阅读自评量表、写作自评量表、朗读自评量表和口头表达自评量表。在此课例中选择对应的口头表达自评量表。课前,将此提供给学生并帮助学生理解评分规则,让学生有机会参与评分,确信学生知道做什么、怎么做,学生能够清晰了解评价的指标,知道自己应该努力的方向并且聚焦到学习效果中(见表 4-10)。

表 4-10 "口头表达"学生自评量表

评价标准			得☆
☆☆☆	☆☆	☆	
能够使用正确的语音语调	语音语调较正确,偶尔出现错误的声调或降调	陈述者陈述时只有一个声调	☆
发音标准、清晰、速度恰当、声音响亮	发音较标准,陈述人说话能听懂,但不清晰,说话太快或太慢,声音不响亮	发音不标准,说话含糊不清、说话太快或太慢,声音过于小	☆
能够使用适当的身体语言与听众保持眼神交流	偶尔懂得使用身体语言,目光较少注视听众	没有任何身体语言,僵化刻板,眼神从不注视听众	☆
陈述内容有条理,符合事实或题目要求,陈述内容的容量适中	陈述内容符合事实或题目要求,但是在内容的编排上欠逻辑	陈述内容偏离了主题	☆
小组内每位成员都有同样的机会开口陈述	小组内每位成员有开口机会,但是分配给成员的时间不平衡	小组内成员分工严重不平衡,几乎是一个人为主导	☆
小组成员彬彬有礼且互相尊重,组员之间能够合理分工合作	小组成员内彬彬有礼,但是有时未能相互倾听或者协商	小组成员没有相互之间的交流和尊重	☆
个人陈述内容能够兼顾每个陈述人之间的逻辑关联	小组成员能依次进行,但是个人陈述之间的逻辑关系不强	小组成员没有安排好发言顺序,出现不说或者抢着说的情况	☆

共计_____☆(优 16☆以上   合格 15☆—13☆   须努力 13☆以下)
总评等第_____

以上的评分规则作为学生在表现性任务中对自己的评价标准,在不同的课中,也可以作为同伴互评的评价标准。根据上述目标的建构和任务的设计,课堂中教师的表现性评价观察点由学生的语言表现、学生的行为表现以及学生的态度表现组成。具体教师量表见表 4-11。

表 4-11 "'What is an insect?'成果展示"表现性任务的评分标准(教师量表)

评价内容	评价观察点	评价标准	得☆
联系旧知进行表达的表现	能够用核心单词和句子简单介绍昆虫,语言语调基本标准	☆需要提示或者帮助下用 3—5 个句子简单介绍昆虫 ☆☆能够用 3—5 个句子简单介绍昆虫。语音语调基本标准 ☆☆☆能够用 5 句或 5 句以上简单介绍昆虫。语音语调优美	☆
阅读中信息提取的表现	口头复述语篇基本信息的情况	☆需要同伴的帮助才能完成信息交流 ☆☆看着手中的阅读材料,较完整地复述信息,自然地与同伴交流 ☆☆☆不借助任何材料,完整复述信息,自信地与同伴交流	☆
利用表格等工具进行推理的表现	在观察昆虫的语境中运用所学词汇,完成昆虫观察活动表,并讨论归纳出昆虫的特征	☆在同伴帮助下完成词汇填写,不参与讨论 ☆☆词汇填写基本正确,讨论中较被动 ☆☆☆词汇填写正确,主动交流,完整且正确流利地说出观察结果	☆
小组合作完成任务的表现	了解昆虫的特征和特性,并进行口头辩论	☆需要同伴的帮助完成任务,无法参与小组讨论 ☆☆基本完成小组内分配的任务,偶尔发言 ☆☆☆能独立完整且流利地说出辩论理由。与同伴友好讨论,对小组讨论起到积极作用	☆
成果展示的表现	在展示中的介绍自己的任务并协助完成展示	☆需要同伴帮助才能完成展示,缺乏自信 ☆☆内容恰当,只能介绍自己完成的任务,缺乏自信 ☆☆☆结构清晰,有条理地阐述理由或任务,表现自信,能吸引观众	☆

共计:_____☆
评语:

学生自评量表或者互评量表的标准被学生们熟悉,经常使用。学生对评价标准使用的评分规则十分熟悉,就可以针对具体的学生表现或作品进行评价。另外,教师的评价量表要根据教材内容的变化而不同,根据教学目标进行调整。

四、成效与反思

（一）在已有实践探索中取得的成效

上述在小学英语课堂中，从单元视角出发，运用表现性评价来实现提高课堂教学的有效性有一定的效果。表现性评价的流程进一步规范了教师课堂评价的设计与实施，促进教师的评价能力的提升。表现性评价需要通过真实情境中的任务来落实并检测。教师打破学科边界跨越课时、单元甚至模块的主题式学习，在课堂中创设真实情境或模拟真实的情境任务，让学生面对真实情境解决问题，通过对学生表现的观察和分析，评价学生创新能力、实践能力、与人合作的能力。教师在教学活动中对学生的行为表现有了一把"量规"，使评价趋于精准和科学。更重要的是，学生能够利用评分规则对自己的学习进行诊断，促进和改善表现，引导自己进行自我主导的学习。

（二）可发展的思考

1. 在课堂中实施的评价技术有待完善

上述表现性评价评分规则使用范围比较狭隘，在以后的教学中，需要联合教研组，进一步开发使用范围广、有针对性、便于操作分年级的评分规则，其中也包括教师评价表、学生互评评价表以及学生自评评价表等工具系列。表现性评价能建构教师重要的教学内容和学生重要的学习内容，精心设计的表现性评价能够衡量复杂思维和推理技能，由此来刺激和丰富小学英语课堂的深度学习。

2. 教师评价素养的有待提高

表现性评价的设计和实施耗时耗力，需要在课堂中慢慢渗透，教师要让学生明白可操作的评价理念，在实际对学生进行评价时，必须根据教学目标和教学条件来具体分析和选择合适的评价工具，并判断表现性评价的适切性。为此，教师要提高自身评价素养，克服传统评价的弊端，提高评价的科学性，有利于践行基于核心素养的教学评价改革。

（上海市黄浦区第一中心小学 曾 臻）

"L-ADDER"评价　促进学生多元发展

一、L-ADDER 评估工具的研究背景与意义

上海二期课改"以学习环境支持下的学习方式变革为突破,关注课程的功能和价值,紧扣课程、教学、评价和教研四个要素"①。2013 年,上海推出《上海市中小学生学业质量绿色指标》(简称"绿色标准"),提出了学业质量、学习动力、学业负担、师生关系、教师教学方式、学校课程领导力、学生社会经济背景影响因素、品德行为、身心健康以及进步情况 10 项指标。《上海市中小学生学业质量绿色指标》的推出为学校课改评价方式、评价内容的变革指明发展方向,一些基层学校结合学校实际特点,围绕"绿色标准"进行校本化的评价改革。

卢湾二中心小学是一所百年老校,在 1902 年创立之初,就引进了西方课程进行校本化的课程变革。在"培养什么样的人""怎样培养人"的问题上,一直积极努力探索。学校关注课程的品质、课程带给学生的学习实效,不断丰富和优化开设的课程内容。二期课改期间,经过三轮课程改革,从课程的设计到优化实施,我们已进入课程内涵发展阶段,2013 年将"'L-ADDER'课程评估工具的开发及其使用研究"作为学校课程评价的切入口,通过评价增强了课程设计的科学性,提升了学校课程领导力,提高了教师的课程执行力,最后改善和提高了学生的学习质量。

二、"L-ADDER"评估工具简介

"L-ADDER"课程评估工具是以学习为中心的课程分级评估工具群,包括学生学习(Learning)、课程管理与领导(Administration)、课程设计与开发(Design)、课程实施与发展(Development)、课程情感与认知(Emotion)、课程反思与调整(Reflection)六个维度。该工具与学校课程改革实施以来的各个工作条块相匹配,成

---

① 徐淀芳.上海课改的逐梦之旅[EB/OL].[2018-10-11].http://edu.eastday.com/node2/jypd/n5/20181011/ulai16252.html.

为绿色指标校本化实施的特色载体①。

三、"L-ADDER"评估工具的实践与应用探索

"L-ADDER"评估工具结合学校的特点,将《绿色标准》校本化,形成以学习为中心的课程分级评估工具群。在具体的课程实践中,教师也将评估工具与课程实际相结合,综合学情、学习内容、学习目标、学习资源、可操作性等情况,设计与之相匹配的评价量表。笔者结合过去几年中组织学生进行的三个获奖项目,针对评价指标的选取,评价时机与评价内容的确立,评价主体与评价方式的选择进行分析,以供探讨。

（一）评价指标的选取

"绿色标准"不仅关注学生的学业成果,还关注学生的学习动力等指标。"L-ADDER"评估工具中的《学生学习过程与成效分级评估》倡导教师根据课程标准,选择合适的指标衡量学生知识、技能的掌握和发展情况,同时关注对学生的学习动机与情感态度、学习习惯于方法策略等维度的评价。

在 2014 年长周期探究项目"饮食调查与分析"中,教师发现,学生对于饮食吃什么比较感兴趣,但是缺乏持续观察和记录饮食并进行科学分析的探究体验。教师布置了调查与分析国庆放假期间饮食的学习任务,并与学生共同生成探究活动的评价指标。

1. 基于课程标准选取评价指标

关于健康饮食课程标准提出的学习目标为"了解食物的主要营养成分;知道合理的营养对人体健康的重要性"。基于课程标准,教师选择了"饮食记录""分析评价"两个一级评价指标,对学生的饮食调查与分析活动过程以及成效进行观测与评价。

2. 基于学生视角选取评价指标

在教学中,教师关注并倾听学生,发现学生知道知识并不等于已经理解或者能够准确运用知识来评价和指导生活实践。同时,教师发现,学生解读学习任务时关注如何提交作业以及作品怎样与众不同、引人注目,如作业用什么样的呈现方式、怎样进行美化等。因此在二级指标上,教师基于学生视角选取分类清楚、如实记录、完整记录、呈现设计四个评价指标激发学生的学习动力,激励学生能主动、坚持参与饮食记录;并在分析评价中,设定评价方法创意性、评价的科学性、分析评价的

① 陈瑾.聚焦学习的课程评估 L-ADDER 课程评估工具与应用［M］.上海:华东师范大学出版社,2019.

数据基础引导学生个性化、创意化、科学化的对一周的饮食情况进行评价,锻炼和提高学生运用程序知识能力,发展高层次认知。

(二)评价时机与评价内容

"绿色标准"不仅关注学业成果,还关注学生的进步情况,学生的品德行为与身心发展。"L-ADDER"评估工具中,《课程的管理与领导分级评估工具》倡导规范化、专业化的课程管理,通过对课程的实施和学生的学习成长等情况进行评价,对课程进行监测。学校在 2017 年馆校合作项目"机智豆向前冲——基于科技馆资源的 STEM + 课程实践活动"中,教师根据项目不同阶段,采用不同的评价,实现对课程实施的有效管理和学生学习成长情况的监测。

1. 知识前测(项目实施前)

项目中,上海科技馆方设计了"火山与地震"为主题的 STEM + 课程内容,学校组织学生参与实施课程。考虑到学生已经在学校的自然课学习中进行过相关主题的内容学习,在项目实施前,教师对学生已有的知识进行了前测摸底。我们发现在学校的学习中,学生对地震的发生频次、火山爆发的原因、火山的利用等认知上存在较明显的不足。这样的前测评价,既可以用于反思和调整日常教学中的教学行为,也能够对馆校合作项目的实施效果进行一定的监测,以及为即将开展的馆校合作课程有针对性地选择、使用展教资源,调整项目实施提供参考依据。

2. 学习行为习惯测评(项目实施中)

为了帮助学生养成良好的博物馆参观习惯,提高学生团结协作的能力,在项目实施中,设计了包含"请勿攀爬""小手勿动""展区勿食""垃圾不留""慢走勿跑""轻声细语""分工能商量""让人能帮助""寻宝能成功""讲解能聆听""成果能分享"的科技馆参展行为学生自评单。通过倡导和鼓励学生获得更多的好行为好习惯"星""章",逐步养成学生好的学习行为习惯。

3. 成果评价(项目完成后)

项目任务(阶段任务)完成后,教师组织学生对项目成果(阶段性成果)进行成果评价,成果评价不局限于作品评价,也可以对作品完成起到重要作用的相关成员、相关项目过程的反思性评价、描述性评价。在"机智豆向前冲"项目阶段任务完成后,教师组织学生对阶段成果如火山地震的小报进行阶段成果评价。在项目最终成果完成后,教师和科技馆方一起组织学生对最终成果——"抗震建筑"进行了机械性能测试,并组织学生对小队成员的项目相关行为进行评价。阶段成果评价更多的激励学生发现问题，并积极地采取行动解决问题，完成阶段任务，最终推动项目的进一步实施直至完成最终项目任务。

（三）评价主体与评价形式

"绿色标准"关注教师的教学方式、关注学生所处的社会经济背景。"L-ADDER"评估工具关注教师与学生的问题意识与探究精神、反思与调节的能力。在二年级长周期项目"最⋯⋯的船"中，教师组织学生针对阶段学习成果以及学习行为表现进行学生自评、学生互评、小组评价和教师评价。评价的主体分别是学生本人、同学个人、小队团体成员以及教师。通过不同评价主体对同一指标内容的评价，让学生对自己作品或者学习行为有更客观的认识。在评价主体较多，或者低年级学生参与评价时，评价的形式适宜简单便于操作。选择不同人脸符号、填涂五角星、打钩等都是比较合适的形式。

四、成效与反思

评价是学习反馈，也是学习导向。在项目中，我们看到学生们有这样一些让人高兴的变化：他们学习更加主动，乐于继续参与或者反复参与学习活动，尝试克服学习中遇到的各种困难；他们有学习成就感，学习成果让他们感受到更多的"成功"，而不仅是超越他人；他们愿意与人合作，他们发现了不同人的特长，看到了团队的力量；他们灵感的火花四射，学习过程和学习成果作品充满创意和美；他们学会对自己进行反思，学会接纳他人的意见，这样才能变成更好的自己。

评价不是学习活动的目的，但能作为学习活动的一项载体、一种工具。在上述三个项目案例中，我们的关注点更多的回归到学习活动的主体——学生，围绕学生发展制订学习任务，设计适切的学生学习活动内容，推动学生主动学习课程，参与课程评价。对于课程内容与课程标准，教师都进行了解读和重构，将课程向一个个学习项目转变，这些项目通常贴近学生的生活，能吸引学生积极主动参与，并在参与过程中，学生能够有机会将课程标准中需要掌握的知识、技能等学习目标真正运用于解决一个个现实中的问题。在学习环境上，上述案例也打破了传统课堂在教室里的界限，利用了更多的环境资源、社会资源，让课程与生活某种程度上实现融合。

（上海市黄浦区卢湾二中心小学　吴汉红）

小学体育教学的多元评价与应用

——以跳跃为例

新一轮教学改革大大推动了教学各环节的变革,随着对体育教学的深入研究,体育学习评价也有了创新性发展。《体育与健康课程标准(2017 年版)》提出了运动能力、体育品德、健康行为三个维度的学科核心素养。《普通高中体育与健康课程标准(2017 年版)》指出三个维度之间联系紧密、相互影响,在体育与健康教育教学过程中得以全面发展,并在解决复杂情境的实际问题过程中整体发挥重要作用。①在教育教学中的评价是有效落实学生学习情况、改进教学方法和学习方法、关乎学生身心全面发展的重要环节。在传统的学习评价中,大多关注的是通过各种测验手段检查学生是否掌握了新的知识与技能,掌握效果如何;而新课程中的学习评价可以通过任何方式、任何时间,多方位、多角度的收集信息,对学生进行评价,它不仅关注的是学生知识和技能的掌握情况,还关注学生的情感、态度、价值观等情感领域的发展。这种评价对学生整个学习过程和学习的结果都有全面的评价。

一、核心素养下体育学习评价的新要求

(一)运动能力:扎实练习,举一反三

体育教学的重要目标之一是提高学生的运动能力,包括学习能力、技术能力、运动习惯等。以往单一的总结性评价,以教师为主体,对学生的体育练习做出单一的成绩评价,而忽略了学生练习过程、学生个性化发展和学生情感变化等,体育课也从身体活动变为单一的动作模仿课,学生学会动作也不会灵活运用。在教学中,跳跃的主要功能是促进下肢力量发展,同时发展灵敏素质、提高平衡能力,基本动

---

① 中华人民共和国教育部.普通高中体育与健康课程标准(2017 年版)[M].北京:人民教育出版社,2018.

作要领是起跳蹬地有力，落地屈膝缓冲。学生对基本要领的掌握程度，对跳跃知识的理解程度，以及学会基本要领后，在跳跃类项目里的熟练运用和组合，例如尝试将单双脚跳的技巧熟练运用在跳高练习中，掌握跳跃的多种项目要领。因此，在课堂中增加扎实练习基本功，并且从中学会举一反三、学有所用的相关评价要素，让学生在学习中学会思考，学会学习，将日常练习养成一种习惯，进一步提高学生跳跃技术的掌握和综合运用能力，真正达到体育教学的目标。

（二）体育精神：坚持守规，善于合作

体育精神，是指人们在体育锻炼和体育知识学习过程中，道德的升华和内在修养的提炼。①体育是一门重要而特殊的学科，实践性和综合性是它独有的特点。为促进学生全面发展，培养学生能坚持、守规则、善于合作的体育品德显得尤为重要。在跳跃技术学习过程中，学生自评和同伴互评环节的加入，改进了以往以教师为主体的评价方式；融入过程性评价，使学生在掌握基本技术的基础上对自我有清晰的认识，使之不断进步，不断完善，逐渐形成顽强拼搏、坚持不懈的体育精神。随着练习程度的加深，在小组合作中对同伴做出客观评价。长此以往，学生之间逐渐形成自主学习、自主纠错、不同维度的互评模式，有效增强了学生的合作意识、参与意识和责任意识，进而实现体育的育人目标。

（三）健康行为：安全防范，形成习惯

健康是指学生的生理、心理和社会适应能力三方面都处于良好的状态。②《普通高中体育与健康课程标准（2017 年版）》明确指出："健康行为是增进身心健康和积极适应外部环境的综合表现，是提高健康意识、改善健康状况并逐渐形成健康文明生活方式的关键。"尤其是跳跃类的下肢运动练习，课前热身活动和课后放松练习显得尤为重要，是学生学习跳跃技术的安全保障。学生学会预防运动损伤，提高自我防范意识，运用科学有效的方法进行练习，形成良好的运动习惯是健康行为的核心。课程中融入过程性评价，从科学锻炼、安全防范、运动损伤预防等几方面入手，引导学生养成良好的健康运动行为和健康文明的生活方式，是体育学科促进健康的非常关键且独有的特点。

---

① 王海鸥.核心素养导向下的中小学武术教育的思考[J].西安体育学院学报,2018(4).
② 尹志华.论运动能力、健康行为和体育品德三个方面学科核心素养的关系[J].体育教学,2019(1).

二、核心素养下的多元评价与应用策略

（一）运动能力的多元评价策略

运动能力的评价不能完全丢弃总结性评价，而是结合过程性评价与总结性评价，展开技术评定、学习能力以及运动习惯养成三个方面的全面评价。可采用技术评定表（见表 4-12），学习能力的过程评价包括努力程度、思考方式、练习方法、创新意识等（见表 4-13），以互动问答等方式进行。

表 4-12　跳跃技术评定表

	跳跃小赢家	跳跃小能手	跳跃小玩家
起跳蹬地	能够很好地做到用力蹬地，协调上下肢	能够做到起跳用力，上下肢较协调	基本会起跳用力，但是不够协调
落地屈膝	落地做到屈膝缓冲、平稳落地	落地时做到屈膝缓冲，但身体略有晃动	落地没有做到屈膝缓冲，身体不平稳

表 4-13　学习能力过程评价表

	优　秀	良　好	需加油
努力程度	探索新知，努力尝试	体验运动，按部就班	较上节课不够努力
思考方式	善于思考，解决问题	有思考，但不够深入	没有自己的思考
练习方法	练习方法多样化	按照教师教的练习	练习方法单一
创新意识	有创新意识，举一反三	会自己创编一些练习	完全没有创新

除以上表格的评价外，在课堂中融入师生互动问答、生生互动问答的方式，通过对本节课学习重难点及跳跃技术要领的提问，巩固加深本节课知识，并且成为评测中的一部分，是有效的评价方式。

（二）体育精神的多元评价策略

体育精神的多元评价首先包括学生对体育的热爱、喜爱程度。例如，学生在上课时的态度，是否对单双脚跳跃充满兴趣，是否对教师的教学过程及时进行反馈，课后是否有进行跳跃练习。学生体育课上、课外体育活动中表现出来的顽强拼搏的精神，对于教师布置的任务有坚持练习的决心。小组合作中学生展现出来的责任与担当。遇到困难时，是否具备合作精神与吃苦耐劳精神，团队意识如何。通过

体育精神在体育中的渗透,可采用学生自评和同伴互评的方式进行,培养学生自信自强、坚持、守规、善于合作的优秀品质。

（三）健康行为的多元评价策略

要做好健康行为的多元评价,前提是教师要以身作则,认识到生理、心理健康的重要性。一是能够较好地引导学生学习安全、防范意识,养成运动前的热身习惯和运动后的放松习惯;二是除技术动作讲解外,还应将运动的防护方法和措施逐渐渗透在体育课堂中,使学生对运动损伤有正确的预防,在同伴练习时实施正确的保护措施;三是教师在平时的课堂中普及科学锻炼的方式方法,推动学生主动锻炼、正确锻炼的意识,让体育锻炼成为学生的日常习惯。正如学生进行跳跃动作的持续练习,从而为形成良好的体育品质打下基础,进一步实现了学生的身心健康。

三、结语

小学体育是体育教育的基础,在核心素养引领下,小学体育多元评价的实施是必然的。为实现学生的全面发展,单一的总结性评价已经不能满足小学体育课堂的需求,扎实练习举一反三,坚持守规善于合作,安全、防范形成习惯是从核心素养的运动能力、体育精神、健康行为三个维度进行讨论,为小学体育多元评价的实施提供了参考。在具体实施过程中,还需注意教学目标与评价的对应性,充分掌握学生的学练情况进行多元化评价,一是为教师的教学方式方法提供改进方向,二是为学生的全面发展打下坚实基础。

（上海市黄浦区复兴东路第三小学 姬 凯）

后 记

  2015 年,黄浦区颁布了《黄浦区推进教育综合改革实验实施计划(试行稿)》,由此进入了全区教育综合改革的推进阶段。黄浦区各类学校以"办学生喜欢的学校"为指向,深入推进课程与教学改革,取得了显著的成绩和研究成果。为了进一步做好教育综合改革成果总结和经验提炼工作,黄浦区教育局组织编撰了一套《面向现代化的黄浦教育综合改革》丛书,该丛书共分 7 册,本书就是这套丛书的"教学变革"分册。本书主要反映黄浦区广大教师在教育现代化推进过程中,聚焦课堂理念变革、教学方式变革、技术应用变革和学习评价变革等方面进行的思考和探索。

  书稿设计与编写过程中,姚晓红局长亲自策划,拟定各章节主题,提出各章节撰写的具体安排及要求;余维永副局长、奚晓晶院长及一些专家审读了初稿,并提出了宝贵意见,夏向东主任带领区教育学院教研室团队对书稿进行了多轮修改和完善,并负责统稿工作。在此,我对所有参与书稿撰写的教师,对书稿修改给予指导的专家,以及参与书稿校对和编辑工作的教师们一并致谢。还要感谢上海教育出版社编辑邹楠及她的同事们为确保本书高质量的出版付出了大量的心血。

  由于能力有限和时间仓促,书中难免会出现一些错误,恳请读者批评指正!